电力物联网
关键技术与应用

国网辽宁省电力有限公司　组编　胡博　主编

中国电力出版社
CHINA ELECTRIC POWER PRESS

内 容 提 要

电力物联网是能源互联网的重要组成部分，其研究和发展受到广泛关注。本书旨在介绍电力物联网的关键技术和典型应用，探究电力物联网的架构体系，以期推动电力物联网理论和技术的发展。

全书共 7 章，第 1 章为概述，第 2~4 章分别对电力物联网智能传感技术、通信网关键技术及数据管理关键技术进行介绍与论述，并进行了应用分析及展望；第 5 章对电力物联网面向应用的关键技术进行了论述；第 6 章介绍了电力物联网安全防护技术；第 7 章初步提出了电力物联网技术标准体系构架。

本书注重电力系统实际运行场景，充分结合电力、通信、物联网与计算机等多学科发展前沿，既可供电力系统规划运行、设备研发及工程建设相关领域的科研工作者阅读参考，也可作为高等院校电气工程专业师生的学习用书。

图书在版编目（CIP）数据

电力物联网关键技术与应用 / 国网辽宁省电力有限公司组编；胡博主编．—北京：中国电力出版社，2021.11

ISBN 978-7-5198-6196-4

Ⅰ．①电…　Ⅱ．①国…②胡…　Ⅲ．①电力工业－物联网－研究　Ⅳ．① F407.61

中国版本图书馆 CIP 数据核字（2021）第 235159 号

出版发行：中国电力出版社
地　　址：北京市东城区北京站西街 19 号（邮政编码 100005）
网　　址：http://www.cepp.sgcc.com.cn
责任编辑：赵　杨（010-63412287）
责任校对：黄　蓓　马　宁
装帧设计：张俊霞
责任印制：石　雷

印　　刷：北京天宇星印刷厂
版　　次：2021 年 11 月第一版
印　　次：2021 年 11 月北京第一次印刷
开　　本：710 毫米 ×1000 毫米　16 开本
印　　张：14.5
字　　数：211 千字
印　　数：0001—1000 册
定　　价：75.00 元

《电力物联网关键技术与应用》编委会

主　　编　胡　博

副 主 编　杨　超　周桂平　田小蕾

编写人员　李　桐　王　刚　傅　予　吕旭明

王义贺　蒋　炜　梅文明　罗大勇

贾涵中　齐　俊　刘禹彤　曲睿婷

李小兰　金成明　王　飞　魏楚瑶

邵诗杰　李佳航　段方维　马晓宁

王　群　邓鑫阳　刘　冬　金　垒

张　瑜　谢清玉　郑静媛

前言 PREFACE

21 世纪以来，国际能源战略形势发生了重大而深刻的变化，能源生产与消费正经历着革命性的发展。为了顺应能源革命和数字革命融合的发展趋势，我国能源供给结构从煤电结构向清洁低碳化持续优化，能源电力技术与云计算、大数据、移动互联网等新一代信息技术互相融合，传统电力系统正向着能源互联网演进。然而，传统电力通信的数据采集与信息传输技术无法满足能源互联网中全环节、全设备、全参与主体的连接、共享与调控，迫切需要新兴的物联网技术为能源互联网发展提供技术支撑，从而建设电力物联网，提升电力系统的全面感知与调控能力。

物联网是“物物相连”的互联网，是互联网向物理世界的渗透、拓展和延伸。电力系统具有天然的物联网属性，电力物联网是未来电力能源体系的重要发展趋势，它通过打通电力生产运行与管理业务的各环节，有效推动了企业内、外部资源共享，推动电力企业转型，大幅提高电力生产运行效率，提升电力生产、消费的能效。

本书结合电力行业和社会经济发展需求，以电力物联网为研究对象，从电力物联网的内涵及意义、智能传感技术、通信技术、数据管理技术、面向应用的关键技术、安全防护技术与技术标准体系等方面，系统介绍电力物联网的基础理论和关键技术，探究电力物联网的架构体系和实施方法，以期推动电力物联网理论、技术和应用的发展，并为其他工程领域应用物联网技术提供参考和借鉴。

本书共 7 章，第 1 章介绍了电力物联网的背景，指出电力物联网的内涵及意义，并剖析其与智能电网及能源互联网间的关系；第 2 章介绍了传感与采集技术、传感网技术、边缘物联代理技术、智能终端技术等电力物联网智能传感关键技术，并进行了应用分析及展望；第 3 章从传输网、数据网、接入网及卫星网技术的角度，全面介绍了电力物联网中通信网的关键技术；第 4 章介绍了云计算技术、物联管理技术、数据中心技术和企业中台技术等电力物联网系统的关键技术及其典型应用场景；第 5 章论述了面向应用的关键技术，并对各关键技术的典型应用及展望进行了讨论；第 6 章从物联网系统的整体安全角度，介绍了电力物联网的安全防护技术；第 7 章基于 PIoT 标准体系建设的需求和原则，初步提出了包括通用共性标准、感知控制域、物联集总域、网络通信域和用户域共 5 个专业领域、17 个子域、43 个标准系列的 4 层级 PIoT 标准体系构架，全面系统的电力物联网技术体系，可为能源互联网下电力物联网的规划和运行提供支撑。

由于作者时间和水平有限，书中难免存在疏漏和不足之处，敬请广大读者批评指正。

编者

2021 年 8 月

目录 CONTENTS

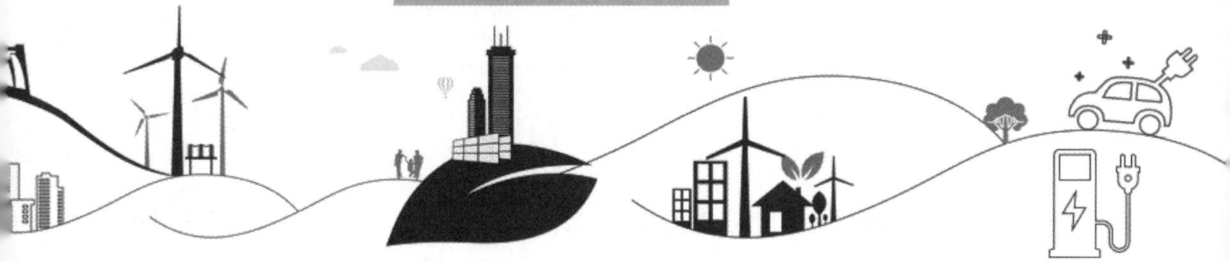

第1章

概　述

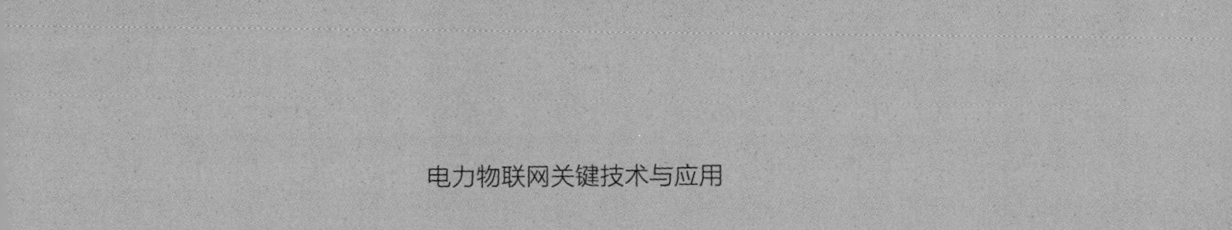

21世纪以来，国际能源战略形势发生了重大而深刻的变化，人类社会正在经历从高碳到低碳能源的第三次能源转型。能源生产与消费正经历着革命性的发展，传统电力能源系统向着“源—网—荷—储”的全面感知、互连互通、平等共享、协调优化的能源互联网演进，能源流、业务流、数据流的“多流合一”是能源互联网的关键特征之一。而传统电力通信的数据采集与信息传输技术无法满足能源互联网中全环节、全设备、全参与主体的连接与共享，迫切需要新的数据采集与通信手段为多能网络的协同运行提供信息支撑。

物联网（internet of things，IOT）是“物物相连”的互联网，是互联网向物理世界的渗透、拓展和延伸，实现物与物、物与人、人与人之间的连接。物联网技术可实现各种信息传感设备与通信信息资源的结合，从而形成具有广泛互联、全面感知、大数据处理和智能决策功能的物理实体。对电力企业而言，引入物联网技术，通过打通电力生产运行与管理业务的各环节，可有效推动企业内、外部资源共享，推动电力企业转型，大幅提高电力生产运行效率，提升电力生产、消费的能效。因此，结合物联网技术将现有电力系统建设成电力物联网是未来电力能源体系的重要发展趋势。

1.1 电力能源生产和消费转型面临的挑战

电力能源行业是建设现代化经济体系的重要基础和支撑，肩负着推进能源生产和消费革命的历史重任。推动能源生产和消费革命已成为我国的一项长期战略。2017年，国家发展改革委和国家能源局联合印发的《能源生产和消费革命战略（2016～2030）》被认为是能源革命的具体路线图。党的十九大报告指出要“推进能源生产和消费革命，构建清洁低碳、安全高效的能源体系”，标志着我国进入改变传统能源生产和消费观念、开启能源革命、构建现代能源体系的新时代。这为我国推进能源系统转型，构建清洁低碳和安全高效的能源体系指明了方向。2019 年 5 月，国家标准化管理委员会和国家能源局联合印发的《关于加强能源互联网标准化工作的指导意见》明确指出：到 2020 年，完成能源互联网标准化工作路线图和标准体系框架建设；到 2025 年，形成能够支撑能源互联网产业发展和应用需要的标准体系。2020 年 3 月 4 日，习近平总书记在中共中央政治局常委会会议上，从统筹推进疫情防控和经济社会发展的大局出发，做出加快新型基础设施建设进度的工作部署。以 5G 网络等为代表的新型数字基础设施，有利于培育战略性新兴产业；以特高压等为代表的新型能源基础设施，有利于促进能源结构调整和清洁低碳发展。我国能源发展虽然已经取得了很大成绩，但在当前经济转型升级的背景下，国际形势和能源发展态势复杂多变，电力能源转型变革仍然面临巨大挑战。

1.1.1 电力能源生产和消费转型

（1）以清洁能源为主导的能源转型。能源是人类经济与社会发展的基础。人类对能源的开发与利用经历了传统生物质、煤炭、油气时代，气候变化、环境安全、能源枯竭、公民健康等问题使能源的清洁替代成为全球共识。2015 年第 21 届联合国气候变化大会上达成的《巴黎协定》，为这一轮能源转型提供了新的驱动力。在《巴黎协定》中，各国同意将全球气温相对于工业化前水平的升幅控制在 2℃内，并努力控制在 1.5℃内。2019 年政府工作报告强调，要大力发展可再生能源，加快解决风电、太阳能发电、水电的消纳问题。为此，2011～2050 年，全球二氧化碳的累计排放量需控制在 11000 亿 t 以内，在 2050 年前全球 82%～88% 的煤炭、49%～52% 的天然气和 33%～35% 的石油探明经济可采储量将不得开采。始于 21 世纪初的新一轮能源转型，源于各国对解决化石能源大量使用带来的资源紧张、环境污染、气候变化等问题的共识，在持续推进化石能源清洁利用和提高能效的基础上，大力开发利用非化石能源，特别是风电、太阳能发电等新型可再生能源，成为各国的普遍选择。

能源转型的根本任务是构建清洁、低碳的新型能源体系。能源的清洁转型将伴随系统中能量资源的来源（化石能源、可再生能源、核能等一次能源）、能量的载体（煤/油/气等传统燃料、电能、热能等）、能源基础设施（生产、转换、储存、运输、配送、用能等各个环节的设施）、能源市场机制、能源政策、能源供应者与消费者的行为等多种因素的转变。截至 2018 年底，全球大部分国家已实施相关的可再生能源支持政策，至少有 176 个国家制订了本国的清洁能源发展目标，丹麦、德国等转型积极的国家计划于 2050 年实现可再生能源占终端能源比例达到 100% 和 60% 。我国已经成为全球最大的水能、风能与太阳能利用国，并正在进一步推动能源生产与消费革命。我国计划在 2050 年将一次能源中的非化石能源占比及电能占终端能源消费比重都提高到 50% 。

（2）依托电网推进能源转型。电能是连接一次能源与终端能源的桥梁，是当前应用最广泛的清洁、高效的二次能源，具有使用便捷、调节灵活、控制精确等特点。从 19 世纪后半叶到 20 世纪，电的广泛应用推动了第二次工业革命，人类社会进入生产力大解放的电气时代。经历了 130 多年的发展，电网已成为与人们生活息息相关的社会基础设施。电网在未来能源系统中将占据枢纽地位，是推动能源转型的中心环节。利用电网这个二次能源配送网络推进能源电力转型发展是现实、经济、高效而可行的选择。可再生能源的大规模利用离不开电能，电网是在一次能源侧实现清洁替代的关键。未来，电动汽车的发展、电能对煤炭散烧的替代以及工商业等其他领域的电能替代将持续推进。国际能源署预计到 2040 年前，全球 40% 的终端能源增长将来自电能。

把电力作为推动能源发展方式转变的中心环节，是由电力特性、资源禀赋和能源发展规律决定的。所有一次能源都能转换成电能，电能也可以方便地转换成动力、光、热等其他形式的能量。电力对我国能源可持续发展的意义，体现在多个方面：①保障能源供应，缓解能源安全压力。从国内外能源发展趋势来看，电力消费比重扩大是大趋势，电能是近 20 年消费增长最快的能源品种。煤炭是我国的基础能源，实现煤炭的高效洁净利用，最主要的途径就是发电。发展电气化交通，实施以电代油，是缓解石油进口压力的现实选择。②优化能源结构，缓解环境保护压力，实现绿色能源消费。优化我国能源结构，解决能源发展面临的环保瓶颈，积极应对全球气候变化问题，必须大力发展清洁能源。③提高能源效率，降低能源强度。发达国家的经验表明，电能占终端能源消费比重每提高1%，能源强度下降3.7%。在工业化、城镇化过程中，从国家层面统筹推进电气化，对提高我国能源效率具有积极意义。④改善民生，服务和谐社会建设。电力的应用非常广泛，具有突出的基础性和公共性，其安全稳定供应直接影响到经济社会的有序运转。解决农村能源贫困问题，推动城乡协调发展，也需要积极发展农村电力事业。⑤加强国际合作，服务"一带一路"建设。电力是"一带一路"基础设施互联互通的优先领域，具有广泛的带动作用，将全方位推进中国企业电力技术、装备走出去。总之，解决能源发展面临的突出矛盾和问题，推动能源发展方式转变，关键在于电力。

从本质上看，新一轮能源转型是一个再电气化的过程。但同以往的化石能源占主导地位的电气化相比，这一轮能源转型有其明显的特点：①在能源生产环节体现为电能越来越多的由非化石能源转换而来，最终将主要由非化石能源特别是可再生能源转换而来。2008～2017年，全球风电、太阳能发电装机容量年均增长19%和46%，年均增速44%和191%，远远高于化石能源装机增速。截至2020年底，我国可再生能源装机容量9.34亿kW，同比增长17.5%；其中，水电装机容量3.7亿kW、风电装机容量2.81亿kW、光伏发电装机容量2.53亿kW、生物质发电装机容量2952万kW，分别同比增长3.4%、34.6%、24.1%和22.6%。可再生能源发电装机容量约占全部电力装机容量的38.3%，同比上升1.7%，可再生能源的清洁能源替代作用日益突显。根据《能源生产和消费革命战略（2016～2030）》，预计到2030、2050年，中国非化石能源占一次能源消费比重将超过20%和50%。②在终端能源消费环节体现为电能的利用范围前所未有的拓展，传统的化石能源消费市场出现明显的电能替代趋势，电力将成为支撑现代信息社会和数字经济的主要能源品种。2000 年以来，全球电能占终端能源消费比重由 15.4% 提高到目前的 19%，提升了约 4%；我国由 14.8% 提高到 25.8% 以上，提升了约 11%。电能成为近 20 年来终端消费增长最快的能源品种。据预测，2020 年我国全社会用电量将超过 7 万亿 kWh，2030 年达到 11 万亿 kWh，在现有基础上再翻一番。

在我国现代能源体系中，电力逐渐确立了其中心地位，电网在能源汇集传输和转换利用中成为枢纽，推动电、气、冷、热、化学能等各类能源的互联互通，改善我国能源结构、提升全社会能源综合利用效率。同时，由于电网的网络属性，可以实现能量与信息的交互，使其成为能源配置平台和综合服务平台。因此，依托电网稳步推进能源转型是现实而且可行的选择。

1.1.2　电力能源转型面临的挑战

2017 年底，十九大报告做出了“中国特色社会主义进入新时代”的重大判断，电力工业又面临着新的发展机遇和挑战。中央部署的“新基建”涉及 5G 网络、特高压、城际高速铁路和城际轨道交通、新能源汽车充电桩、大数据中心、人工智能、工业互联网七个领域，都与电力行业的工作密切相关，为我国电力行业加快电网发展、推动转型升级、培育增长动能提供了重要机遇。支撑经济社会可持续发展，促进能源电力系统向清洁低碳、安全高效能源体系转型成为新的历史使命，这对于电力能源行业践行创新、协调、绿色、开放、共享新发展理念，支撑全面建设社会主义现代化国家具有重要意义。

我国电力能源转型中，主要存在以下四个方面的挑战：

（1）电网运行方面。① 在数据管理上，整体规划设计不足，数据标准、规范亟待统一。现有“营配调”数据不贯通，“站线变户”关系不准确，故障研判与处置实时性有待提高，数据在提高电网安全运行水平、效率效益和工作质量等方面价值发挥不充分，未取得明显效果。随着电力体制改革的深入，传统的综合型供电公司已转变为专业管理能力更强的生产工区、营业部、调度指挥中心。这样的转变虽然从专业管理上实现了纵向标准、规范的统一，但是由于原组织机构的拆分，之前使用的业务系统缺乏横向沟通机制，存在各业务系统功能流程相互孤立，营销、运检、调度等多个部门信息系统条块分割独立、缺少横向沟通和数据多头录入及数据标准规范不统一等问题，使供电企业中跨职能、跨部门的横向业务流程管理薄弱的问题凸显。②在能源优化配置上，电网大范围、大规模能源优化配置资源能力未充分体现。现有输电业务存在被“管道化”风险，发展空间越来越狭窄；同时，我国能源资源与需求逆向分布，大规模开发西部、北部的可再生能源，持续扩大“西电东送”“北电南供”规模，对电网大范围配置能力提出了挑战。③在大电网安全运行上，面临风险的种类和复杂程度日益增加。随着新能源和直流输电的快速发展，风电的“弱转动惯量”和光伏的“零转动惯量”导致电力系统等效转动惯量大幅度降低，抗扰动能力明显下降，易发生稳定破坏，大量的电力电子设备并网也将导致电力系统的运行特性和稳定机理发生深刻变化；同时，机电和电磁暂态过程交织，系统稳定形态复杂，直流送端过电压问题更为突出，多直流馈入地区的电压崩溃风险显著提高。④在能源交易上，缺乏灵活的清洁能源省间消纳交易机制，灵活交易能力有待提升。省间壁垒突出，清洁能源市场化交易曲线送售端不匹配，有关各方补偿机制仍不完善，价格机制有待进一步健全，新能源消纳压力巨大；而且，巨大的省间壁垒降低了市场有效性，阻碍了市场资源在更大范围内的优化配置，存在严重的市场风险。

（2）电力企业运营方面。①现有运营系统中的数据信息整合、贯通亟须加强。数据标准和数据模型不统一，使得部门间数据交换、数据共享比较困难，同时电力数据的采集和传输受到采集传感器的精度、通信设备和环境因素的影响较大，导致存在大量的空值和垃圾数据，数据质量不高。②“营配调规”数据信息未能有效贯通，与一次采集或录入、共享共用的目标存在较大差距。专业壁垒凸显，跨专业流程不贯通，目标不协同，操作不规范。特别是在配电网中设备种类、数量众多，数据台账复杂烦琐，信息系统未能做到全面覆盖，目前还存在大量的数据空白，且缺少数据分析和挖掘的高效智能方法，限制了电网数据内在价值的充分发挥。③在与用户交互方面，客户友好用电与供需互动的参与度和满意度不高。当前，电网企业的线上服务渠道存在客户体验不佳、支撑能力不足、服务资源分散等诸多问题。在客户参与和体验方面，存在多个 App 融通性差的问题，操作复杂，难以实现“一次都不跑”和“一网通办”；在资源共享方面，客户数据服务信息多源，客户业务信息分散，不能实现客户信息跨层级数据融合、跨业务协同共享；在支撑能力方面，现有线上服务渠道多采用传统重架构模式，不能适应互联网服务快速推陈出新、迭代升级的需求，难以支撑便捷应用和服务创新。

（3）电力新兴业务方面。①尚未形成规模化、体系化发展态势，难以快速响应客户需求变化。缺乏市场化管理模式和互联网思维，客户用能信息感知不及时，信息覆盖面不全，新兴业务感知未充分共享；各专业系统自成体系，存在传感设备重复部署，未实现一次采集、共享共用，且感知体系智能化水平不足，无法动态变更应用需求，难以集中统一管控；互联网侧缺少感知来源，网络部署结构无法支撑综合能源服务、数据运营等新业态发展。②社会资源整合能力不强，对外开放共享合作不充分，产业链带动作用不明显。如何充分发挥电网基础设施、客户、数据、品牌等独特优势资源，培育和发展综合能源服务、互联网金融、大数据运营、大数据征信、光伏云网、虚拟电厂、基于区块链的新型能源服务等新兴业务，从而实现新兴业务“百花齐放”，成为新的主要利润增长点，成为电力业务拓展所面临的一项挑战。

（4）基础设施方面。①终端采集监控覆盖不足、时效性不强、连接互动不够，终端智能化和边缘计算水平亟待加强。终端采集缺乏统一规划设计和标准，未实现统一物联管理，终端标准不统一，亟须推动跨专业数据同源采集，以实现配电侧、用电侧采集监控深度覆盖。②现有通信接入网难以满足“多流合一”的数据通信需求。由于通信接入网覆盖深度不够、带宽不足，无法实现广覆盖、大连接通信接入和网络资源动态调配等功能。发展一体化通信网可有效解决上述问题，发展建设需求十分迫切。③平台软硬件资源利用率不高，数据存储、处理和应用灵活性不强，快速响应需求变化能力不足。传统的信息化架构已不能有效满足“互联、共享，价值、高效，柔性、实用”的需求，需要借鉴中台理念，加强企业中台建设，以实现信息化资源复用、整合和企业整体价值最大化。

1.2

电力物联网的内涵及意义

能源转型是一个系统化的社会工程，未来美好社会的发展离不开电力系统的能源支撑。当前，能源革命与数字革命融合发展，清洁能源高质量、高效率、经济化生产与利用势在必行，居民和一般工商业用电与电网互动需求迫切。国家电网有限公司（简称国家电网公司）创新性提出建设具有中国特色国际领先的能源互联网企业的战略目标，积极推动电网转型升级和高质量发展，为满足经济社会发展和人民群众美好生活用能需要提供了安全可靠的电力保障。该战略部署标志着国家电网公司在建设坚强智能电网建设运营模式的同时，逐步向电力物联网建设运营模式转化，全面提高大电网互通互联、共享互济水平，必将在社会治理、智慧能源、绿色出行等方面带来大量应用场景，更好满足人民美好生活需要。

1.2.1 电力物联网的内涵

中央部署的新基建涉及5G网络、特高压、城际高速铁路和城际轨道交通、新能源汽车充电桩、大数据中心、人工智能、工业互联网七个领域，这些领域都与电网的发展密切相关，这些领域的发展也为加快电网发展、推动转型升级、培育增长动能提供了重要机遇，并要求电网企业强化创新驱动，聚焦重点领域，开展技术攻关，加强大功率充电、5G、大数据、人工智能、物联网等技术研究。

电力物联网以电网为枢纽，通过能源运营调度和交易系统，将各种与能源生产、消费等相关的电力行业及用户连接起来，形成共享数据，为各类用户提供能源服务，为各类商户提供更多机遇，更大限度带动产业链上下游共享发展成果。它是一个兼容开放、和谐友好、智能互动、机会均等、利益共享的平台，是能源互联网的重要组成部分。通俗地说，就是运用新一代信息通信技术，将电力用户及其设备、电网企业及其设备、发电企业及其设备、电工装备企业及其设备连接起来，通过信息广泛交互和充分共享，以数字化管理大幅度提高能源生产、能源消费和相关领域安全、质量和效益效率水平。

电力物联网是应用于电网的工业级物联网，将与坚强智能电网相辅相成并融合发展，形成强大的价值创造平台，在线连接能源生产与消费各环节的人、机、物，状态全面感知，信息高效处理，应用便捷灵活，承载贯通电网生产运行、企业经营管理和对外客户服务的数据流和业务流，与能源流共同构成“三流合一”的能源互联网。通过广泛应用大数据、云计算、物联网、移动互联、人工智能、区块链等技术，汇集各方面资源，为规划建设、生产运行、经营管理、综合服务、新业务新模式发展、企业生态环境构建等各方面，提供充足有效的信息和数据支撑，可大力提升数据自动采集、自动获取、灵活应用能力。对内以“数据一个源、电网一张图、业务一条线”和“一网通办、全程透明”为目标，提升客户服务水平、电网安全经济运行水平和企业运营绩效水平；对外广泛互联，畅通上下资源，促进清洁能源消纳，适应社会形态、打造行业生态、培育新兴业态，构建能源互联网生态圈。

1.2.2 建设电力物联网的意义

建设电力物联网，既是服务国家战略的需要，也有利于我国新兴技术弯道超车，具有重要而深远的意义。电力物联网的意义主要包括以下几个方面：

（1）电力物联网是实现电力运营各业务的万物互联和人机交互，将所有与电网相关的人、事和设备连接起来，实现对内推动数据共享融通、业务全面贯通，同时，对外广泛连接多样服务，延伸业务范围，拓展服务对象，创新商业模式，积极培育和发展新兴业态，对带动提升我国经济发展有深远意义。

（2）电力物联网是物联网在电力行业的具体表现形式和应用落地；不仅是技术的变革，更是管理思维的提升和管理理念的创新，对内重点是质效提升，对外重点是融通发展。它将电力用户及其设备、电网企业及其设备、发电企业及其设备、供应商及其设备，以及人和物连接起来，产生共享数据，为用户、电网、发电、供应商和政府社会服务；以电网为枢纽，发挥平台和共享作用，为全行业和更多市场主体发展创造更大机遇，提供价值服务。

（3）电力物联网将实现电能生产、传输、消费各环节的系统状态全感知、业务全穿透，实现电力基础设施与国家政策、行业管理、能源用户以及企业内部的全时空连接，推进“两网”的深度融合，提升以信息资源共享为特征的开放水平，创新业务模式，构建电力公司新业态。此外，电力物联网和坚强智能电网二者深度融合，统一于最终能源互联网架构。因此，构建能源互联网的前提和关键就是建设电力物联网，实现能源生产、传输、存储、交易、消费各环节设备及客户的状态全面感知和快速需求响应，为社会生产和人民生活提供更加安全、优质、可持续的能源服务。

（4）有利于推动能源低碳转型。①通过电力物联网建设，推动清洁能源发电全息感知、智能分析、精准预测，提高清洁能源与电网协同规划、灵活调度、市场交易能力，有力支撑各类清洁能源接入，提升清洁能源消纳水平，促进清洁能源科学发展。②深化物联网技术与能源服务技术融合应用，推动各类用能设施高效便捷接入、状态全面感知、智慧友好互动，促进居民生活、交通、商业等各领域的电能替代和能效提升。③构建以电为中心的综合能源服务体系，实现能源供需数据有效贯通和各类用能设备智能管控，促进冷、热、气、电等多能互补和协调控制，提高用户能效，降低单位产值平均能耗。

（5）有利于促进电网提质增效。① 以数字技术为传统电网赋能，推动电网数字化转型，全面提升电网的感知能力、互动水平、运行效率和自愈能力，使设备管理更高效，调度控制更灵活，供电质量更优质，电网运行更安全。②通过互联和深度感知，汇集各类资源参与电力系统调节，促进“源—网—荷—储”协同互动，整合负荷曲线、实现削峰填谷，推动“源随荷动”模式向“源荷互动”模式转变。③开放电网基础资源、实验室研究资源等，与政府、社会及相关行业实现共享，激活、引导和连接各类社会资源，支撑设备、数据、服务的互联互通，提高电网资源利用效率和精益管理水平，推动各方共赢。

（6）有利于满足人民美好生活用能需要。①通过建设电力物联网，全方位、一站式响应人民群众的各类用能服务需求，实现居民和企业用能业务全程线上办理，提高用能便捷性。②实现停电信息主动通知、可视化抢修等主动服务，办电、交费等用电行为全过程在线透明，为客户带来更优质、智慧的管家式服务，提升用能体验。③以更加智能高效的服务方式，向客户主动提供用电提醒、节能分析、能效诊断、远程控制、撮合交易、能源金融等个性化、多元化增值服务，增强用户获得感。

（7）有利于推进产业链现代化。①以电为中心向电力生产和消费两端延伸价值链，扩大覆盖范围，聚合上下游产业链，拉动产业成长，构建共建共治共赢的生态圈。②促进产业链上下游企业之间供需精准对接和优势互补，高质量开发新产品、新技术，培育新业务、新模式，为上下游企业创造更大发展机遇、挖掘更广阔市场空间。③通过建设电力物联网，带动设备制造等传统产业链向智能化和数字化转型，实现产业升级。打造电力能源共性技术平台，开展技术合作攻关，加强产业协同，增强产业链韧性，推动产业基础高级化、产业链现代化。

1.2.3 电力物联网的关键技术

电力物联网的主要建设内容是实现针对海量电力信息的可靠、高效利用，将“大云物移智”等新技术与新一代电力系统相互渗透和深度融合，电力物联网建设需要有先进、可靠的技术予以支撑。建设电力物联网的关键支撑技术如下：

（1）传感与采集技术。传感器是一种能够探测、感受真实世界的物理装置或生物器官，如对光、热、湿度或烟雾等一系列现实世界存在东西的感知。通过对这些东西的探知，采集这些东西的数据信息，并将数据信息传递给其他装置或器官。在物联网中，传感器位于末端，将探测到的真实世界的信号转化为计算机能够处理的数字信号，通过有线或无线的方式将采集的信息通过传感网传递给上层。传感器感知电力系统信号的准确与否，决定着人类对电力系统运行状况的了解程度，因此，对传感器的理论与技术研究具有重要的现实意义。目前，传统的传感器理论和技术相对成熟，正逐步实现微型化、智能化、信息化、网络化方向发展，其已应用至电力系统、计算机等多个领域。而对于光纤、CCD 等新型传感器仍具有广阔的发展前景。

（2）传感网技术。传感网技术是获取真实世界信息的核心技术，它通过自动识别、动态跟踪的方式，实现真正物与物对话的应用。而无线传感网是一种跨学科技术，它是由部署在监测区域内大量的廉价微型传感器节点组成，通过无线通信方式形成的一个多跳自组织网络。它利用低功耗、低成本、多功能的节点来感知数据信息，并通过相互通信，将感知数据提供给物联网上层应用，因此无线传感器网络也就是基于感知的物联网。在无线传感器网络中，各传感器节点进行协作，对目标进行感知，完成数据信息的采集，监测整个网络覆盖区域各个目标的数据信息，将信息进行融合后发送给监测者。无线传感器网络具有开展快速、较强的抗毁性等特点，可进行远程监控、实测监测，能够代替人员在恶劣或特殊环境（如受到污染区域、发生自然灾害的临时区域）工作。

（3）边缘物联代理技术。边缘计算起源于传媒领域，主要提供数据源的最近端服务，以满足应用的实时性和数据保护等方面的需求。若边缘计算技术取得突破，意味着许多控制功能无须通过云端而直接在本地边缘计算层完成，从而提高计算效率。目前公司系统的设备众多，其中智能电能表和分布式电网设备已完成更新换代和布局。针对各类问题的出现，解决上述问题最好的方法即为边缘计算。进一步通过边缘计算构架的三种分层以及边缘计算在电力物联中的广泛使用构造出云计算—边缘计算的宏伟数字化图景。最后借助边缘物联代理技术改进以往数据中心处理方法，使得电力物联网得以更好的发展。

（4）智能终端技术。智能终端技术主要分为智能变电站智能终端技术、配电自动化智能终端技术。对于智能系统中的智能变电站，其主要优势体现在具有精确化程度高、可实现自动化、电网稳定性强、通信质量高、实时监控以及兼容性强等特点。智能变电站实现的途径是在各设备间建立无缝连接。IEC 61850 是无缝连接的标准，不仅强调了未来智能变电站的开放性与兼容性，还可以完备和规范数据模型。智能变电站的智能终端通过电缆和光纤连接设备，实现对设备的保护与控制，利用 GOOSE 方法上传主设备的状态信息，并从辅助设备中接受控制命令，主要通过建设主站对智能终端设备加以运用分析。电力配网自动化中智能终端设备的应用主要分为故障检测技术、配电环网快速故障隔离技术、配电自动化智能终端通信技术。

（5）传输网技术。电力物联网传输网主要是指光纤通信网。光纤通信是利用光导纤维传输信号，实现信息传递的一种通信方式。电力物联网的传输网主要包括电力光缆和传输网设备两部分。电力光缆按照敷设方式和应用场合大致分为电力线附加型、杆塔添加型和电力线复合型三类。传输网设备技术主要包括光传送网（optical transport network，OTN）、多业务传送平台（multi - service transport platform，MSTP）和自动交换光网络（automatically switched optical network，ASON）等。

（6）数据网技术。国际标准化组织对网络通信提出了开放系统互联模型分层结构，电力物联网数据技术主要位于第二层数据链路层和第三层网络层之间，主要包括多协议标签交换技术（multi - protocol label switching，MPLS）、网络层的 IP 和多种新兴的 5G 技术。MPLS 主要起到连接作用，即将二层交换与三层路由功能结合起来，支持数据链路层及网络层的多种协议，在宽带组网方面得到广泛应用；网络层的 IP 地址是用来识别通信的源和目的地，具有唯一识别主机或主机上接口和唯一识别 IP 网络中主机或接口拓扑位置的两个功能。主要有 IPv4 和 IPv6 两个版本；网络虚拟化一般只虚拟专用网络，其关键技术包括软件定义网络、网络功能虚拟化和网络切片等。

（7）接入网技术。电力物联接入网支持有线和无线等多种接入制式，其彼此相辅相成，相互协作。从有线到无线接入方式主要包括电力光纤专网、电力线载波通信（power line carrier communication，PLCC）、无线公网技术和电力无线专网几类。无源光网络是最主流的光纤接入方式，其优势包括以低成本方式提供点对多点的架构、语音/数据/视频的高质量服务能力、高速 Internet 接入以及其他服务等。PLCC 是使用现有的电力系统架构作为数据通信的媒质同时传输电能和数据，其可能成为电力物联网低功耗且成本效益最高的一种接入方式。无线公网技术的数据终端以无线方式接入电信运营商的无线网络，并通过 IP 承载网传送到电力物联网。电力无线专网与无线公网相比拥有信号传输距离更远，覆盖相同区域所需基站数目少、成本低等优点。

（8）卫星网技术。卫星通信是利用人造地球卫星的辅助中继完成用户之间信息传输的一种通信方式，其不受用户地理位置的限制，与陆地通信系统相比具有覆盖范围广、容量高等优点。北斗卫星系统是我国独立研制的全球卫星定位系统，致力于向全球用户提供高质量的定位、导航和授时服务，包括开放服务和授权服务两种方式，在任何时间和任何地点都能保证无障碍双向通信，广泛应用于移动通信领域。除了北斗卫星系统，地轨卫星通信系统是目前公认的极具发展潜力的卫星通信系统，其缩短了与地面的距离，有效降低了信号传输的时延和路径损耗，有利于卫星及用户终端的小型化。

（9）云平台技术。云平台技术是为用户提供数据存储、整理、集成、分析与展现的网络平台。云平台技术在电网建设工程中的应用，既能解决信息数据共享方面的难题，又便于监控系统的有效落实。云平台技术应用业界先进的产品与组件，可迅速提升基础支撑能力，完善数据中心之间（含内外网）的高速网络，建立统一云管平台、云安全防护体系和运维运营体系。云平台系统主要由现场系统、硬件控制系统、GPS 定位装置、视频监控系统、人员车辆闸机、局域网与互联网等构成。云平台是基于网络信息化系统构建的数据统筹平台，可以实现数据实时监控、管理模块优化、身份识别优化、设备管理加强、数据信息可视化、创新数据统计方法和定位跟踪系统。电网建设云平台的有效应用，不但能够为电网工程管理工作提供更完善的数据监理平台，凭借信息采集端的运作，更全面地判定工程潜在风险，同时借由云平台的构建，更有效推进全网应用上云迁移，实现各类业务、平台基础支撑需求的快速响应。

（10）物联管理技术。统一的物联管理中心建设，可实现连接管理、数据处理、设备管理、应用使能管理、网络管理、能力开放等功能，支撑跨专业终端统一接入、统一运营、统一管控。针对对内业务的接入需求，开展信息内网物联管理中心部署，采用两级部署方式；针对对外业务需求，开展信息外网物联管理中心部署。重点实现输变电物联网、配电物联网、智慧供应链、基建全过程数字化管控、电动汽车充电桩、综合能源服务等新增终端的接入。物联管理中心建设可推进存量业务应用、数据中台、统一资源模型、边管终端的全面接入工作。

（11）数据中心技术。全业务统一数据中心建设方面，按照双线推进策略，一方面继续支撑存量稳态分析应用的策略，持续提供相关业务应用数据支撑能力，另一方面以全面支撑数据中台建设需求为导向，健全数据管理体系，开展全业务统一数据中心的相关组件优化工作并将确定利用的组件并入数据中台，逐渐实现全业务统一数据中心的应用和数据全部迁移到数据中台。

（12）企业中台技术。企业中台建设方面，按照“业务支撑、促进共享、问题导向、急用先行”的原则，开展公司企业中台框架规划设计，重点构建业务中台、数据中台，沉淀共性业务和数据能力，支撑业务系统的共性应用，实现前端业务应用快速构建和迭代。业务中台方面，整合公司各业务客户和电网资源中台建设，逐步拓展人员、组织、项目、财务等相关业务中台建设。数据中台方面，基于全业务统一数据中心建设成果及统一数据模型标准，有针对性地按需开展数据资产管理能力、数据接入整合能力、数据共享服务能力建设，逐步实现电网、产业、金融、国际化等各板块数据融通，提升数据资产管理、共享和服务分析能力。

（13）面向业务的数据分析与信息融合技术。在电力物联网时代，信息和通信技术与驱动设备的融合已经到达世界的各个角落。“业务”是指个体或某个机构在一定时间内经过一系列的活动为了完成一件事或一个目标的过程，而在这个过程中会伴随着信息的传递和交流。对于与自动需求响应相关的系统开发人员与设备研发人员而言，前期的业务建模分析和数据分析是信息系统设计和设备研发的基础。由于电力物联网的规模化和互联互通的特性，并且其中的数据信息有海量性、异构性、分布式特性和实时性的特点。这些数据信息通常来自各种感知设备，形式多种多样且信息的关系复杂，因此需要借助信息融合技术改善电力物联网的业务应用，即通过采集获取的多源数据信息进行综合分析，保证在一定数据质量的前提下提高推理和评估结果的可靠性，从而发现某些事物之间的联系。

（14）电力物联网安全防护技术。电力物联网的安全防护，要借助各类安全防护技术手段的支持与保障，形成完善的防护系统，保护运行的安全性。目前较为常用的安全防护技术手段，包括加密技术手段、入侵检测技术、认证技术等。在电力物联网环境下，电网公司原采集、作业等智能终端风险仍存在，同时，由于大量计算、存储受限终端接入网络，还带来了新的安全风险。电力物联网终端面广、量大，遭受网络攻击的风险较高，轻则造成服务中断，重则影响电网关键信息基础设施安全；终端计算、存储资源受限，会导致传统技防措施失效，存在较大安全隐患。新业务模式改变了业务交互方式，对传统安全防护体系提出了新的挑战；通信方式和网络协议复杂，网络安全防护难度加大。数据量大、类多且交互复杂，进一步加剧了数据泄露、非法访问等风险；物联管理中心作为落实安全防护的重要环节，其自身安全尤为重要。电力物联网模式下应用涉及面广、用户规模大，对应用管理机制和应用本身提出了新的挑战。

1.3 电力物联网与智能电网及能源互联网的关系

电力物联网、智能电网及能源互联网，这三者间既相互联系，又各有区别。电力物联网是坚强智能电网实现生态互联的技术支撑手段，将促使电网从传统的工业系统向平台型系统转变；也是坚强智能电网发挥建设成效的保障，为智能电网的安全经济运行、提高经营绩效、改善服务质量，以及培育发展战略性新兴产业，提供强有力的数据资源支撑。智能电网与电力物联网的智能化水平提升，将会形成强大的价值创造平台，使电网的自动化、智能化、集成度得到提升，大大提高电力设备的使用效率，降低电能损耗，使电网运行更加经济和高效。承载电力流的坚强智能电网与承载数据流的电力物联网共同构成能源流、业务流、数据流“三流合一”的能源互联网。因此，为了建设电力物联网，本节将在简要介绍智能电网和能源互联网的基础上，重点分析电力物联网、智能电网与能源互联网三者间的关系。

1.3.1 智能电网

从全球范围来看，虽然很多国家都在建设或正在规划建设智能电网，但目前对智能电网尚没有一个统一的定义。美国能源部发布的“Grid 2030——电力的下一个100年的国家设想”中对智能电网的定义如下：一个完全自动化的电力传输网络，能够监视和控制每个用户和电网节点，保证从电厂到终端用户整个输配电过程中所有节点之间的信息和电能的双向流动。中国物联网校企联盟认为智能电网由很多部分组成，包括智能变电站、智能配电网、智能电能表、智能交互终端、智能调度、智能家电、智能用电楼宇、智能城市用电网、智能发电系统、新型储能系统等。国家电网公司对坚强智能电网的定义如下：坚强智能电网是指以特高压、超高压电网为骨干网架，各级电网协调发展，具有信息化、自动化、互动化特征和智能响应能力、系统自愈能力的新型现代化电网。它以充分满足用户对电力的需求和优化资源配置，确保电力供应的安全性、可靠性和经济性，满足环保约束，保证电能质量，适应电力市场化发展等为目的，实现对用户可靠、经济、清洁、互动的电力供应和增值服务。

尽管智能电网的定义尚未统一，但各国对智能电网的特征已达成广泛的共识。智能电网是现代化的电力供应系统，它能够监控、保护和自动优化其内部互联元件的运行，智能电网结构示意图如图1－1所示。这些互联元件包括，从集中的和分布式的发电机，通过输、配电系统，到工业用户和楼宇自动化系统、储能装置、终端用户及其温控装置、电动汽车及电器设施等。智能电网最本质的特点是：电力和信息的双向流动性，并由此建立起一个高度自动化和广泛分布的能量交换网络；把分布式计算和通信的优势引入电网，实现信息实时交换和达到设备层次上近乎瞬时的供需平衡。

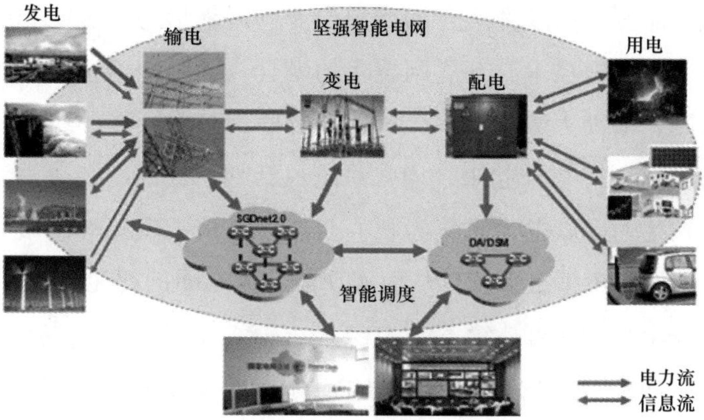

图1－1 智能电网结构示意图

建设智能电网的意义可以归结为以下几方面：① 电能的可靠性和电能质量的提高。具备自愈功能的智能电网确保了电网的可靠性、安全性，可提高电能质量和效率。自愈电网将尽量减少供电服务中断，充分应用数据获取技术，执行决策支持算法，避免或限制电力供应的中断，迅速恢复供电服务。②电力设备、人身和网络安全方面的收益。智能电网持续地进行自我监测，及时找出可能危及其可靠性以及人身与设备安全的境况，为系统和运行提供充分的安全保障。③能源效率收益。智能电网的效率更高。通过引导终端用户和与电力公司互动进行需求侧管理，从而降低峰荷需求，减少能源使用总量和能量损失。④环境保护和可持续发展的收益。智能电网是“绿色”的，通过支持分布式可再生能源的无缝接入以及鼓励电动车辆的推广使用，可减少温室气体的排放。⑤直接经济效益。智能电网是电网最经济的运行方式，不仅可以带来直接的经济效益，包括削减运行费用和提高资产利用率等，而且还能振兴经济，带动众多产业发展。

1.3.2 能源互联网

能源互联网是指以电为中心，以坚强智能电网与电力物联网为基础平台，深度融合先进能源技术、现代信息通信技术和控制技术，实现多能互补、智能互动、互联的智慧能源网络。能源互联网是互联网与能源生产、传输、存储、消费以及能源市场深度融合的能源产业发展新形态，是能源电力基础设施与先进的信息通信技术、互联网技术的融合，利用传感技术对各接入部分进行实时监测，借助大数据、人工智能、物联网技术，将分布自治和广域协调的调度和控制方式结合起来，增强系统灵活性，提高新能源消纳水平，最终目标是要构建一个以电力系统为核心与纽带、多类型能源网络和运输网络高度整合的能源供电生态系统，从而实现能源生态圈的智能自治、平等开放、绿色低碳、安全高效和可持续发展。

能源互联网综合运用先进的电力电子技术、信息技术和智能管理技术，将大量由分布式能量采集装置、分布式能量储存装置和各种类型负荷构成的新型电力网络、石油网络、天然气网络等能源节点互联起来，以实现能量双向流动的能量对等交换与共享网络。其目标是构建一个以电力系统为核心与纽带，多类型能源网络和交通运输网络高度整合，能源—信息—经济三元驱动的能源供用生态系统，从而实现能源生态圈的智能自治、平等开放、绿色低碳、安全高效和可持续发展。能源互联网构成了以可再生能源优先、电力能源为基础、各种能源协同互补、供给与消费协同、集中式与分布式协同及大众可参与的新型生态化能源系统，可提高可再生能源比重，促进互联网与能源系统的深度融合。

能源互联网的基本架构与组成元素如图 1－2 所示。在图 1－2 中，与互联网及控制网络交互传输的为信息流，与交通网络单向传输的为交通流，其余箭头为能量流。

能源互联网事实上由 4 个复杂的网络系统，即电力系统、交通系统、天然气网络和信息网络紧密耦合构成。首先，电力系统作为各种能源相互转化的枢纽，是能源互联网的核心。其次，电力系统与交通系统之间通过充电设施与电动汽车相互影响；充电设施的布局及车主的驾驶和充电行为会影响交通网络流量；反之，交通网络流量也会影响车主的驾驶和充电行为，进而影响电力系统运行。第三，近年来，随着水平井与压裂技术的不断进步与完善，美国首先爆发了“页岩气革命”。随着“页岩气革命”的出现和不断深化，天然气的成本呈下降趋势，燃气机组在发电侧的比例因此有望提高。这样，

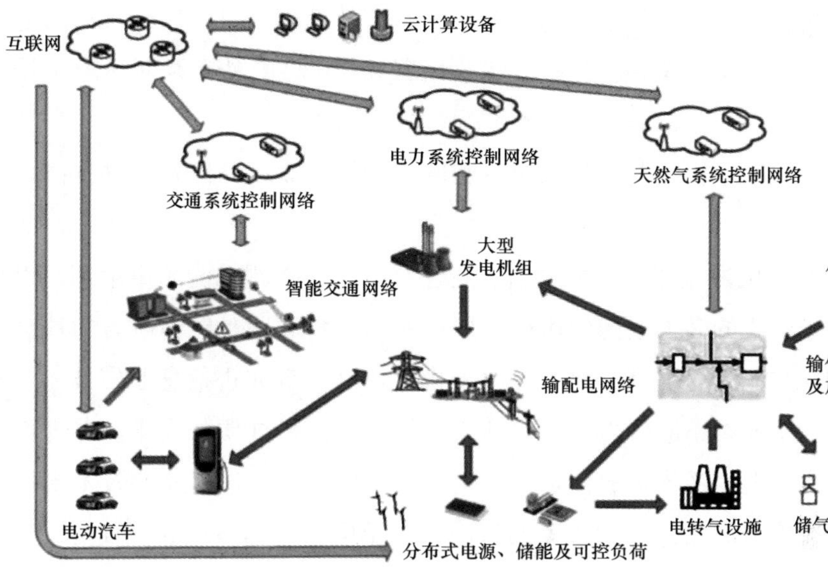

图1－2 能源互联网的基本架构与组成元素

天然气网络的运行将直接影响电力系统的经济运行及可靠性。此外，利用电转气技术，可以将可再生能源机组的多余出力转化为甲烷（天然气的主要成分），再注入天然气网络中进行运输和利用。因此，未来的电力系统与天然气网络之间的能量流动将由单向变为双向。第四，能源互联网还可能进一步集成供热网络等其他二次能源网络。热能是分布式燃气发电的重要副产品。以热电联产系统为纽带，可以将电力网络和供热网络相互集成和协调，通过利用燃气机组排出的余热，大大提高系统的整体能效。最后，上述系统内的各种物理设备，尤其是分布式发电、储能、可控负荷及电动汽车等，需要通过一个强大的信息网络进行协调和控制。

1.3.3 电力物联网、智能电网及能源互联网的联系与区别

以特高压为骨干网架、各级电网协调发展的坚强智能电网，能够有效提升能源资源配置能力和智能化水平，更好地适应电源基地的集约开发和新能源、分布式能源、储能、交互式用能设施等大规模并网接入的需要，满足人民群众日益多样的服务需求。基于现代信息技术和先进通信技术，实现万物

互联、人机交互，打造状态全面感知、信息高效处理、应用便捷灵活的电力物联网，可为电网安全经济运行、提高经营绩效、改善服务质量，以及培育发展战略性新兴产业，提供强有力的数据资源支撑。

电力物联网、智能电网与能源互联网三者间的联系与区别，具体体现在以下几个方面：

（1）智能电网是能源电力的信息物理系统，它强调在能源供给侧、以特高压为骨干网架的多级电网的协调发展；而电力物联网是能源电力的社会元素，它侧重在能源需求侧、利用“大云物移智链”等先进信息通信技术，实现用能、运维成本不断降低，更好地满足用户对多种能源的需求。电力物联网高效融合了电力系统与通信资源，是智能电网实现生态互联的技术支撑手段，也是智能电网发挥建设成效的保障，赋予电网可靠运行、全面感知、IP互联、智能处理等功能，优化电能在终端能源消费中的配置，实现电网与能源负荷的协同规划控制，可为智能电网的安全经济运行、提高经营绩效、改善服务质量，以及培育发展战略性新兴产业，提供强有力的数据资源支撑。承载电力流的智能电网与承载数据流的电力物联网，二者相辅相成、融合发展，形成强大的价值创造平台，共同构成能源互联网。

（2）能源互联网与智能电网有很多相似之处，是智能电网概念的进一步发展和深化。然而，能源互联网与智能电网也存在重要的区别：智能电网的物理实体主要是电力系统，而能源互联网的物理实体由电力系统、交通系统和天然气网络共同构成；智能电网中的能量只能以电能形式传输和使用，而在能源互联网中，能量可在电能、化学能、热能等多种形式间相互转化；目前，智能电网研究对于分布式发电、储能和可控负荷等分布式设备主要采取局部消纳和控制，而在能源互联网中，由于分布式设备数量庞大，研究重点将由局部消纳向广域协调转变；智能电网的信息系统以传统的工业控制系统为主体，而在能源互联网中，互联网等开放式信息网络将发挥更大作用。

（3）能源互联网是在智能电网和电力物联网的基础上，将互联网思维理念和技术与能源生产、传输、存储、消费以及能源市场深度融合，可以大幅增加能源系统的灵活度，最大限度开发利用可再生能源，最高程度提高能源综合利用效率，实现多元能源的有效互补与高效利用，从而有力地促进全社会从建筑、工业、交通等终端能源部门推动清洁电力和可再生能源替代化石能源，建立未来能源体系，实现能源革命，这将是新一代能源和电力系统的重要发展方向。

（4）坚强智能电网和电力物联网是能源互联网在电力系统的具体实现形式。其中，智能电网是能源互联网的核心组成部分，它是承载电流的实体电力传输网，为能源互联网的电力连通提供最基本的输电、变电、配电等能力支撑，支撑电力系统能源流的安全稳定传输；电力物联网借助于智能传感设备、通信专网及信息化手段，承担着智能电网的信息反馈、监测与控制等功能，有助于智能电网发电环节的在线监测、输电环节的可视可控、变电环节的安全防护、配电环节的状态监测与快速恢复，可实现信息流的末梢采集和归集处理，为智能电网的互联互通与信息共享提供信息通信基础能力支撑，从而使能源综合使用效率实现最大化。两者紧密配合才能真正实现能源互联网的经济、高效、安全运行。随着能源革命与数字革命的不断深入，坚强智能电网将与电力物联网在多个层次深度融合，如数据融合、分析融合、决策融合等，二者相辅相成、互相促进、融合发展，形成强大的价值创造平台，共同构成“三流合一”的能源互联网，进一步推动中国能源革命和世界经济转型。

第2章

电力物联网智能传感技术及应用

近年来，国家高度重视传感技术的发展，2017年11月，工信部印发《智能传感器产业三年行动指南（2017～2019年）》，对智能传感产业发展思路、总体目标、主要任务等做了整体布局。2020年3月，国家电网公司对“新基建”做出重要部署，针对5G网络、特高压、城际高速铁路和城际轨道交通、新能源汽车充电桩、大数据中心、人工智能、工业互联网七个领域，打造状态全面分析、信息高效处理、应用便捷灵活的电力物联网。而智能化传感技术作为电力物联网整体构架的底层是建设的关键，主要包括传感与采集技术、传感网技术、边缘物联代理技术、智能终端技术等，进一步的发展需要突破并掌握这些核心技术。

2.1 传感与采集技术

传感与采集技术是保障电力系统安全运行的重要技术，由于电力系统是一个集发电、变电、输电和配电功能于一体的电能生产与消费系统，其庞大、复杂的体系结构形成了种类繁多的电力系统信号，传感与采集技术能够对系统中的信号进行传递并收集，因此构建电力物联网对电力系统的安全稳定运行尤为重要。

2.1.1 电力系统传感与数据采集技术概述

随着电力系统的发展，电力传感技术渐趋成熟，包括应变式传感、电子式传感等，涵盖以下几种技术：

（1）电阻应变传感技术。电阻应变传感技术的理论基础是电阻片的金属应变效应。该效应是指金属导体的电阻在导体受力产生变形时发生变化的物理现象。当金属电阻丝受到轴向拉力时，其长度增加而横截面变小，引起电阻增加。反之，当它受到轴向压力时则导致电阻减小。通过电阻值进行反馈。

（2）电容传感技术。电容传感技术的原理是利用极板振动改变感应电极与被测表面间的电容量产生感应电流，通过感应电流计算得出被测表面的静电电位。使用该方法的测量设备无须与被测带电体接触，测量过程中受空间环境因素影响较小。当振动的感应极板前方存在带一定电荷量的带电体时，振动感应极板上将会在电场中感应出一定的感应电荷。

（3）电感传感技术。电感传感技术的原理是运用电磁感应理论，将被测非电量（如位移、压力、流量、振动等）转换成线圈自感量或互感量的变化，再由测量电路转换为电压或电流的变化量输出，得到反映被测物体物理量变化的数据。

（4）磁电传感技术。磁电传感技术是利用电磁感应原理，将输入的运动速度转换成线圈中的感应电势输出。这种技术可以直接将被测物体的机械能量转换成电信号输出，而不需要外加电源，是一种典型的无源传感。

（5）压电传感技术。压电传感技术基于压电效应，是一种自发电和机电转换传感技术。压电效应可分为正压电效应和逆压电效应。

1）正压电效应是指当晶体受到某固定方向外力的作用时，内部产生电极化现象，同时在某两个表面上产生符号相反的电荷；当外力撤去后，晶体又恢复到不带电的状态；当外力作用方向改变时，电荷的极性也随之改变；晶体受力所产生的电荷量与外力的大小成正比。压电式传感器大多是利用正压电效应制成的。

2）逆压电效应是指对晶体施加交变电场引起晶体机械变形的现象，又称电致伸缩效应。用逆压电效应制造的变送器可用于电声和超声工程。压电敏感元件的受力变形有厚度变形型、长度变形型、体积变形型、厚度切变型、平面切变型 5 种基本形式。压电晶体是各向异性的，并非所有晶体都能在这 5 种状态下产生压电效应，如石英晶体就没有体积变形压电效应，但具有良好的厚度变形和长度变形压电效应。

（6）热电传感技术。热电传感技术基于热电效应。所谓热电效应，就是两种不同材料的导体组成一个闭合回路，当两接点温度不同时，则在该回路中就会产生电动势的现象。由热电效应产生的电动势包括接触电动势和温差电动势。接触电动势是由于两种不同导体的自由电子密度不同而在接触处形成的电动势。其数值取决于两种不同导体的材料特性和接触点的温度。温差电动势是同一导体的两端因其温度不同而产生的一种电动势。其产生的机理为：高温端的电子能量要比低温端的电子能量大，从高温端跑到低温端的电子数比从低温端跑到高温端的要多，结果高温端因失去电子而带正电，低温端因获得多余的电子而带负电，在导体两端便形成温差电动势。利用导体的电阻值随温度变化而变化的原理进行测温。

（7）光电传感技术。光电传感技术基于光电效应，该效应是指光照射到某些物质上，使该物质的导电特性发生变化的一种物理现象，可分为外光电效应、内光电效应。

1）外光电效应是指在光线作用下物体内的电子逸出物体表面向外发射的物理现象。光子是以量子化的粒子形式对可见光波段内电磁波的描述。光子通量则相应于光强。外光电效应基于爱因斯坦光电效应方程，当光子能量等于或大于逸出功时才能产生外光电效应。因此每一种物体都有一个对应于光电效应的光频阈值，称为红限频率。对于红限频率以上的入射光，外生光电流与光强成正比。

2）内光电效应又分为光电导效应和光生伏特效应两类。①光电导效应是指半导体材料在光照下禁带中的电子受到能量不低于禁带宽度的光子的激发而跃迁到导带，从而增加电导率的现象。能量对应于禁带宽度的光子波长称光电导效应的临界波长。②光生伏特效应是指光线作用能使半导体材料产生一定方向电动势的现象。光生伏特效应又可分为势垒效应和侧向光电效应。势垒效应的机理是在金属和半导体的接触区中，电子受光子的激发脱离势垒的束缚而产生电子空穴对，在阻挡层内电场的作用下电子移向 N 区外侧，空穴移向 P 区外侧，形成光生电动势。侧向光电效应是当光电器件敏感面受光照不均匀时，受光激发而产生的电子空穴对的浓度也不均匀，电子向未被照射部分扩散，引起光照部分带正电、未被光照部分带负电的一种现象。

电力数据采集系统是计算机技术和测量技术相结合的产物，具有数据自动储存、运算、逻辑判断、自动操作以及远程网络传输等功能。数据采集是计算机技术的重要应用，是获取测量数据的重要途径之一。为了保证电力系统的正常运行，就要随时间段对电力系统中的电压、电流、温度等参数进行测量，这种获取数据的方式就是数据的采集。电力数据的采集及处理方法的特征是：该系统能够用于电力系统在线数据采集，能获得较好的采样速率和采集精度，采用高性能嵌入式处理器 DSP + ARM 结构，分别是 DSP/BIOS 和嵌入式 Linux 部署软件在采集处理端和控制端设施，同时配置算法调配模块实现电力数据的采集与处理，这种同步采样法适用于信号周期实时测量，顺应周期的变化而改变的软件，能够完成多通道的电力数据同步采样和采集，从而满足电力数据采集的多通道、高精度、随时性、自动化的要求。

2.1.2　基于电力物联网的新型传感与数据采集技术

近几年，新型的传感技术层出不穷，主要有以下几种技术：

（1）射频识别技术。目前物联网传感技术有多种技术路线，业界公认的应用前景最为广泛的物联网传感技术路线仍是无线技术发展的方向，其新技术主要为智能射频识别技术（intelligent - radio frequency identification，I - RFID）。I - RFID 技术是在射频识别技术（radio frequency identification，RFID）技术上发展而来的，其技术组成结构和实现原理与 RFID 基本一致，只是在电子标签内新增了一块智能芯片，使传感器具有本地预处理和计算的功能，使传感网更具价值。I - RFID 是一种非接触式的自动识别技术，其本身就是一个简单的无线收发系统，由阅读器和电子标签组成，在阅读器和电子标签之间通过射频信号（工作频率一般为：低频 135kHz 以下、高频 13.56MHz、超高频 860M ~ 960MHz、微波 2.4GHz 和 5.8GHz）进行非接触双向数据的传送和交换，对物节点进行识别并获取相应采集数据。RFID 对环境的依赖性小，空间易扩展，能识别高速移动的物体，并且可实现对多个物体的同时识别。

（2）气体传感。一种新的信息获取指导理论为数据采集技术带来了革命性的突破，即气体传感。该传感技术对可压缩的信号可通过远低于 Nyquist 标准的方式进行采样，并仍能精确地恢复出原始信号。因而，相对于传统电力系统信号分析与数据处理方法，将气体传感理论应用于电力物联网的信号传感与数据采集领域中，不仅具有较高的压缩比，而且便于直接提取信号特征，是一种更为高效可靠的电力系统信号传感与数据采集方法。

(3) 荷重传感技术。荷重传感技术通过检验受力载体所受的载荷来完成对物体受力的测量。荷重传感技术能将从载体传来的压力转化成相应的电信号，从而达到测量的目的。

(4) 光纤传感技术。光纤传感技术包括对外界信号的感知和传输两种功能。所谓感知，是指外界信号按照其变化规律使光纤中传输光波的物理特征参量，如强度、波长、频率、相位和偏振态等发生变化，测量光参量的变化即“感知”外界信号的变化。这种“感知”实质上是外界信号对光纤中传播的光波实时调制。所谓传输，是指光纤将受到外界信号调制的光波传输到光探测器进行检测，将外界信号从光波中提取出来并按需要进行数据处理，也就是解调。因此，光纤传感技术包括调制与解调两方面的技术，即外界信号如何调制光纤中的光波参量的调制技术及如何从被调制的光波中提取外界信号的解调技术。

2.2 传感网技术

以互联网为代表的计算机网络技术是 20 世纪计算机科学的一项伟大成果，它给我们的生活带来了巨大的变化。然而，网络世界是虚拟的，很难分析现实世界。传感网技术正是在这样的背景下应运而生的全新网络技术，它综合了传感器、低功耗、通信以及微机等技术。可以预见，在不久的将来，传感网技术将给电力系统带来革命性的变化。传感网技术作为信息获取的重要核心技术，以其自动识别、安全可靠和可以动态跟踪的特点，实现真正物与物对话的应用。传感网技术已经广泛应用于交通、航空、电力、工业、公共安全等众多行业。随着电力物联网建设的加快，传感网技术将会面临应用需求更广、技术要求更高、产业能力更强的发展机遇和发展空间。

2.2.1　传感网技术概述

传感网技术是由传感器采集实际的物理信息量并通过网络通信将信息传递给传感中心的一种技术。微机电系统（micro electro mechanical system，MEMS）技术和射频（radio frequency，RF）通信技术的融合促进了无线传感器及其网络的诞生。传统的传感器正逐步实现微型化、智能化、信息化、网络化，正经历着一个从传统传感器（dumb sensor）到智能传感器（smart sensor）再到嵌入式 Web 传感器（embedded web sensor）的内涵不断丰富的发展过程。

传感网的基础构成为随机分布的集成传感器、数据处理单元和通信单元的微小节点，其体系结构如图 2 -1 所示。每一个传感器节点由数据采集模块（传感器、A/D 转换器）、数据处理和控制模块（微处理器、存储器）、通信模块（无线收发器）和供电模块（电池、DC/AC 能量转换器）等组成，传感网节点结构如图 2 -2 所示。

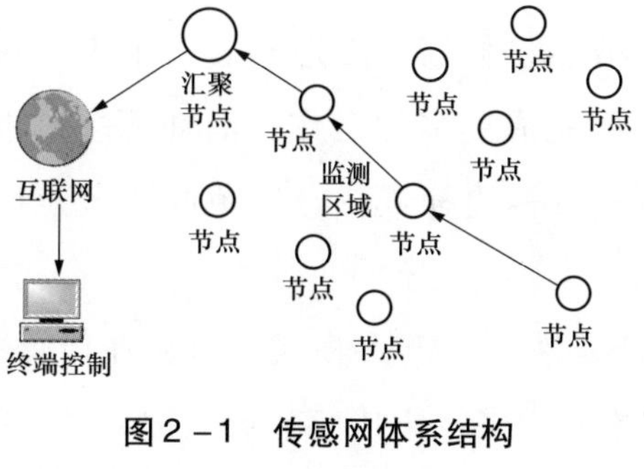

图 2 -1　传感网体系结构

在传感网络的实际应用中必不可少的就是对采集的信息数据进行管理和

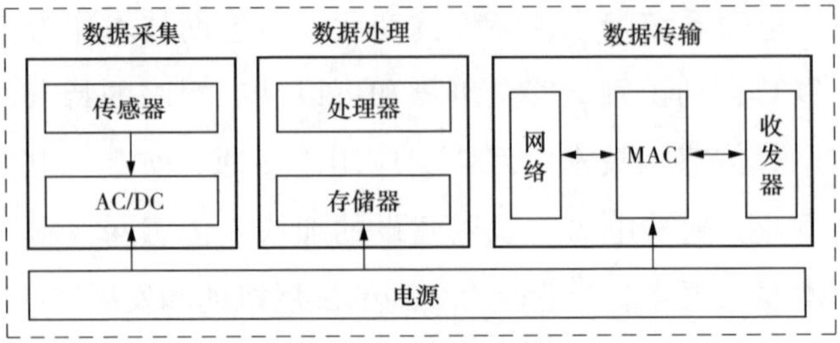

图 2-2 传感网节点结构

处理。对于数据的存储而言，传感网络可以视为是一种分布式数据库，以数据库的方法来进行数据管理，可以将存储在网络中的数据逻辑视图和网络中的实现进行分离。目前，许多研究机构的研究主要集中在半分布式结构方面。美国加州大学伯克利分校的 TinyDB 系统和 Cornell 大学的 Cougar 系统是目前最具有代表性的传感网管理系统。传感网凭借实时数据采集、监督控制等功能，通过网络实时监控各种环境、设施及内部运行机理等成为可能。

传感网技术的关键核心技术：

(1) 组网模式。在确定采用无线传感器网络技术进行应用系统设计后，首先面临的问题是采用何种组网模式。是否有基础设施支持，是否有移动终端参与，汇报频度与延迟等应用需求直接决定了组网模式。

1) 扁平组网模式。所有节点的角色相同，通过相互协作完成数据的交流和汇聚。最经典的定向扩散路由（direct diffusion）研究的就是这种网络结构。

2) 基于分簇的层次型组网模式。节点分为普通传感节点和用于数据汇聚的簇头节点，传感节点将数据先发送到簇头节点，然后由簇头节点汇聚到后台。簇头节点需要完成更多的工作、消耗更多的能量。如果使用相同的节点实现分簇，则要按需更换簇头，避免簇头节点因为过度消耗能量而死亡。

3) 网状网（mesh）模式。Mesh 模式一方面在传感器节点形成的网络上增加一层固定无线网络，用来收集传感节点数据，另一方面实现节点之间的信息通信，以及网内融合处理。

(2) 拓扑控制。组网模式决定了网络的总体拓扑结构，但为了实现 WSN

网络的低能耗运行，还需要对节点连接关系的时变规律进行细粒度控制。目前主要的拓扑控制技术分为时间控制、空间控制和逻辑控制 3 种。

1）时间控制通过控制每个节点睡眠、工作的占空比，以及节点间睡眠起始时间的调度，让节点交替工作，网络拓扑在有限的拓扑结构间切换。

2）空间控制通过控制节点发送功率改变节点的连通区域，使网络呈现不同的连通形态，从而获得控制能耗、提高网络容量的效果。

3）逻辑控制则是通过邻居表将不“理想的”节点排除在外，从而形成更稳固、可靠和强健的拓扑。WSN 技术中，拓扑控制的目的在于实现网络连通（实时连通或者机会连通）的同时保证信息能量的高效、可靠传输。

（3）路由、数据转发及跨层设计。WSN 网络中的数据流向与 Internet 相反：在 Internet 网络中，终端设备主要从网络上获取信息；而在 WSN 网络中，终端设备是向网络提供信息。因此，WSN 网络层协议设计有自己的独特要求。由于在 WSN 网络中对能量效率的苛刻要求，研究人员通常利用 MAC 层的跨层服务信息来进行转发节点、数据流向的选择。另外，网络在任务发布过程中一般要将任务信息传送给所有的节点，因此设计能量高效的数据分发协议也是网络层研究的重点。网络编码技术也是提高网络数据转发效率的一项技术。在分布式存储网络架构中，一份数据往往有不同的代理对其感兴趣，网络编码技术通过有效减少网络中数据包的转发次数，来提高网络容量和效率。

传感网技术已经广泛进入交通、航空、电力、工业、公共安全等众多行业，催生了一大批中小型企业，传感网的应用如图 2－3 所示。国际上比较有代表性和影响力的传感网实用和研发项目有遥控战场传感器系统（remote battlefield sensor system，REMBASS）、网络中心战（networkcentric warfare，NCW）及灵巧传感器网络（smart sensor web，SSW）、智能尘（smart dust）、Intel－Mote、Smart－Its 项目、Sens IT、Sea Web、行为习性监控（habitat monitoring）项目、英国国家网格等。尤其是最新试制成功的低成本美军“狼群”地面无线传感器网络标志着电子战领域技战术的最新突破。美国俄亥俄州正在开发“沙地直线”（a line in the sand）无线传感器网络系统。这个系统能够散射电子绊网（tripwires）到任何地方，以侦测运动的高金属含量目标。民用方面，美日等发达国家在对该技术不断研发的基础上已在多领域进行了应用。

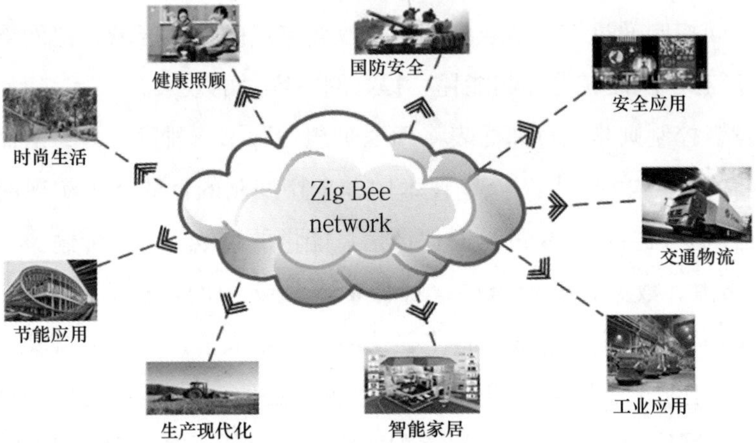

图2-3　传感网的应用

2.2.2　传感网技术在电力系统的应用分析与展望

传感网技术应用于电力系统的基本思想是实现电网中各项数据的双向流动，利用传感器对发电、输电、配电、供电环节等关键设备的运行情况进行实时监控，并通过网络系统将获取的数据进行有效的整合和分析，通过终端传感器在用户和电网公司之间、用户之间建立实时互动的网络，从而达到数据读取的实时、高速、双向的效果，实现电能从电源到用户的传输、分配、管理与控制，整体提高电网的综合效率，实现对整个电力系统运行的优化管理，促进整个电网和谐发展。

传感器网络在智能电网中具有广泛的应用前景，电力传输和产生的所有链接采用无线网络技术实现在线监测，提高机组运行的安全稳定状态检测和单元的发电设备维修状态。在传输链路，使用无线网络技术，可以有效利用传输线变压器，通过传输线变压器在线监测设备，确保设备的安全运行，提高传动效率和可靠性，实现自动诊断。在分配领域，利用无线网络技术实现配电网状态监测预警，实现配电线路故障的快速定位，确保安全稳定运行的分销网络。链接使用无线网络技术和电力无线抄表技术可以实时监控和调度，提高负荷预测的网络负荷，可以引导用户合理节约用电，监测和防止窃电。

传感网技术在电力系统中的应用如下：

（1）设备时间同步。通常情况下，旋转设备的损坏都是在振动强度上有所表现。振动信号中包含丰富的机组状态信息，当机组状态发生变化时，其振动形态也将随之发生改变。对机组振动进行监测，并利用适当方法对监测到的信号进行分析，可提取反映设备状态的信息。这就要求采集的信息是同步的。传感网技术中常用的时间同步技术是通过时间同步协议完成节点间的对时，通过滤波技术抑制时钟噪声和偏移；也有利用耦合振荡器的同步技术实现网络无状态自然同步的方法。采集信息后，通过传感网的拓扑应用路由和数据转发技术将采集好的信息传递给中心进行分析。分析后形成指令，通过传感网技术控制发电机的运行。

（2）输电线路维修。输电线路杆塔、导线和绝缘子在运行过程中不可避免地会出现劣化、受损等情况。上述设备运行性能的下降对电网的运行安全构成了威胁，有必要及时掌握其运行性能，为实现真正意义上的状态检修、保障电网安全运行提供足够的数据支撑。可以通过传感网技术的定位跟踪技术确定故障的位置。定位跟踪技术包括节点自定位和网络区域内的目标定位跟踪。GPS 技术是室外惯常采用的自定位手段，但一方面成本较高，另一方面在有遮挡的地区会失效。传感器网络更多采用混合定位方法：手动部署少量的锚节点（携带 GPS 模块），其他节点根据拓扑和距离关系进行间接位置估计。目标定位跟踪通过网络中节点之间的配合完成对网络区域中特定目标的定位和跟踪。通过传感网技术定位到故障的位置既确保了定位的准确性，也确保了对故障定位的快速性。定位完成后通过传感网的拓扑结构、路由及数据转发技术将故障位置传递给中心，中心派工作人员进行维修。

（3）用电信息采集。将电能表视为电能传感器，通过分布式数据管理和信息融合将采集的数据进行整理。分布式动态实时数据管理是以数据中心为特征的 WSN 网络的重要技术之一。该技术通过部署或者指定一些节点为代理节点，代理节点根据监测任务收集兴趣数据。监测任务通过分布式数据库的查询语言下达给目标区域的节点。在整个体系中，WSN 网络被当作分布式数据库独立存在，实现对客观物理世界的实时和动态的监测。信息融合技术是指节点根据类型、采集时间、地点、重要程度等信息标度，通过聚类技术将收集到的数据进行本地的融合和压缩，一方面排除信息冗余，减小网络通信开销，节省能量；另一方面可以通过贝叶斯推理技术实现本地的智能决策。然后，通过传感网的拓扑结构、路由及数据转发技术将整理好的采集信息发送给中心供其使用。

（4）应急通信。应急通信发生的时间和地点都是不固定的，在这样的情况下，就不能确定指挥中心和事故发生的具体地点，也增大了彼此联系的难度。通常情况下，抢险人员在到达抢修现场时，要对问题进行详细检查，并通过电话和视频等方式向指挥中心传达现场情况，这样的传统做法会增加抢险的耗时。但传感网技术的出现和应用，为指挥中心的调度工作提供了很大便捷。传感网技术可以帮助指挥中心或应急处理中心对电网状态和设备运行进行监测，如果现场发生意外情况，传感网技术就能够对事故现场进行准确定位，并能清晰地找出现场设备和配件损坏的具体情况。这样根据现场情况就能准确地调拨人员和抢修设备到达现场，不会有资源浪费的情况发生，也能更进一步地提高处理事故的效率。

（5）配网自动化。配网自动化主要通过载波通信、光纤通信、无线宽带技术与租用无线公网等来运行。配电网的结构比较复杂，通常情况下，电压等级比较多、支线多、分布广和变动比较频繁。目前，配电网不能独自实现通信，而是需要借助于光纤通信和载波通信来完成。但有时配电网的改动次数频繁，现实中却不能随之改变配电网点问题。传感网技术就能很好地解决配电终端的问题，能够保证配电主站之间与和配电网点的有效连接。仅需将配电网中的设备及其附件连接互联网，便可顺利地完成配电网的通信业务，并且实现配网的遥信、遥测、遥控等自动化技术。由此可见，传感网技术能有效地解决配电终端数量多和经常发生变动的问题。

（6）智能电网。将传感网技术应用于智能电网中，在通信系统中的作用可以表现在，增强其通信技术、控制技术、测量技术、节能控制、监测设备状态、电网设备状态在线监测技术、相关事故确定跟踪技术等。传感网技术与通信系统智能电网的有机结合、安全高效的运行，能够提高管理效率和应急灵敏度，更能够迎合现今社会倡导的低碳生活的发展需求。

2.3 边缘物联代理技术

边缘物联代理技术的核心思想是，使概念中的所有事物都具有内部推理和智能分析能力。这种智能使事物可以与相同或不同系统类型中的其他事物直接交互。而且，它使事物可以直接或通过其他系统与其他系统交互。将边缘计算技术与物联网代理技术结合，形成的边缘物联代理技术，充分利用“万物互联”的特性，扩展并增强了物联网的智能性，具有实时数据处理和分析、安全性高、隐私保护、可扩展性强及低流量的优势。

2.3.1　边缘计算与物联网的关系

边缘计算指在靠近物或数据源头的网络边缘侧，融合网络、计算、存储、应用核心能力的开放平台，就近提供边缘智能服务，满足行业数字化在敏捷连接、实时业务、数据优化、应用智能、安全与隐私保护等方面的关键需求。即用网络边缘对数据进行分类，将部分数据放在终端处理，减少延迟，从而实现实时和更高效的数据处理。边缘计算技术可以归纳为：就近解决问题，以满足应用的实时性和数据保护等方面的需求。计算范式如图 2－4 所示。

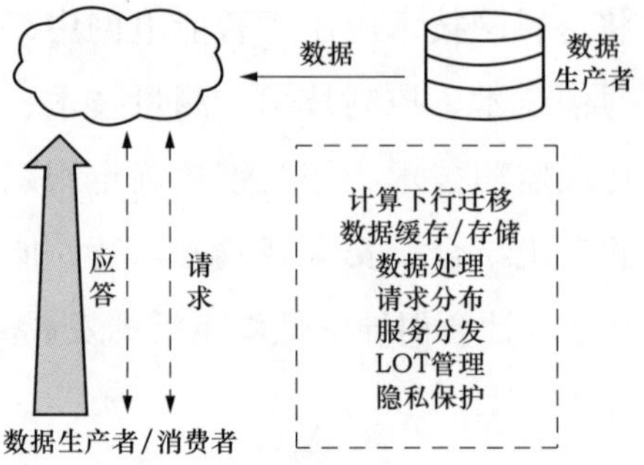

（a）边缘技术的范式

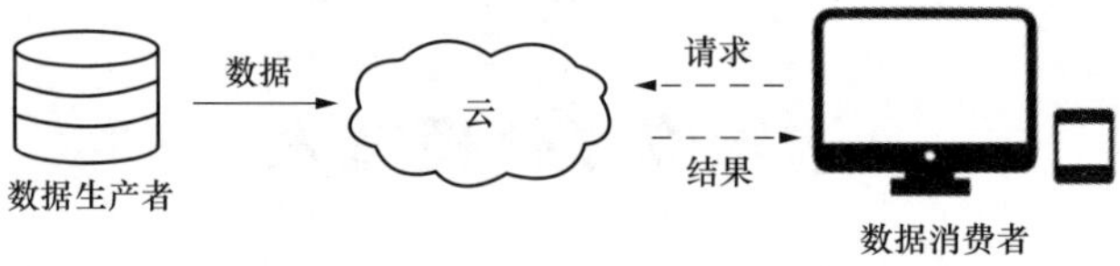

（b）云计算的范式

图2－4　计算范式

边缘计算通过在终端设备和云之间引入边缘设备，将云服务扩展到网络边缘。边缘计算架构包括终端层、边缘层和云层，边缘计算体系结构如图2－5所示。

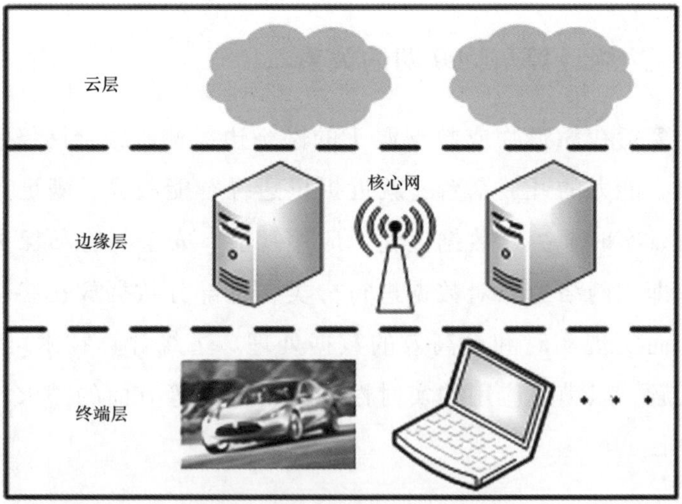

图2－5　边缘计算体系结构

（1）终端层。终端层是最接近终端用户的基础层。它由各种物联网设备组成，例如传感器、智能手机、智能车辆、智能卡、读卡器等。为了延长终端设备提供服务的时间，则应该避免在终端设备上运行复杂的计算任务。因此，我们只将终端设备负责收集原始数据，并上传至上层进行计算和存储。终端层连接上一层主要通过蜂窝网络。

（2）边缘层。边缘层位于网络的边缘，由大量的边缘节点组成，通常包括路由器、网关、交换机、接入点、基站、特定边缘服务器等。这些边缘节点广泛分布在终端设备和云层之间，例如咖啡馆、购物中心、公交总站、街道、公园等。它们能够对终端设备上传的数据进行计算和存储。由于这些边缘节点距离用户距离较近，则可以为运行对延迟比较敏感的应用，从而满足用户的实时性要求。边缘节点也可以对收集的数据进行预处理，再把预处理的数据上传至云端，从而减少核心网络的传输流量。边缘层连接上层主要通过因特网。

（3）云层。云层由多个高性能服务器和存储设备组成。它具有强大的计算和存储功能，可以执行复杂的计算任务。云模块通过控制策略可以有效地管理和调度边缘节点和云计算中心，为用户提供更好的服务。

物联网是结合了诸如无线传感器网络和射频识别（RFID）之类的先前技术的结果。这导致了一个系统包括从无动力 RFID 标签到自主设备的广泛嵌入式技术和设备。物联网正在不断扩展到许多领域。这有两层意思：其一，物联网的核心和基础仍然是互联网，是在互联网基础上的延伸和扩展的网络；其二，其用户端延伸和扩展到了任何物品与物品之间，进行信息交换和通信，也就是物物相息。物联网通过智能传感、识别技术与普适计算等通信技术，广泛应用于网络的融合中。

物联网的飞速发展使得无处不在的事物（例如人、传感器、智能终端、车辆、日常物品等）可以随时随地连接。也就是说，物联网为万物互联时代铺平了道路。物理对象和网络空间之间无处不在的联系导致了大量相应的网络实体（即网络空间中存在的事物）。在这种情况下，需要适当的识别和解析（identification and resolution，IR）技术来建立物理对象与网络实体之间的对应关系，并实现物理空间与网络空间之间的一致性映射。众所周知，当前大多数 IR 解决方案主要依赖于云计算和存储。对于网络的计算和传输负载而言，显然是巨大的负担，尤其是当对象连接生成的数据不断增加时。此外，传输完整数据有时会导致资源浪费，因为在许多情况下，仅需要关键信息即可进行处理。那些边缘设备比云更靠近终端设备（例如传感器）。因此，与纯云计算相比，带来的延迟（network transmission，NT）将减少，用户请求的响应速度将得到显著提高。

对物联网而言，边缘计算技术取得突破，意味着许多控制将通过本地设备实现而无须交由云端，处理过程将在本地边缘计算层完成。这无疑将大大提升处理效率，减轻云端的负荷。由于更加靠近用户，还可为用户提供更快的响应，将需求在边缘端解决。无论是云、雾还是边缘计算，本身只是实现物联网、智能制造等所需要计算技术的一种方法或者模式。

2.3.2 边缘物联代理技术在电力系统的应用分析与展望

边缘物联代理技术应用于电力系统中，可以将散布的电力设备作为电力物联网的重要端口，在新一代信息技术的支撑下，实现互联互通、人机交互，全面分析状态、高效处理信息，形成数字化管理的强大生产动能，挖掘出大数据价值。边缘物联代理技术在电力系统应用时，分为终端、网络、平台、运维、安全五大体系，应用于输变电业务、调度业务、配电业务等三大业务场景，通过统一的物联网平台来接入各业务板块的智能物联设备，制订各类电力终端接入系统的统一信道、数据模型、接入方式，以实现各类终端设备的即插即用。

（1）故障分析。通过大数据分析对业务规则进行优化后，用机器学习的建模技术建立模型特征，将模型下发到边缘侧，如故障预测和异常监测的模型，边缘侧的数据传输进来与模型进行匹配，实现基于相似度的评估来判断具体部件的风险，甚至是接下来会出现怎样的故障模式，以实现预测性维护，提高业务处理的实时性；提高设备的可靠性，延长设备的使用寿命；提高设备的利用率，减少维修费用，从而降低维护成本；提升输电网安全和隐私保护能力。变电设备种类多、容易发生故障，配变监测终端本身拓展难度大。在边缘节点部署物联代理技术，以实现各网络协议的自动转换，对边缘侧数据格式进行标准化处理，再到上层解析，使得数据管理变得非常容易，可提高变电系统中海量异构数据的处理能力。

（2）调度业务。调度系统的边缘物联网联代理技术主要包括调度云逻辑实体、边缘计算和显示单元、在线分析和计算服务引擎三个部分。

1）调度云逻辑实体是一个逻辑统一的基础架构服务平台，由各种调度基础架构（例如物理设备和通信设备）组成。它们分散在各级调度控制中心，可以通过国家电力调度网络进行统一管理。这样，用户和上层应用程序就可以从平台界面获取在线服务和数据，而不必直接访问物理资源。基于该平台，可共同构建电网模型云，测量数据云和计算云，以提供统一的在线计算服务。

2）在电力调度领域，边缘计算单元是变电站监视和控制系统或区域调度和控制中心。它们受调度云的监督，并可以与其他边缘计算单元配合，通过状态功率调度网络完成特定的应用计算。它主要包括测量单元、本地计算单元和交互单元三个部分。测量单元管理本地传感器网络和数据存储管理；本地计算单元不仅可以通过对测量数据的基本计算获得系统运行状态，还可以接受云调度命令并进行必要的控制操作。交互式单元负责与调度云和其他边缘计算单元进行交互。边缘显示单元主要面向用户。

3）在线分析和计算服务引擎是在线计算服务的核心。它集成到面向服务的设计概念中，并将各种类型的在线计算业务打包为一项工作，并在顶部充当应用程序服务。计算服务驱动程序引擎生成作业实例，驱动其执行并管理与消息服务总线的交互。该引擎与网格模型云和测量数据云进行必要的实时数据交互，通过消息服务总线统一管理计算资源和任务，实现在线计算过程的分解和协调方式。

（3）配电业务。对于包含分布式能源、储能、柔性负荷等可控资源的主动配电网，传统的集中管控方式不能适应配电网的自配置、自优化、自愈控制的要求，结合边缘物联代理技术，采用分层方法是对复杂系统进行完善的管理和控制，以实现配电网“自下而上，分布自治，协同管控，全局优化”

的管控模式。用该种管控结构模型，有利于降低单一控制系统的复杂度，节约成本，提高可靠性，也有利于提升主动配电网控制的灵活度，增强主动配电网控制的可扩展性。通过从同层内部、不同层级之间协调实现对能量流的优化和信息流的管理，从而实现电能和信息的一体化控制，达到电能资源高效利用的目的。

边缘物联代理技术应用于电力系统之中，考虑到电力物联网中包含有大量的IoT数据（如电力状态量信息、用户用能信息、运行调度数据等）、非IoT数据（如设备信息、维修记录等）以及其他数据（如错误数据等），现有研究未能有效识别这些数据类别进行单独处理。而边缘物联代理技术能够打破集中的数据中心处理方法，将计算分析功能扩展至网络边缘具备一定计算能力的设备，从而分担数据中心负担，具有延时低、支持物理分布计算、适合实时分析和优化决策等特点。当然，边缘计算并不一定仅局限于电能表、配电设备。万物互联的未来，将令每一个物联网内的终端都具备边缘计算的可能，进而构架出云计算+边缘计算的宏伟数字化图景。电力物联网作为未来可能接入设备最多的物联网生态圈，是一个被严重低估的边缘计算应用场景，产业发展空间巨大。

2.4 智能终端技术

智能终端是一类嵌入式计算机系统设备，因此其体系结构框架与嵌入式系统体系结构是一致的。随着人工智能、云计算、大数据、物联网、边缘计算、工业互联网等新一代信息技术的快速发展，形式各样的智能终端层出不穷，与传统产业和消费领域的深入融合，衍生出更多的新业态，培育出巨大的潜在新兴市场。

将现代智能技术融入现代电力系统领域，是智能终端技术不断良好发展的必然。合理运用这种先进的技术，能够明显减少作业人员的作业量，强化电力系统的运行时效，提高系统运行的精准性，降低系统运行成本。合理运用智能化技术，能够为电力系统的持续良好发展起到基本的技术支撑作用，从而为国内电力系统向更高层面发展提供保障。现代电力系统的运行主要是联合运用电气技术与智能终端技术。这种联合技术是近阶段适用性最广泛的技术之一，最明显的优势是自主控制方式，而自控式理念及方式被确定为电力系统运行的核心技术。但是，在全球化经济不断深入发展的背景下，以往的电力系统已无法满足现代市场的发展趋势，优化传统技术尤为重要。先进智能化技术的兴起与运用，能够为优化传统技术奠定坚实基础。因此，要想完全满足现代市场的发展趋势，促进电力系统向更高层次发展，应加强智能化技术的研发和运用。

2.4.1　智能变电站智能终端技术

智能变电站智能终端是智能变电站的一种智能组件，与一次设备通过电缆连接，与保护、测控等二次设备通过光纤连接，具备自动采集数据、传输信息等能力，并且能够实时监测电网的运行情况，自动调整内部电压，实现对一次设备（断路器、隔离开关、主变压器等）的测量、控制等功能。

IEC 61850 是智能变电站建设的基础和面向对象电力系统无缝通信系统的标准。因此智能变电站的智能终端应具有符合 IEC 61850 标准的操作级总线接口，可通过操作级总线和间隔层设备交换信息。它还具有同步脉冲输入接口，可实现整个变电站的同步采样，满足保护测量装置的采样同步要求。基于这一思想，对智能终端进行了开发和研究，可采用 ARM + DSP 双 CPU 结构，使设备具有更高的数据采集、管理和分析能力。含有 IEC 61850 标准的操作级总线接口的智能终端应用强调了未来智能变电站的开放性和兼容性，以及技术开发和功能应用的可扩展性，能够实现间隔层和站级设备的过程级信息共享的标准，完备和规范设备数据模型。目前，有两种方案可以实现数据的数字化和共享：一种是基于主设备，即将传统的主设备被具有数字接口的设备所取代，如互感器、断路器和变压器等，从而实现高质量、智能化的测量，为二次设备提供信息保障；另一种可行的方法是在设备附近设置智能终端并将其改为数字设备，即开发一个智能终端，使传统的主设备能够访问过程级总线。

智能变电站的智能终端应通过电缆连接主设备，通过光纤连接辅助设备，实现对设备的保护和控制。它应支持通过 GOOSE 方法上传主设备的状态信息，即将状态信息通过 GOOSE 方法作为输入上传到保护控制器等辅助设备；从辅助设备的 GOOSE 接收控制命令，实现主设备的实时控制功能。GOOSE 信息处理的时延应相对较短，满足不同站内网络条件下 GOOSE 传输过程的最大时延（4ms）要求。最小输出功率应为 -22.5dBm，余量应大于 10dBm；最小输入功率为 -30dBm，余量应大于 10dBm。智能变电站的智能终端具有状态监测和信息收集功能。它必须能够接收安装在主设备和现场智能控制柜传感元件上的输出信号，如温度、湿度、压力、密度、绝缘、机械特性和工作状态等。还应支持通过多媒体信息服务（multimedia messaging service，MMS）方法上传主设备的状态信息（这里状态信息通过 MMS 方法上传到全站综合状态检测系统的后台）。智能变电站的智能终端能够访问站内设置网络，并通过光纤接收站内同步设置信号。它应具有记录 GOOSE 命令的功能，记录接收 GOOSE 命令的时间、来源和退出动作时间；并提供方便的检查方法。智能终端应具有完善的自诊断功能，并能输出设备的自检信息。自检项目可包括输出继电器线圈自检、输入光耦自检、控制回路断线自检、断路器非对应自检、自检固定值和程序 CRC 自检等。

2.4.2 配电自动化智能终端技术

配电自动化智能终端设备属于智能化电网当中的一种设备，能够对电子站接收数据信息应用、各类信息数据进行发送，以及传输和代发周边配电终端设备的信息。其中，在传输数据的过程中，采用的主要传输技术便是光纤技术，并借助 SDH 技术作为辅助，以便保障多个信道同时进行传输数据。配电自动化智能终端设备通常包括人机接口电路、中心监控单元、通信智能终、控制操作回路、电源回路五个方面的内容。通过上述这五个内容，配电自动化智能终端设备可以将自身的价值功能进行有效发挥。

（1）人机接口电路。在配电自动化智能终端设备中，对整个设备进行维护的重要配置便是人机接口电路。此外，人机接口电路还可展示设备测量出来的电流、电压以及功率等数据。之后，便会结合这些数据信息，对设备的故障进行检测，实现整合以及调整设备的运行参数。最后，对电路运行的合理性进行提升。

（2）中心控制单元。中心控制单元属于配电自动化智能终端设备中非常核心的部分，起到的功能和作用非常广泛，其中包括对故障进行检测、远程进行通信、计算有功功率等。

（3）通信智能终端。如果依照通信通道当中的种类进行相应的分类，可将通信智能终端划分为无线终端、载波终端、光纤终端三类。在通信智能终端当中，最关键的内容便是将现代电力系统中终端设备当中存在的通信介质进行连接，使其实现需要的通信功能。

（4）控制操作回路。针对操作控制回路的一系列功能，基本表现实现的关键点便是人工操作开关的特性。由于有操作控制回路，工作人员可及时对设备线路的实际运行情况进行了解。

（5）电源回路。在整个系统当中，电源回路起到的作用非常关键，可为设备以及其他的回路提供电源需求，其中不但可以提供直流电源还可以提供逆变电源。因为有电源回路的存在，即使线路出现了停电的情况，电源的整个回路也能通常运行。

配电网主站中智能终端设备建设为智能化配电网建设的关键一步。在智能化配电网主站的智能终端配置过程中，要结合系统合理性、用户需求、特征以及稳定性等多方面进行考量。此外，主站的智能终端要实现子站与子站之间、子站与总站之间进行无障碍的相互信息交互，每个子站之间利用通信网络对故障进行及时上传，对故障进行相应的分析，最后将子站存在的故障进行排除。

在故障检测方面，配网自动化中对于智能终端设备的建设主要采用的是远控馈线自动化系统实现在线检测，利用相应的检测工作，可以对资料进行收集，并做好相应的处理。最后在进行综合分析之后，将最终的结果在主站中进行传输，以便及时切除存在的故障。例如：单相接地故障的发生，因为使用故障检测技术只能有 2h 的电力支持，因此一定要在 2h 内将故障排除。但是，在有单相接地故障发生的过程中，由于电力并不是非常大，大部分时间可应用接地弧能独立对其进行自主处理。所以，对于配电自动化智能终端设备的技术要求主要为对电路的检测形式进行优化，最大限度减少故障的产生。在分析故障时，要对实施检测的数据进行相应的分析，快速精准地找到故障发生的位置，及时对其进行处理和分析，以便使维修的进度能够更加快速，同时帮助快速排除故障。

在故障快速隔离方面，主要是利用配电自动化智能终端设备当中的自动开闭功能，对故障进行有效的处理。特别是实现馈线自动化之后，不但要快速处理故障，还要对故障进行有效的隔离，以便提升电网的可靠性。所以，在设计配电自动化智能终端设备的进线时，需要放置相应的保护监测设备以及控制设备。出线侧需要安装负荷开关，以便构成自动化系统，实现对故障更好的检测，提升隔离和控制效果，及时探寻存在的故障，并针对故障的类型以及具体的特征进行相应的分析。例如：在处理开关站故障的过程中，需要应用配电自动化智能终端设备当中 PLC 和 DUT 模块，实现对故障的有效处理。但是，在隔离电源进线故障的过程中，当节点部分产生相应的故障之后，需要以最短的时间发出保护动作，并且及时跳开断路器。如果断路器在进行检测时出现了压力控制失衡的情况，会将内部设备的电源自动断开。对相关故障处理结束后，恢复设备的供电，实现对故障的隔离。

2.4.3 基于物联网的智能终端技术在电力系统的应用与展望

电力物联网将充分应用移动互联、人工智能等现代信息技术和先进通信技术，实现电力系统各个环节万物互联、人机交互，打造电网状态全面分析、信息高效处理、应用便捷灵活的能力。其中，物联网智能终端位于物联网的底层构架，它包括传感器等数据采集设备以及数据接入网关之前的传感器网络，如 RFID 标签和用来识别 RFID 信息的扫描仪、视频采集的摄像头、各种传感器以及由短距离传输技术组成的无线传感网。除此之外，物联网智能终端不仅需具备传感能力，还需具备强大的计算能力，能够对信息进行收集、处理、分析和控制。在此背景下，智能表计、源网荷友好互动终端、电动汽车充电桩等多类型电力系统智能终端在电网中得以广泛应用，成为连接电力骨干网络与电力一次系统、用户的第一道门户。

（1）智能表计。智能表计是智能电网（特别是智能配电网）数据采集的基本设备之一，承担着原始电能数据采集、计量和传输的任务，是实现信息集成、分析优化和信息展现的基础。为了适应智能电网和新能源的使用，智能表计除了具备传统电能表基本用电量的计量功能，还具有双向多种费率计量功能、用户端控制功能、多种数据传输模式的双向数据通信功能、防窃电功能等智能化的功能。在智能表计基础上构建的高级量测体系（advanced metering infrastructure，AMI）、自动抄表（automatic meter reading，AMR）系统能为用户提供更加详细的用电信息，使用户可以更好地管理他们的用电量，以达到节省电费和减少温室气体排放的目标；电力零售商可以根据用户的需求灵活地制订分时电价，推动电力市场价格体系的改革；配电公司能够更加迅速地检测故障，并及时响应强化电力网络控制和管理。

（2）源网荷友好互动终端。源网荷友好互动终端的建设通过改造现有负控系统，主要从主站和终端侧两方面进行。主站侧的改造均在公司内部完成，针对现有系统软硬件进行升级，包括新建与终端侧的光纤通道等。采用省级集中部署，形成完整的源网荷互动终端，秒级响应执行电网保护指令，实现用户负荷快速控制，同时满足生产控制区的安全防护要求。用户侧换装智能网荷互动终端，通过光纤信道接入主站的负荷快速响应模块。互动终端具备毫秒级采样频率与秒级开关响应，搭配高速光纤通信信道，使得负荷快速响应模块能够实时采集用户负荷数据，动态分析用户开关动作情况。互动终端有就地功控/远方功控（遥控）、费控、电网保护控三种负荷功率控制方式。电网保护控优先级最高，所有功控模式均支持以轮次控制的方式切除负荷线路，每一轮次切除的负荷线路预先设定。终端的每块开关量输出板共有 6 组分合闸继电器输出，其中每组的分合闸继电器共用一个接点。采用模块板卡结构实现多路负荷采集控制，支持 8 ~ 24 路之间选配，实现精准输出控制。

（3）电动车充电桩。新能源电动汽车充电桩其功能类似于加油站里面的加油机，可以固定在地面或墙壁，安装于公共建筑（公共楼宇、商场、公共停车场等）和居民小区停车场或充电站内，可以根据不同的电压等级为各种型号的电动汽车充电。新能源电动汽车充电桩的输入端与交流电网直接连接，输出端都装有充电插头用于为电动汽车充电。新能源电动汽车充电桩一般提供常规充电和快速充电两种充电方式，人们可以使用特定的充电卡在充电桩提供的人机交互操作界面上刷卡使用，进行相应的充电方式、充电时间、费用数据打印等操作，新能源电动汽车充电桩显示屏能显示充电量、费用、充电时间等数据。

第3章

电力物联网通信网关键技术

能源互联网下的电力物联网中，通信网对感知信息进行接入与传输，具有强大的纽带作用。为支撑能源互联网下电力物联网海量数据的实时接入和传输需求，全面覆盖、实时连接能源电力基础设施，建设“高带宽、低时延、广覆盖、大连接”的空天地一体化通信网络势在必行。从功能角度审视电力物联网通信网，可将其关键技术划分为传输网技术、数据网技术、接入网技术及卫星网技术4部分。多种传输方式并存于电力物联网通信网中，具体选择何种形式的传输方式需要根据通信需求进行选择。下面分别对各部分关键技术进行简要介绍。

3.1 电力物联网传输网技术

电力物联网的传输网主要是光纤通信网。光纤通信是一种以光波为载波、以光导纤维（简称光纤）为传输媒质的信息通信方式。最基本的光纤通信系统由信源、光发送端设备、光学信道、光接收机设备及信宿组成，最基本的光纤通信系统构成示意图如图3－1所示。

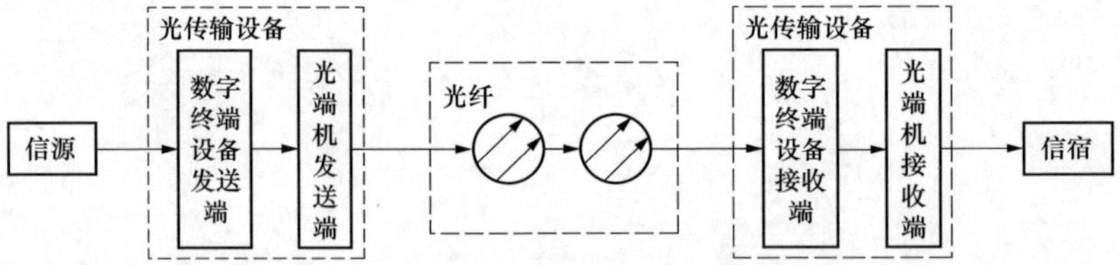

图3－1　最基本的光纤通信系统构成示意图

信源和信宿分别是信息的发出者和接收者；光发送端和光接收机设备则分别实现将电信号转换成适合在光纤中传输的光信号及反向转换；光学信道

则为光信号传输提供通路，并尽可能减小信号的衰减和畸变。

光纤通信具有诸多优势，逐渐成为广泛应用于电力系统的重要通信方式，尤其是在对速度、距离和容量要求最高的电力系统核心通信网中。光纤通信的优势包括但不局限于：

（1）光纤通信能有效避免电通信面临的电磁干扰问题，抗电磁干扰能力强。

（2）光纤通信具有高带宽、大容量特点，传输损耗小，中继距离长。

（3）光纤通信无纤外光波辐射，很难被窃听，保密性和安全性高。

（4）光纤绝缘性能优越，耐腐蚀且材料来源丰富，价格低廉。

电力物联网的传输网主要包括电力光缆和传输网设备两部分，下面分别予以介绍。

3.1.1 电力光缆

电力光缆按照敷设方式和应用场合可分为电力线附加型、杆塔添加型和电力线复合型三类。

（1）电力线附加型主要有地线缠绕光缆和捆绑式光缆。

（2）杆塔添加型主要有全介质自承式光缆（all dielectric self supporting cable，ADSS）和金属自承光缆。

（3）电力线复合型通常是指在传统的电力线中复合光纤单元，实现传统通电或防雷功能的同时进行光纤通信，主要有光纤复合架空地线（optical fiber composite overhead ground wire，OPGW）、光纤复合架空相线、光电混合缆、光纤复合低压电缆（optical fiber composite low - voltage cable，OPLC）等。

目前用于光纤骨干网的光缆主要是 OPGW 和 ADSS，用于接入网的光缆主要是 OPLC。

3.1.2 传输网设备技术

传输网设备关键技术主要包括 OTN、MSTP、ASON 等。

（1）光传送网 OTN。OTN 是在同步数字序列（synchronous digital hierarchy，SDH）技术基础上，融合波分复用（wavelength division multiplexing，WDM）技术的优势、考虑大颗粒传送及端到端维护需求的数字传送网技术。

1）SDH 是一种将复接、线路传输及交换功能融为一体，并由统一网管系统操作的数字传输制式。从本质上来说，SDH 采用时分复用（time division multiplexing，TDM）接入方式，其信息结构等级为同步传送模块（synchronous transport mode，STM－N），其中 N 的取值可以为集合 {1，4，16，64，256} 中的某一种。SDH 帧结构由纵向 9 行和横向 270×N 列字节组成，每个字节包含 8bits 信息。STM－1 每帧的比特数为 9×270×1×8＝19440bits，每帧传输时间为 125μs，因此，STM－1 的传输速率为 19440/（125×10）＝155.52Mbit/s。如果将光纤比作公路，则可以将 SDH 信号类比为独享该公路的车辆。可以通过提升车辆的吨位等级提升传送的信息量，即将多路 SDH 低速信号复接成高速信号，例如 4 路 STM－1 低速信号同步复用可构成 STM－4 信号，SDH 信号传输及复用类比说明图如图 3－2 所示。

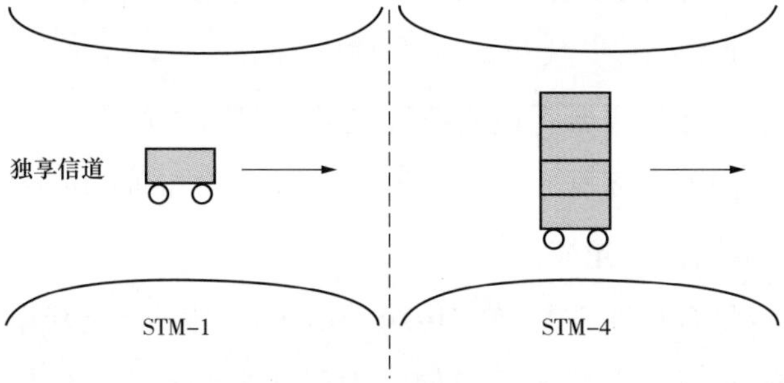

图 3－2　SDH 信号传输及复用类比说明图

STM－N 等级传输速率及其相互关系如表 3－1 所示。SDH 的主要优势涵盖但不局限于以下方面：具有全球统一的标准及光接口规范，可以实现不同厂商设备的兼容性，方便互联互通；SDH 帧结构包含丰富的段开销区域，主要用于网络的运行、管理、维护及指配以保证信息能够正常灵活的传送，因此 SDH 具有强大的网络管理功能，降低网络维管费；SDH 中不同等级的码流在帧结构的净负荷区域规律排列，净负荷与网络是同步的，因此 SDH 通过严格同步的字节复接，使上下支路信号简化。

表 3－1　STM－N 等级传输速率及其相互关系

STM－N	N＝1	N＝4	N＝16	N＝64	N＝256
传输速率（Mbit/s）	155.52（155Mbit/s）	622.08（622Mbit/s）	2488.32（2.5Gbit/s）	9953.28（10Gbit/s）	39813.12（40Gbit/s）
与前一级关系	—	由 4 个 STM－1 同步复用构成	由 4 个 STM－4 同步复用构成	由 4 个 STM－16 同步复用构成	由 4 个 STM－64 同步复用构成

2）WDM 是将多路不同波长的光信号复用耦合到一根光纤中进行传输的技术，不同波长信号之间相互独立。在接收端，通过波分器将不同波长的光载波分离并进一步处理恢复出原信号。按照相邻波长之间的间隔，可以将 WDM 分为稀疏波分复用（coarse wavelength division multiplexing，CWDM）和密集波分复用（dense wavelength division multiplexing，DWDM）两大类，其中 CWDM 也称为粗波分复用，波长间隔为 20nm；DWDM 波长间隔不大于 0.8nm。仍将光纤类比为公路，则 WDM 相当于对公路进行车道划分，多台车辆可同时在公路上行驶。换言之，每个波长信道相当于一路车道，不同波长的光波承载的信号可以彼此独立地同时在光纤中传输，WDM 信号传输类比说明图如图 3－3 所示。WDM 技术的优势主要体现在：WDM 信道可以承载包括 SDH、Internet 协议（Internet Protocol，IP）、异步传输模式（asynchronous transfer mode，ATM）等多种业务信号，有效实现各路信号的复用和分离，对数据格式是透明的；传输容量巨大，将多路波长信号复用到一根光纤中，使单根光纤的传输容量比单波长传输增加几十倍甚至百倍。WDM 技术的初衷是提升传输带宽。

OTN 采用 TDM＋WDM 组合接入方式，对业务的调度包括光层调度与电层调度，其中光层调度可以理解为 WDM 范畴，电层调度可以理解为 SDH 范畴。OTN 的主要优势如下：

1）OTN 帧结构统一，支持多种业务信号的映射和透明传输，如 SDH、ATM 及以太网等。

2）大颗粒度的带宽复用、交叉与配置。通过光层交叉，支持子波长业务的复用；通过电层光通路数据单元的级联和虚级联，满足大粒度疏导。

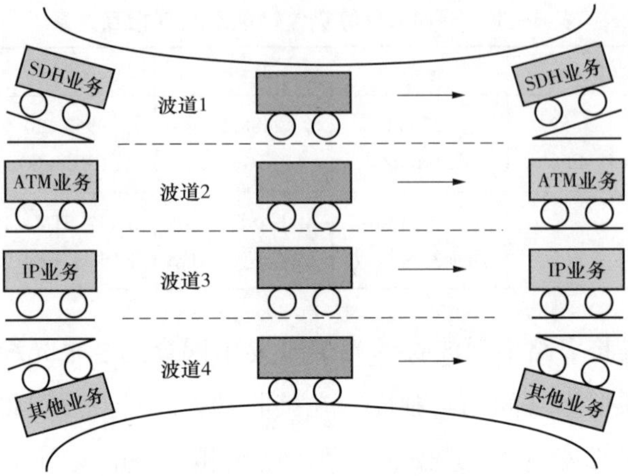

图3－3 WDM信号传输类比说明图

3）强大的开销和维护管理能力，便于提升维护效率、实现监控和管理。

4）具有强大的带外前向纠错功能，增加光层的传输距离。

（2）多业务传送平台MSTP。MSTP在继承SDH诸多优点基础上，融合对IP和ATM业务的支持能力及WDM的大带宽技术优势，可完成TDM、ATM、以太网等多种分组业务的接入和传送，实现二层的桥接和交换功能。MSTP的基本设计思想是将各种业务通过虚容器（virtual container，VC）级联等方式映射进不同的STM－N时隙，再经过STM－N的复用段开销和再生段开销处理后组成完整的STM帧并在光纤上传送。MSTP的关键技术如下：

1）虚级联。虚级联指的是SDH帧中承载以太网业务的各VC相互独立、位置可以灵活处理的级联方式，是与相邻级联概念对应的。从本质上来说，虚级联可以看作是将多个不同速率的小容器（如从VC－4到VC－12）组合成大容器来传输数据业务的技术，从而实现小颗粒的带宽调节，并保证级联后的最大带宽也能进行小范围调节。虚级联技术的最大优势在于促进SDH为数据业务经济有效提供合理的信道，避免带宽浪费。

2）通用成帧规程（generic framing procedure，GFP）。GFP是一种简单灵活的链路层数据适配方法，其目的是实现高层用户信号向字节同步的物理传输通道的映射。GFP采用灵活的帧封装方法实现对固定或可变长度数据的有效封装，包括帧映射GFP和透明映射GFP两种方式。其中，帧映射GFP主要面向分组交换，将 IP、以太网数据等原封不动地放入 GFP 负荷信息区中，免去数据拆分、重组等操作，提升系统的处理速度；透明映射 GFP 则适用于 8B/10B 编码的块数据，从中提取出单个字符并映射到固定长度的 GFP 帧中。

3）链路容量调整机制（link capacity adjustment scheme，LCAS）。LCAS 是对 SDH 虚级联技术的扩充，它在不中断现有业务的前提下，能够无损伤地动态调整虚级联个数，从而实现业务带宽需求的自适应。LCAS 是一种双向协议，收发双方通过实时交换描述信道状态的控制分组，保证收发双方能及时响应网络变化并保持同步。LCAS 能够自动删除虚级联组中的失效组元，当故障恢复后，又能将之前删除的组元重新添加到虚级联组中。

4）智能适配层。智能适配层是为处理以太网业务的服务质量（quality of service，QoS）要求而引入的，其实现技术有多协议标签交换（multi - protocol label switching，MPLS）和弹性分组环（resilient packet ring，RPR）。MPLS 使用标签对上层数据进行封装使得 SDH 可以承载不同类型的数据包，通过一次路由、多次交换将以太网业务要求适配到 SDH 信道上，结合上述各种关键技术联合提升网络性能。RPR 是为环形拓扑结构提出的优化数据业务传送的媒体接入控制协议，它能适应包括 SDH、以太网、WDM 等任何标准的物理层帧结构，有效传送语音、数据、图像等多种类型的业务，支持多等级的 QoS。

（3）自动交换光网络 ASON。ASON 可以看作具有扩展功能的 OTN 继承者，它利用独立的控制平面执行一系列自动功能以显著提升网络重配置的灵活性、节省网络运营成本、支持新的光通道服务。ASON 概念的关键是逐步改进当前的光网络层，引入复杂的控制和管理功能以实现有效、灵活的传输服务。ASON 的逻辑架构如图 3 - 4 所示，ASON 的逻辑架构包含 3 个独立的平面。

1）光传输平面。光传输平面提供 ASON 中用户信号传输所要求的功能，具体指的是提供交叉连接光信道特征信息的能力。光传输平面中的光交换机通过物理接口（physical interface，PI）彼此连接；通过连接控制接口（connection control interface，CCI）与控制平面中的光连接控制器相连接；通过传输网络的网络管理接口（network management interface for the transport network，

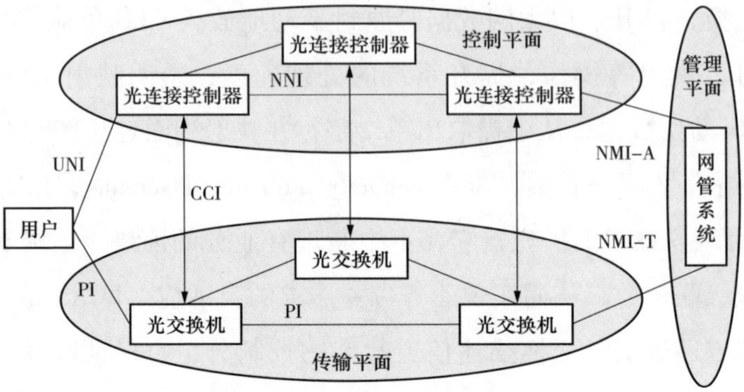

图 3-4　ASON 的逻辑架构

NMI-T）与管理平面中的网管系统相连接。

2）ASON 控制平面。ASON 控制平面在连接建立阶段提供建立用户信号的端到端连接所要求的功能。该用户信号具有用户自身规定的特性，如应用保护、连接的持续时间及时间调度等。控制平面中的光连接控制器通过网络到网络接口（network to network interface，NNI）彼此连接；通过用户到网络接口（user to network interface，UNI）与用户相连接；通过 ASON 控制平面的网络管理接口（network management interface for the ason control plane，NMI-A）与网管系统相连接。

3）管理平面。执行与传输平面和控制平面相关的管理功能。

ASON 能提供 3 种光传输服务：

a. P-OCh 服务，为用户提供两个端点之间的端到端光通道。该服务是由网络提供商根据其与用户之间的协议提供的，且为路径投入多种网络资源。该服务可以通过人工设备配置或基于电信管理网的设备配置实现。

b. SP-OCh 服务，它是通过基于分布式信令的电信管理网激活的设备配置实现的，因此比 P-OCh 速度更快。它可以理解为增强的租用线，是一种时间上的稳定服务。

c. AS-OCh 服务，在两个端点之间提供端到端、实时激活的光通道。配置过程由用户自身通过 UNI 信令接口激活，通过 NNI 信令方式完成。一旦不再需要该服务，该服务就会被拆除。

ASON 与 OTN 服务配置过程的主要区别在于：传统 OTN 方法中，容量规划是基于已知的业务预测进行的，可以基于需要满足的已知业务需求执行路由与波长分配的联合最优化；ASON 中光信道配置的相关决策是根据请求的到达顺序一个接一个进行的，每个网络节点处理到达该节点的请求，因此仅能实现次优决策。

光网络层中引入 ASON 技术可提升可管理性、可配置性、简化操作等，因此基于 ASON 提供的点到点相关服务，可实现如光虚拟专网服务等更复杂的服务。但是，分布式动态控制的引入可能会带来某些负面影响，这取决于所使用的路由、波长分配及业务预测，基于预测的预规划配置可以显著降低负面影响。

3.2 电力物联网数据网技术

国际标准化组织为网络通信提出了开放系统互联模型分层结构，开放系统互联七层模型如图 3－5 所示，该结构具体包括物理层、数据链路层、网络层、传输层、会话层、表示层和应用层共七层。能源互联网下的电力物联网数据网技术涉及功能介于数据链路层与网络层之间，即 2.5 层的 MPLS、网络层的 IP 及多种新兴的 5G 技术。

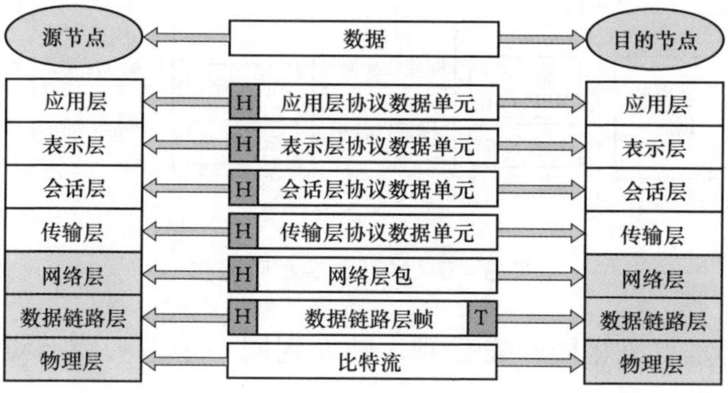

图 3－5　开放系统互联七层模型

3.2.1 多协议标签交换 MPLS

MPLS 整合面向连接的转发技术与 Internet 路由协议，即将二层交换与三层路由功能结合起来，支持数据链路层及网络层的多种协议，具有面向连接、简单高速交换及支持 QoS 等特点，在宽带组网方面得到广泛应用。

（1）MPLS 网络组成及基本工作原理。MPLS 网络由标签边缘交换路由器（label edge router，LER）和标签交换路由器（label switch router，LSR）组成。其中，LER 是 Internet 服务提供商处的入口/出口路由器，负责为分组加上标签或移除标签；LSR 是路径上进行标签交换的路由器，负责对标签进行替换。当路由器接收到一个分组之后，执行下面的某个操作：

1）Push：添加标签，通常由入口路由器执行。

2）Swap：替换标签，通常由入口路由器与出口路由器之间的 LSR 执行。

3）Pop：移去标签，通常由出口路由器执行。

MPLS 基本原理图如图 3－6 所示，在网络边缘为分组分配等价转发类（forwarding equivalence class，FEC）并打上标签，在网络中根据标签沿着标签交换路径（label switch path，LSP）进行快速的分组转发。在每个标签交换路由器中存有标签路由表，在进行数据转发时，使用固定长度的标签索引查找代替传统 IP 使用的最长前缀匹配查找，确定下一条标签路由器，并使用新的标签代替分组中的原有标签，携带新标签的分组沿着 LSP 传向目的地。

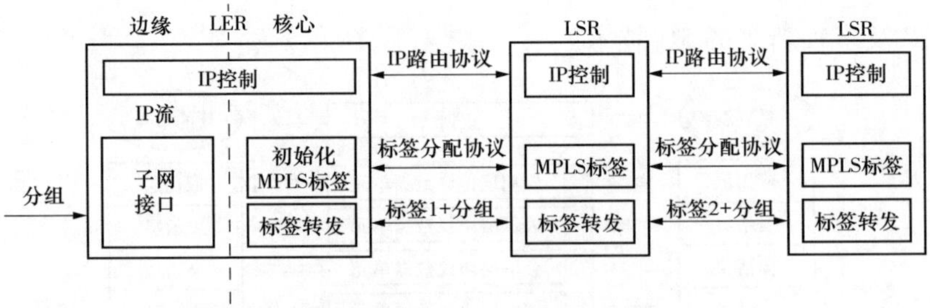

图 3－6　MPLS 基本原理图

FEC 指的是需要相同转发处理、转发到同一个下一跳节点的分组集合，使用标签进行识别。FEC 在网络上的持续流动形成分组流，它们所流经的路径就是 LSP。本质上来说，LSP 是一个用标签标记的虚连接，通过不同标签识别不同的 LSP。MPLS 规定每个标签交换机独立进行编号，因此标签仅具有本地意义。每个节点只需要将标签信息告知上游或下游的相邻节点，即节点只需要知道分组转发的下一个节点就可以了，不需要知道整条路径的全部信息，这有利于实现分组的快速转发。标签位于网络层头与数据链路层头之间，32bits 固定长度的标签由以下 4 部分构成：

1）20bits 长的标签字段，用于承载 MPLS 标记值。

2）3bits 的 COS 字段，用于表示排队和调度处理原则等。

3）1bit 的 S 字段，支持分级标记栈功能。

4）8bits 的 TTL 字段，用于辅助检测并丢弃 MPLS 回环包。LSP 起始位置处将 TTL 设置为一个有限值，每经过一次标签交换，TTL 值减 1；当 TTL 值减为 0 时，分组被丢弃。

（2）MPLS 虚拟专网。MPLS 具有转发简单、利用 FEC 提升扩展性、流量管理、QoS 路由等优点，应用于虚拟专网（virtual private network，VPN）及流量工程等。

VPN 是应用于公共通信网络的虚拟网技术，它在公共通信网络中划分出一个可控的通信环境，两个设备之间的 VPN 连接是以隧道形式存在的。隧道提供了业务的端到端加密，只有授权用户才能访问指定 VPN 内的资源，对于想获取数据包传输路径的非法入侵者，中间各跳的信息会被隐藏，从而提升网络安全和通信质量。MPLS VPN 可以为用户提供语音、数据甚至视频等多媒体统一通信平台，MPLS VPN 具有如下优点：

1）扩展性强。MPLS VPN 中，无须人工配置 VPN 节点之间的连接，MPLS 边缘交换设备会根据分组情况执行自动路由发现、建立 LSP。

2）支持 QoS。MPLS VPN 可以使用带宽保障路径路由业务，满足特定的 QoS 约束，从而更有效地利用网络资源。

3）提升网络安全、降低运营成本。核心网设备由运营商负责维护管理，企业只需管理用户的访问权、安全性、网络变化等，既节省成本，又完全掌控了自己网络的控制权，保障了网络的安全。

3.2.2 IPv6

Internet 最初的设计原则是让所有节点都拥有唯一的全球可达地址，其主要构成模块是 IP。IP 为通信提供从源到目的地的不可靠数据传输，传输的可靠性由上层协议提供。IP 地址是用来识别通信的源和目的地的，它有两个主要功能，即唯一识别主机或主机上的接口、唯一识别 IP 网络中主机或接口的拓扑位置。目前使用的 IP 版本有 IPv4 和 IPv6 两个。IPv4 地址长度为 32bits，理论上的地址空间为2 个，接近 43 亿个唯一的地址。但是，几乎所有的 IPv4 地址都已经被分配了，公共的 IPv4 地址相当稀缺，有限的地址空间制约了 Internet 的进一步发展，故设计出 IP 的新版本——IPv6。

（1）IPv6 目标。IPv6 建立的动机就是解决 IPv4 地址耗尽的问题。IPv6 的主要目标如下：

1）充足的地址空间以维持 Internet 在可见的未来的增长。具体来说，IPv6 地址长度为 128bits，理论地址空间为 2^{128} 个地址，近似为 3.4×10^{38} 个唯一地址，巨大的地址空间能处理全球 Internet 的增长。

2）简化头部结构。IPv6 头部结构如图 3-7 所示，IPv4 中的一些重要字段都被移除或移动到可选头中，如 Internet 头部长度、服务类型、分片相关的字段、头部校验和等。

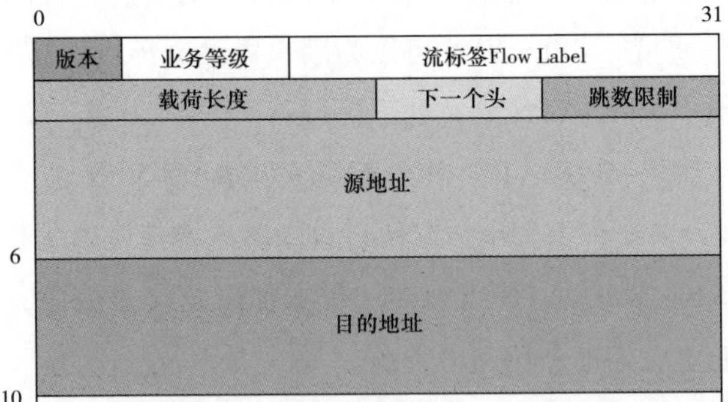

图 3-7 IPv6 头部结构示意图

3）整合安全，即 IPsec。IPsec 是一种内置的端到端的安全方法，由认证头、封装安全载荷两个扩展头构成，目的是提供数据的完整性和保密性。

4）整合移动性，即 Mobile IPv6，支持设备从一个网络向另一个网络无缝移动。

5）更好地支持 QoS，即 Flow Label。IPv6 头中包含 Flow Label 字段，它为 Internet 服务提供商提供了执行流量管理、QoS 等的灵活性。

IPv6 的地址类型如下：

1）单播地址。单播地址的目的地是单个节点上的单个接口，发送给单播地址的数据包会被递交到由该地址标识的接口上。

2）多播地址。发送给多播地址的数据包会被递交到属于该集合的所有接口上。

3）任播地址。任播是与具有给定地址的相邻接口的通信。任播节点使用单播地址，但是与正常单播不同的是，相同地址是由多个节点共享的，从源端接收到业务的节点会向源端进行应答。

（2）邻居发现协议。邻居发现协议（neighbor discovery protocol，NDP）是 IPv6 的核心协议，其主要目的是替换 IPv4 中的地址解析协议、路由发现及重定向功能。NDP 处理一些关键的功能，比如确定相同链路上的节点、发现链路层地址、检测重复地址、查找路由器、维护到活跃邻居路径的可达信息、维护移动 IPv6 网络等。

NDP 消息的结构如图 3－8 所示，执行与 NDP 相关功能的消息有以下 5 类：

1）路由器请求消息。该消息允许子网内节点探索属于该子网的 IPv6 路由器的存在性，即进行路由发现。

2）路由器通告消息。它是对路由器请求消息的应答，里面包含必要的信息使得主机可以确定链路的最大传输单元、链路前缀、特定路由、通过自动配置产生的地址的持续时间及有效性、是否使用地址自动配置等。

3）邻居请求消息。它的目的是确认之前建立的链路层地址或发现连接的 IPv6 节点的链路层地址，即执行邻居发现。

4）邻居通告消息。它是对邻居请求消息的应答或通知邻居链路层地址/节点角色的变化。

5）重定向消息。它的目的是通知主机针对某个目的地的更好下一跳。

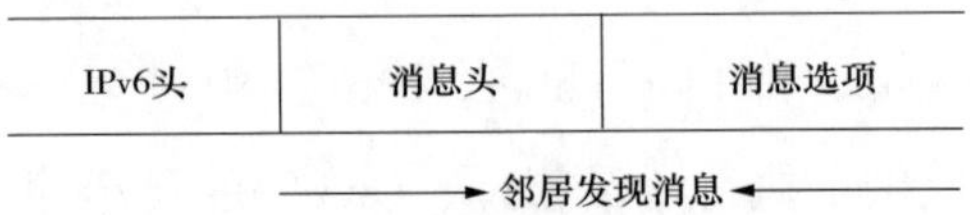

图3－8　NDP消息的结构示意图

3.2.3　网络虚拟化技术

虚拟化在提供隔离、共享资源、聚合、动态重分配、方便管理等方面扮演着重要角色。虚拟节点和链路集合构成虚拟网络环境，它是底层物理网络的一个子集。网络虚拟化的优势在于可扩展的资源管理、在不限制 IP 和网络架构的情况下允许网络可编程。网络虚拟化的关键技术包括软件定义网络（soft defined networking，SDN）/网络功能虚拟化（network function virtualization，NFV）、网络切片等。

（1）SDN/NFV。SDN 概念表示网络中控制平面与数据平面的解耦，从而提升网络管理的灵活性及提升网络的可编程性及可靠性。数据平面负责控制数据包的路由；控制平面由软硬件组件构成，负责在每个节点处产生和维护路由表及处理 QoS、差错及异常。

SDN 架构可分为以下 3 层：

1）应用平面。应用平面是 SDN 架构的顶层，负责网络虚拟化、入侵检测系统、防火墙、移动性管理等软件驱动业务及安全应用。作为网络管理中心，应用平面通过北向接口与底层的控制平面通信。

2）控制平面。控制平面是通过软件智能管理业务流，实现路由/流转发/丢包等决策的集中式组件。当多个控制器部署于分布式环境中时，它们之间可以通过东向和西向接口彼此进行通信。控制平面通过南向接口与数据平面进行通信。

3）用户平面。用户平面代表路由器、开关、接入点等可编程支持标准接口的包转发硬件。用户平面的基本功能是在网络中向目的地转发包。

NFV 将网络功能的软件实现与底层硬件解耦，使专属于底层硬件设备的相关网络功能可以运行在虚拟机和云计算基础设施上。因此，NFV 可以提供包括有效管理硬件资源、快速地向市场引入新的功能和服务、方便更新和维护、减少运营成本和资本成本开销、鼓励开放、实现多样化的生态系统等诸多优势。NFV 架构如下：

1）虚拟网络功能（virtual network functions，VNF）。它是运行在 NFV 基础设施上的网络功能的软件实现。

2）NFV 基础设施。由从底层硬件资源中抽象和逻辑分割出来的虚拟资源构成，支持 VNF 的执行。

3）NFV 管理与编排。负责对支持基础设施虚拟化的物理/软件资源进行编排、生命周期管理及对 VNF 进行生命周期管理。它包括 NFV 编排器、VNF 管理器和虚拟设施管理器 3 个主要组件。NFV 编排器负责编排网络资源、验证和授权来自 VNF 管理器的 NFV 基础设施资源请求、管理网络服务生命周期；VNF 管理器负责管理运行在同一个网络切片中的一个或多个相同或不同类型的 VNF 实例的生命周期；虚拟化基础设施管理器负责控制和管理属于同一个网络运营商的 NFV 基础设施相关资源。

SDN 与 NVF 都致力于加速业务创新，两者是高度互补的。SDN 提供逻辑集中式控制平面，允许网络基础设施的隔离、抽象和共享，通过在 VNF 之间提供可编程连接服务实现最优化包传输；NFV 通过虚拟化 SDN 控制器、SDN 数据转发实体等 SDN 组件，允许这些组件在云上运行，从而迁移到最优位置。NFV 与 SDN 解决方案的结合为实现迅捷、动态的网络提供可能，从根本上改变服务的提供方式。

（2）网络切片。从用户角度来说，网络切片是把有相似性能需求（如传输速率、时延、吞吐量等）的设备组成一个切片；从网络角度来说，网络切片是把底层的物理网络基础设施分割成一系列逻辑隔离的虚拟网络，每个网络可以为特定类型的应用或用户进行定制化及优化。

网络切片由以下 3 层构成：

1）服务实例层：表示所支持端用户服务或商业服务，每个服务用一个服务实例来表示。

2）网络切片实例层：网络切片实例提供服务实例所要求的网络特征。

3）资源层：提供产生一个网络切片实例所必需的所有虚拟或物理资源及网络功能。

网络切片的编排与管理包括以下几方面：

1）服务管理与网络切片控制。网络切片提供端到端的连接，允许不同网络技术共存于公共的基础设施之上且依赖连续的闭环过程分析要求以保证目标性能。这个过程包括服务管理层和网络切片控制层。服务管理层处理服务操作包括抽象、协商、准入控制、向第三方收费等；一旦接收切片请求，就要根据切片请求及合理的切片模版来产生服务；联合 VNF、物理网络功能、附加价值服务、数据/控制平面、安全机制等获取目标服务。网络切片控制层向服务管理提供资源抽象、处理网络切片资源管理及控制平面操作，包括基于服务映射实例化切片资源；通过键控、分析和切片的重配置过程进行性能维护；切片选择、附着、支持多切片连接。

2）网络切片代理。为支持成本效益及保证优越性能，网络切片使用网络切片代理机制执行准入控制、资源协商及收费，促进按需网络资源分配。网络切片代理联合网络监控和业务预测以保证资源可用性、时延和一个切片请求持续时间的弹性。它管理切片间的资源分配、选择配置策略来指导资源分配。

3）编排与生命周期管理。网络切片的资源编排与故障管理问题贯穿于切片的全生命周期。不同的虚拟网络通过部署虚拟功能节点、交换节点和虚拟链路共享底层基础设施，有效的资源管理可以优化资源分配，提高基础设施资源的利用率。为有效管理网络切片实例，需要考虑故障管理、性能管理、配置管理和策略管理等过程。网络切片实例的生命周期管理包括准备、实例化、配置、激活、运行、停运。准备阶段为网络切片实例化及网络切片的产生准备网络；实例化、配置和激活阶段配置、实例化必要的资源，主动处理网络业务和用户上下文；运行阶段聚焦于支持不同类型通信服务的数据业务，指导和报告网络服务性能；停运阶段包括网络切片实例的失活与终止。

4）联合网络切片。为实现联合基础设施的统一控制，需要交换点执行不同管理域之间的资源协商。有分层架构、平面/簇架构，其中分层架构中不同管理域连接成更高层的切片代理，从不同的底层管理域获取和协商资源；平面/簇架构直接连接不同管理域的切片代理。网络切片带来空前的安全性挑战，包括切片间的安全威胁及域间切片的资源协调问题等。具体来说，网络切片实例的VNF部署在基于云的共享基础设施之上，因此不同切片之间的安全与性能隔离极具挑战。攻击者可以通过滥用一个切片的容量弹性来消耗目标切片的资源，导致目标切片中断服务；某些控制平面的功能由多个切片共用，这样攻击者可以通过另一个切片非法接入共用功能，从而窃听目标切片数据。从用户角度来说，用户能同时接入多个切片，因此攻击者可能将用户作为桥梁从另一个切片发起安全攻击。

3.3 电力物联网接入网技术

为提升接入及业务支撑能力、安全地兼容各种类型终端，能源互联网下的电力物联接入网应支持有线（包括电力光纤专网、PLCC）和无线（包括无线公网、电力无线专网）等多种接入制式。这些接入制式在电力物联接入网中不是非此即彼的关系，而应是相辅相成、相互协作的。下面按照先有线后无线的顺序依次对各种接入制式进行简要介绍。

3.3.1 电力光纤专网

目前，无源光网络（passive optical network，PON）是最主流的光纤接入技术，其优势包括以低成本方式提供点对多点的架构、语音/数据/视频的高质量服务能力、高速 Internet 接入以及其他服务等。

(1) PON 结构。典型的 PON 结构如图 3－9 所示，具体包括以下 3 部分。

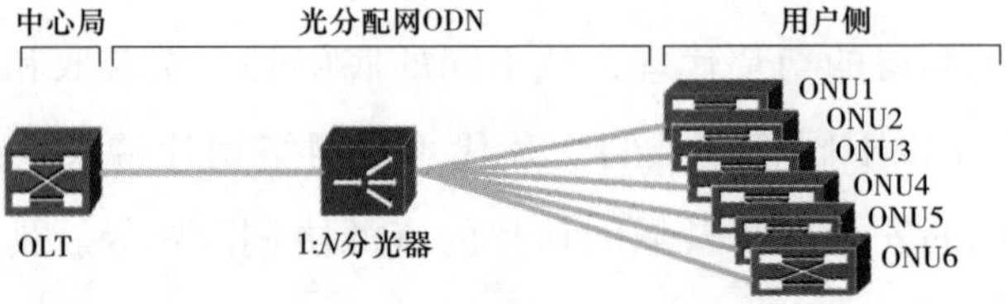

图 3－9 典型的 PON 结构

1）光线路终端（optical line terminal，OLT）。OLT 位于中心局，通过光纤连接到分光器。

2）光分配网（optical distribution network，ODN）。为 OLT 与光网络单元（optical network unit，ONU）之间的通信提供光传输通道。

3）ONU。最靠近用户侧的接入设备，实现点到多点的通信，服务多个用户。

(2) 第一代 PON 技术。国际电信联盟、电气电子工程师协会致力于 PON 技术的发展，所提出的 PON 架构可以分为两类：

1）基于 ATM 架构类，包括 ATM PON（APON）、宽带 PON（B－PON）及吉比特 PON（GPON）。

2）以太网 PON（EPON）。

其中，EPON 和 GPON 是目前最流行的 PON 变体。EPON 和 GPON 向用户提供相同的服务，只是物理层和数据链路层存在一些区别，EPON 与 GPON 的比较如表 3－2 所示。

表 3－2 EPON 与 GPON 的比较

特征	EPON	GPON
标准	IEEE	ITU－T
传输速率	下行：1.2Gbit/s	下行：1.2/2.4Gbit/s
	上行：1.2Gbit/s	上行：1.5/6.2/1.2/2.4Gbit/s
分光比	1∶16	1∶64

续表

特征	EPON	GPON
线路编码	8B/10B	不归零码 NRZ
协议	以太网	ATM
安全	无保证	高级加密标准 AES
QoS	不支持	支持
前向纠错	可选 RS（255，239）	可选 RS（255，239）

物理层的区别主要体现在比特速率、波长及分光比上。

1）比特速率方面。EPON 上、下行均为 1.2Gbit/s，由于采用 8B/10B 线路编码，实际可用的比特速率为 1Gbit/s；GPON 上、下行支持不同速率，其中下行为 1.2Gbit/s 或 2.4Gbit/s，上行为 1.5、6.2、1.2Gbit/s 或 2.4Gbit/s，GPON 通常使用的是上行 1.2Gbit/s，下行 2.4Gbit/s。

2）波长方面。EPON 和 GPON 下行都采用 1480 ~ 1500nm 波长频带，为视频信号提供 1550nm 特定波长频带；EPON 上行采用 1260 ~ 1360nm 波长频带；GPON 上行采用 1290 ~ 1330nm 波长频带。

3）分光比方面。EPON 支持的分光比为 16 个用户，GPON 可以支持高达 64 个用户。

EPON 分层模型简单，使用以太网帧结构承载语音、数据和视频业务。下行帧报头中包含逻辑链路标识（logic link identifier，LLID）字段，ONU 将接收到的帧中的 LLID 与自己的 LLID 进行比较，若匹配则接收该帧，否则将该帧丢弃。GPON 的分层和管理更复杂，下行支持 125μs 长的帧，使用 TDM 将可用带宽分配给用户。GPON 支持两层封装，用于传输 ATM、以太网和 TDM 三种帧。下行帧广播给每个 ONU，ONU 使用帧中的信息抽取自己的数据。如果没有数据要传输，则下行帧用于时间同步。GPON 设备需要虚拟信道、分割、组合、多种协议转换以及点对点协议。因此，两者相比较，EPON 的实现成本更低。

无论是 EPON 还是 GPON 技术，在满足与日俱增的带宽需求方面都存在提升的空间，因此传统 PON 技术沿着两个不同方向继续向下演进：①发展与现有 PON 设备兼容且传输速率更高的下一代 PON 技术（称为 NG - PON1），比如 XG - EPON 和 XG - GPON；②研究新型下一代 PON 技术（称为 NG - PON2），如利用 WDM、正交频分复用（orthogonal frequency division multiplexing，OFDM）等技术进一步提升 PON 性能。

（3）NG - PON1 技术。XG - EPON 继承了 EPON 的很多特性，但在物理层做了一些修改，EPON 与 XG - EPON 的比较如表 3 - 3 所示。

表 3 - 3　EPON 与 XG - EPON 的比较

特征	EPON	XG - EPON
比特速率	对称的 1Gbit/s	对称的 10Gbit/s 非对称的 10/1Gbit/s
波长（nm）	上行：1260 ~ 1360	上行：1260 ~ 1280
	下行：1480 ~ 1500	下行：1575 ~ 1580
线路编码	8B/10B	64B/66B
前向纠错	可选 RS（255，239）	强制 RS（255，223）

1）比特速率方面。XG - EPON 支持两种物理层模式，一种是上下行均为 10Gbit/s 的对称传输，另一种是非对称传输，上行速率为 1Gbit/s，下行速率为 10Gbit/s。

2）波长方面。上行业务采用 1260 ~ 1280nm 波长频带，下行采用 1575 ~ 1580nm 波长频带。线路编码为 64B/66B，使用 RS（255，223）强制前向纠错机制。

3）分光比方面。至少 10km 距离时分光比为 1 : 16，至少 20km 距离时分光比为 1: 32。XG - GPON 改进 GPON 物理层以提升性能，GPON 与 XG - GPON 的比较如表 3 - 4 所示，媒体接入控制层分帧与管理过程没有变化以降低迁移的复杂度。XG - GPON 分为两类：XG - GPON1 提供非对称传输，下行 10Gbit/s，上行 2. 5Gbit/s；XG - GPON2 提供对称传输，上下行均为 10Gbit/s。XG - GPON 下行波长为 1575 ~ 1580nm，上行波长为 1260 ~ 1280nm。

（4）NG - PON2 技术。NG - PON2 技术的发展可以使传输速率高达 100Gbit/s，这些技术主要包括时分复用 TDM - PON、波分复用 WDM - PON、光码分复用（optical code division multiplexing，OCDM）－PON 和正交频分复用 OFDM－PON。

1）高速 TDM－PON。它是最简单的有效利用带宽的技术，允许多个用户使用单一波长共享相同带宽。但是，由于所有 ONU 共享相同带宽导致容量受限；下行业务广播给所有用户，导致可能会发生窃听，安全性无法得到保障。

2）WDM－PON。为每个 ONU 分配不同波长用于传输，在 OLT 与 ONU 之间提供虚拟的点对点连接。OLT 处带宽是不共享的，因此 WDM－PON 的关键优势是允许每个 ONU 都以峰值速率传输而不会影响其他用户。WDM－PON 根据支持的波长数量及同一根光纤中传输的各波长之间的间隔分为密集 DWDM 和 CWDM。其中，DWDM 由 ITU－TG. 694. 1 定义，主要目标是通过最小化波长间隔提升网络容量；CWDM 由 ITU－TG. 694. 2 定义，主要通过足够大的波长间隔更精准地控制发射机从而降低成本。

3）OCDM－PON。通过非对称接入特性，即允许发送信道在时域和频域重叠提升带宽利用；通过在光域实施编、解码过程及限制接收机只能解码目标业务来提升安全性。但是，多址干扰和差拍噪声两种干扰源会导致性能下降。

4）OFDM－PON。上下行使用不同波长，OLT 产生多个正交子载波、每个子载波分成不同时隙，OLT 执行分割过程将子载波、时隙或子载波和时隙上的总带宽按需分配给不同用户。OFDM－PON 的主要挑战是多个 ONU 在相同的波长上向 OLT 传输业务时的光载波解相关问题，混合的光电探测导致的差拍噪声使得很难实现传输同步。

表 3－4　GPON 与 XG－GPON 的比较

特征	GPON	XG－GPON
比特速率	2. 4/1. 2Gbit/s	XG－GPON1：非对称的 10/2. 5Gbit/s XG－GPON2：对称的 10Gbit/s
前向纠错	可选 RS（255，239）	强制 RS（255，223）
波长（nm）	上行：1290～1330 下行：1480～1500	上行：1260～1280 下行：1575～1580

上述各种 NG－PON2 技术各具优势与缺陷，因此 ITU－T 将混合 TDM 与 WDM 技术（TWDM－PON）选为 NG－PON2 的复用技术。TWDM－PON 下行采用 1596～1603nm 波长频带，上行波长有 3 种选择：宽带选择 1524～1544nm，缩减频带选择 1528～1540nm，窄带选择 1532～1540nm。另外，XDM/WDM 混合技术、XDM/TDM、XDM/WDM/TDM 混合技术等都值得进一步研究以提升 NG－PON2 性能。

3.3.2 电力线载波通信 PLCC

PLCC 系统最初不是为了传输通信信号专门设计的网络，而是使用现有的电力系统架构作为数据通信的媒质同时传输电能和数据，因此 PLCC 可能成为电力物联网低功耗且成本效益最高的一种接入方式。

（1）PLCC 系统架构。PLCC 系统是由阻波器、耦合电路、调谐电路、发送及接收端组成的，其一般架构如图 3－10 所示。

1）阻波器设备与电力线串联，可以水平或垂直安装。它是由电感构成的，电感大小需合理设置以保证向 30～500kHz 范围内的载波信号提供合理的高阻抗，同时向 50Hz 的电信号提供零阻抗或非常低的阻抗。

2）耦合组件可以是电容或耦合变压器，它提供高压线与电力线载波设备之间的隔离。它对电频率提供高阻抗，对载波频率提供低阻抗。耦合部件的取值范围为 2000～12000pF。

3）电线调谐通常由电感组成，用于进一步降低对载波信号的阻抗值。

4）发送及接收端通过电力线发送和接收高频信号。

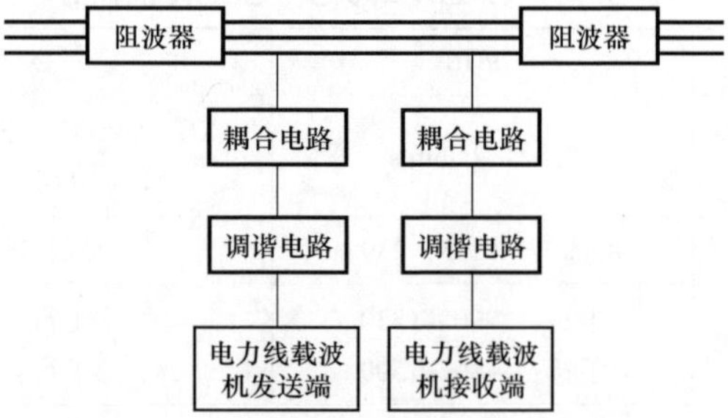

图 3－10　PLCC 系统的一般架构

（2）PLCC 系统分类。电力线通信（power line communication，PLC）技术按照信号的带宽可以分为：

1）窄带 PLC。窄带 PLC 通常工作在 3～500kHz。窄带技术可以分为单载波和多载波技术。单载波窄带 PLC 主要是基于相移键控和频移键控的，数据速率很低；多载波窄带 PLC 是基于 OFDM 的，它能提供 100kbit/s 的数据速率及灵活的频谱分配。与高频宽带 PLC 相比，低频窄带信号更容易通过变压器，使得 PLCC 系统的实现更容易。

2）宽带 PLC。运行的带宽范围为 1～30MHz。宽带 PLC 可以使用 OFDM 调制技术有效对抗噪声，因此可以提供 500k～3Mbit/s 的传输速率。宽带 PLC 技术有 3 种类型，即接入宽带 PLC、家庭宽带 PLC 及两者的融合。宽带 PLC 技术的标准化对于 PLC 渗透到通信系统市场至关重要。参与宽带 PLC 标准化工作的组织包括家用电力线网上联盟（homeplug power alliance，HPA）、电气与电子工程师协会（institute of electrical and electronics engineers，IEEE）及开放式 PLC 欧洲研究联盟（open PLC european research alliance，OPERA）。宽带 PLC 的重要标准包括 Homeplug 1.0、Homeplug AV、Homeplug AV2、Homeplug Access BPL、Homeplug Green PHY、IEEE 1901 Standard 等。

另外，从电网等级角度可以将 PLC 系统划分为：

1）中压 PLC。对于数据传输来说，中压 PLC 构成电力线上数据传输的骨干。

2）低压 PLC。低压 PLC 是电网到达用户的末端，是解决“最后一公里”问题的可选方案。

（3）PLCC 信道描述。电力线传输媒质在拓扑、基础设施及物理特性等方面与传统通信差别很大。电力线通信信道是一种高干扰媒质，可以使用阻抗、衰减和噪声 3 个参数对信道进行描述，它们随时间、频率及位置而变化，是不可预测的。

1）衰减。高频信号在电力线上传输时功率会发生损失、信号强度下降。衰减是电力线长度及信号频率的函数。对于相同网络，信息信号频率越高，衰减越大。为了降低 PLC 中衰减的影响，发送端与接收端之间的距离要尽可能短；长距离通信时需要加中继器重新发送信号。

2）阻抗。阻抗变化导致电力线复杂、不稳定。线缆的阻抗特性、网络拓扑、连接的电器/设备特性是影响阻抗的主要因素。当且仅当 PLC 系统中信号发送装置、信道和信号接收装置三者阻抗匹配时才能达到最大接收效率。

3）噪声。PLC 通信信道噪声可以分为连续噪声和脉冲噪声，具体包括有色背景噪声、窄带噪声、周期性脉冲噪声、非周期性脉冲噪声及异步脉冲 5 类。有色背景噪声是低功率噪声的叠加，其相对功率谱密度与频率成反比，随频率增长而下降；窄带噪声是由幅度调制的正弦波组成；周期性脉冲噪声与主频同步，主要由与电力线连接的开关电源产生；非周期性脉冲噪声与主频异步，主要由电器电路的整流二极管的开关动作导致；异步脉冲噪声主要由电网切换过程中的暂态信号引起。前三类噪声不随时间变化，可以看作是背景噪声；后两类噪声随时间变化，对电力线上的数据传输危害很大。

3.3.3 无线公网技术

无线公网技术中，终端数据以无线方式接入电信运营商的无线网络，通过 IP 承载网传送到电力物联网。由于借助电信运营商的既有网络如 4G、5G 等，从一次投资成本上来说，无线公网接入方式优势明显。通过无线公网传输电力物联网数据面临的问题主要有：

（1）由于数据传输路径主要在运营商公网中，电力系统无法对公网进行管理和控制，因此数据传输安全性很难得到保障。

（2）由于无线公网不是为了传输电力物联网数据专门部署的网络，电力物联网数据较其他公网数据并不具有更高优先级，因此它们需要竞争网络资源，有高 QoS 要求的电力物联网数据的时延等指标要求可能无法满足。

3.3.4 电力无线专网

未来能源互联网要覆盖从拥挤的城区到人口稀少的郊区甚至是建筑物内

部。虽然光纤通信具有诸多优势，但是对于光缆敷设施工难度大或部署光纤网络成本高的区域，具有灵活、易于部署等特点的无线通信成为解决“最后一公里”问题的可行方案。与无线公网相比，采用230MHz低频段的电力无线专网信号传输距离更远，覆盖相同区域所需基站数目更少，成本更低，另外在安全性和应用的QoS等方面性能更优越。

2018年8月，工信部印发《关于调整223～235MHz频段无线数据传输系统频率使用规划的通知》，通过引入载波聚合和动态频谱共享等新技术，明确223～226MHz和229～233MHz频段用于时分双工方式宽带系统，230MHz频段专网传输速率得到明显提升。

230MHz电力无线专网系统由核心网、基站、终端和网管组成，其中基站能够接入多路用户；核心网负责终端认证、终端IP地址管理、移动性管理等，直接连接电网主站；网管系统则用来管理维护通信网元设备。

230MHz电力无线专网通信系统从技术体制上可以分为LTE－G 230MHz和IoT－G 230MHz两种，它们都是基于4.5G面向5G技术。LTE－G是结合230MHz电力专用频谱和离散窄带多频点聚合、动态频谱感知、软件无线电等多项关键技术开发的新型宽带无线接入系统；IoT－G利用射频及滤波能力、结合部分5G算法，将梳状的离散窄带频谱聚合使用，单小区支持4000个用户，最低下行时延可达20ms，支持多业务扩容。下面分别从帧结构、资源栅格、频谱效率方面对两种技术体制进行对比介绍。

（1）LTE－G的帧结构如图3－11（a）所示，每帧长度为25ms，由5个等长的子帧构成，即子帧0～子帧4，每个子帧长度为5ms。其中，子帧0和子帧1中的前285Ts共925Ts用于下行通信，子帧1中的后284Ts、子帧2～子帧4共2204Ts用于上行通信。IoT－G的帧结构如图3－11（b）所示，每帧长度为10ms，由5个等长的时隙构成，即时隙0～时隙4，每个时隙长度为2ms。时隙0、时隙1及时隙2中的前20Ts共4.33ms用于下行子帧，时隙3、时隙4及时隙2的后60Ts共5ms用于上行子帧。

（2）LTE－G的资源栅格如图3－12（a）所示，每个载波25kHz，包含11个子载波，子载波间隔为2kHz，每个子帧有9个符号。IoT－G的资源栅格

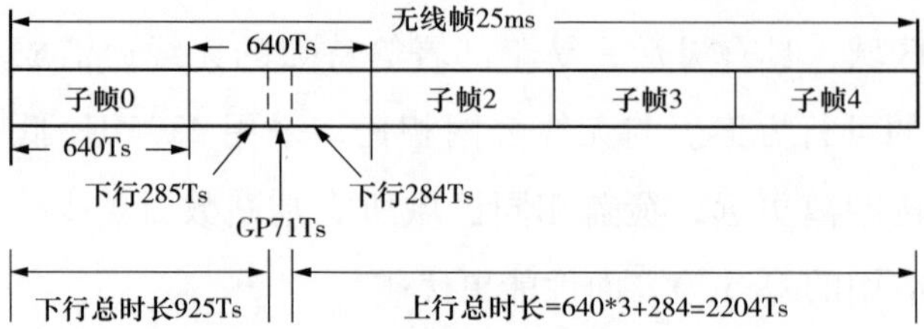

（a）LTE－G 帧结构

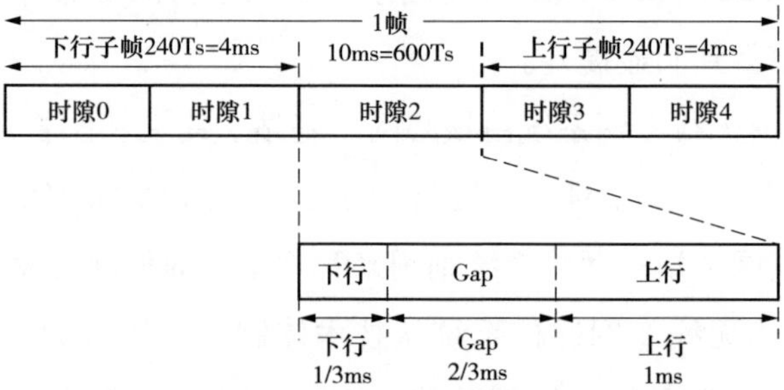

（b）IoT－G 帧结构

图 3－11　LTE－G 与 IoT－G 帧结构示意图

如图 3－12（b）所示，每个载波 25kHz，包含 6 个子载波，子载波间隔为 3.75kHz，每个时隙有 6 个符号。

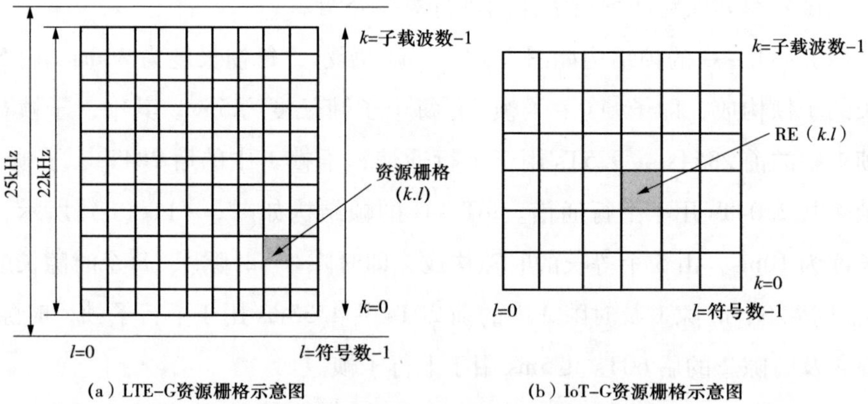

图 3－12　LTE－G 与 IoT－G 资源栅格示意图

（3）频率效率表示单位带宽在单位时间内能传输的数据量。LTE－G 与 IoT－G 都支持 64QAM 调制。LTE－G 在一个载波、一个子帧内传输的数据量 = 子载波数量 × 每个子帧的符号数 × 调制阶数 $= 11 \times 9 \times 6 = 594$bits，频谱效率 $= 594 \div 5\text{ms} \div 25\text{kHz} = 4.75$bit/s/Hz。IoT－G 在一个载波、一个时隙内传输的数据量 = 子载波数量 × 每个时隙的符号数 × 调制阶数 $= 6 \times 6 \times 6 = 216$bits，频谱效率 $= 216/2\text{ms}/25\text{kHz} = 4.32$bit/s/Hz。由此可见，LTE－G 的频谱效率比 IoT－G 高约 10%。下行频谱效率 = 下行传输数据量/帧长/带宽 × 有效数据占比 × 业务数据占比，上行频谱效率 = 上行传输数据量/帧长/带宽 × 有效数据占比 × 业务数据占比。LTE－G 与 IoT－G 的频谱效率比较如表 3－5 所示。

表 3－5 LTE－G 与 IoT－G 频谱效率的比较

对比	LTE－G 230MHz	IoT－G 230MHz
子载波间隔	2kHz	3.75kHz
每频点子载波数	11	6
每子帧（时隙）符号数	9	6
上下行峰值频谱效率	4.75bit/s/Hz	4.32bit/s/Hz
上行频谱效率	2.88bit/s/Hz	1.69bit/s/Hz
下行频谱效率	1.21bit/s/Hz	1.46bit/s/Hz
上行业务信道频谱效率	2.27bit/s/Hz	1.33bit/s/Hz
下行业务信道频谱效率	0.90bit/s/Hz	1.10bit/s/Hz

3.4

电力物联网卫星网技术

卫星通信是利用人造地球卫星的辅助中继完成用户之间信息传输的一种通信方式。与陆地通信系统相比，卫星通信具有广覆盖、高容量、不受制于用户地理位置等优势，因此卫星通信在传输电力物联网数据方面将扮演重要角色。一般卫星通信系统模型如图 3－13 所示，按照卫星运行的轨道高度可以将卫星分为地球同步卫星、中圆轨卫星和低轨卫星 3 类。

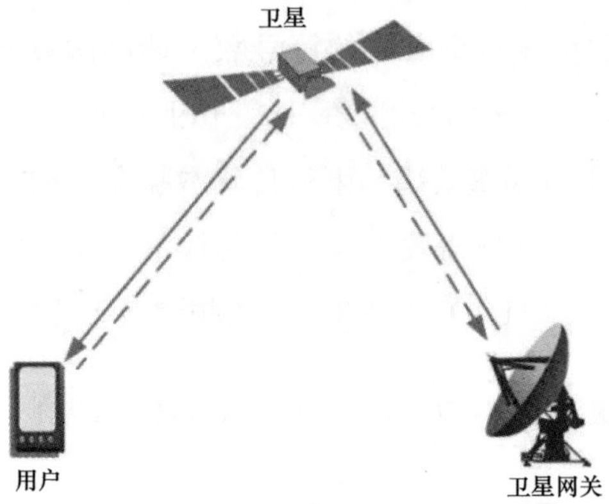

图 3－13　一般卫星通信系统模型

决定卫星通信系统运行条件的主要因素包括：

（1）所使用的卫星星座，如地球同步轨道、中圆轨道、近地轨道等。

（2）用户及中继卫星的通信信道的频率范围。

（3）决定于通信信道带宽的最大数据传输速率。

（4）通信信道信噪比的工作范围。

（5）支持高移动性用户的通信服务。

3.4.1　同步技术

“同步”的本意是强调两个系统或信号的运行步调完全一致。对通信系统而言，同步意味着接收端调整本地的时钟参考信号，使其与发送端完全对齐。实际的通信系统中，受传输时延、误差、元件的精度等因素影响，接收端的时钟不可能与发送端的完全一致，从而影响接收端正确解调、解码接收到的信号。因此，精准的同步对通信系统的性能至关重要。

按照接收机解调信号的过程，同步包括载波同步、符号同步、帧同步 3 个阶段。

（1）载波同步。为正确解调发送信号，接收端必须本地产生与发送载波保持相同频率和相位的载波。载波同步正是初始连接阶段接收端恢复发送信号实际载波频率、相位的过程，为接收端正确解调发送信号做好准备。载波同步又细分为捕获和追踪两部分，捕获是追踪的基础。捕获负责借助信号处理算法，通过收集采样信号粗略估计载波频率，跟踪则利用通过捕获得到的载波频率估计值准确估计任意时刻载波的频率和相位。

（2）符号同步是接收端还原基带调制信号符号速率及各符号起止时间的过程，最终目标是找寻符号的最佳采样点，为判决模块信息判决服务。

（3）帧同步是接收端从接收信号中定位帧的起始、终止时刻的过程，有利于正确解析比特流的实际物理意义。按照帧长度是否可变，帧同步可以划分为固定帧长同步与可变帧长同步；按照二进制数据在时间上传输是否连续，帧同步可以划分为突发帧同步与连续帧同步；按照是否有信道编码辅助定位，帧同步可以划分为无编码辅助帧同步与编码辅助帧同步；按照数据帧中是否插入已知帧同步字段，帧同步可以划分为同步码辅助帧同步与盲帧同步。需要根据帧同步类型的特点选取合理的帧同步算法。

3.4.2　北斗卫星

北斗卫星系统是我国独立研制的全球卫星定位与通信系统，是世界上首个集高精度、高可靠定位、导航、授时与短报文通信能力的卫星导航系统，可保证任何时间、任何地点、任何人的无障碍双向通信，广泛应用于移动通信覆盖、各项基础工程测量、高精度实时定位等。北斗卫星通信具有以下特点：

（1）北斗的基本功能是导航和定位，其定位精度可以达到10m。为了获取立体空间坐标系中的用户空间位置，由多颗位置及系统时间已知的卫星向地面广播包含基准时间信息的测距码，利用测距码从卫星到地面用户的传输时间与光速相乘得到的伪距获取用户的具体坐标和钟差，同时完成定位和授时计算。

（2）北斗卫星的短报文功能可以一次传送40～60个汉字，北斗终端支持收发短报文通信功能，这为陆地网络覆盖不到的区域或陆地网络由于灾难等失效的区域内的通信提供快速响应，短报文传输点对点通信延迟为1~5s，消息通信传输时延约0.5s。

（3）北斗卫星提供的时间同步精度为20~100ns，满足大多数通信系统的授时精度要求。

（4）北斗卫星具有良好的加密功能，用户终端采用一户一密，保密性较强，可保证用户数据通信安全。

（5）北斗卫星系统包含同步卫星及中圆轨道卫星。地球同步卫星通信系统是最早的卫星通信系统，其卫星运行在距离地球表面约36000km的赤道平面。地球同步卫星与地面用户处于相对静止位置，单颗卫星所能覆盖的面积很大，理论上来说只需要3颗同步卫星就能覆盖除南北极外地球上绝大部分地方。但是同步卫星由于距离地面较远，导致通信传输时延高、通信链路损耗大，不利于卫星及用户终端的小型化。中圆轨卫星的轨道高度、特点等都介于同步卫星与低轨卫星之间。因此，北斗卫星系统覆盖范围广、传送距离远，需要较少的卫星就可以满足全球覆盖要求。

3.4.3 低轨卫星组网

低轨卫星通信系统是目前公认的极具发展潜力的卫星通信系统，其卫星运行在500~1500km高度范围内。卫星与地面距离的缩短降低了信号传输的时延和路径损耗，有利于卫星及用户终端的小型化。但是，低轨卫星与地面用户处于相对高速的运动状态，导致卫星覆盖范围有限且高速时变，因此需要多颗位于不同轨道平面的卫星组成星座以满足覆盖要求。

在卫星通信系统中，有通信需求的用户需先将信号发送给其上空的卫星，通过卫星的信号中继实现与目标用户的通信。但是由于低轨卫星覆盖的有限性和时变性，可能需要搭建星间链路，依靠星间中继完成信号传输。低轨卫星通信系统的卫星链路具有的特性及其影响如下：

（1）受质量、功率等因素的制约及小型化趋势影响，通信卫星的发射功率较小，加上较低的收发天线增益，导致接收端较小的信噪比（signal to noise ratio，SNR）。低 SNR 工作环境给低轨卫星通信系统的同步带来了巨大挑战。同步信号的获取可以理解为从噪声中进行有用同步信号的检测与估计过程。SNR 越低，同步的精准度越难得到保障。

（2）低轨卫星与地面用户不是固定的，而是处于相对高速的运动状态，较高的相对运动速度会导致多普勒效应，引起接收信号的频率偏移。另外，由于低轨卫星的运动引起与地面用户之间时变的径向速度，导致快速时变的多普勒频偏，降低捕获和追踪的性能。

（3）低轨卫星围绕地球做高速运动，服务地面用户的卫星由于运动可能会离开该用户所在区域，此时通信连接需要自动离开该卫星切换到其他卫星上。换言之，单颗卫星与地面用户之间的可视时间受限，可能只有几分钟，因此，要求低轨卫星通信链路快速同步。

第4章

电力物联网数据管理关键技术及应用

未来电力物联网的建设应立足现有电网实体与通信技术，将不同能源系统的物理互联、时空信息互联、商业互联融合起来，围绕“应用驱动、继承发展、先进适用”的建设原则，打造以服务和数据共享为核心的电力物联网。为保证部门交流协同顺畅，从源端统一数据管理，实现跨部门、跨专业数据共享、业务流程贯通，支撑企业多变、个性化的业务应用。本章结合典型应用场景，分析了云系统技术、物联管理技术、数据中心技术和企业中台技术四种关键技术。四种关键技术相互支撑、互为依托，为电网企业提供了更为强大的海量数据存储、数据共享、交互调配、高速传输以及部门间的信息业务交互等服务支撑。作为系统核心组件，云计算担负着电网相关部门数据存储、统计、管理、交互调配、大数据计算、沟通运营等多项任务，具体涉及内、外网云计算技术，包含数据中台和业务中台的企业中台技术以及物联管理技术等关键核心技术。突破并掌握这些核心技术是建设电力物联网的关键。

4.1 云计算技术

云计算技术是一种基于因特网的计算技术，可以提供计算机或是其他设备所需要的共享资源或数据。实质上，该技术是一种按需提供访问可配置计算资源的共享池模式，这些计算资源可以是网络、服务器、存储、应用和服务，通过这种模式可以快速地给用户提供资源，并且减少资源在部署中的消耗。云计算存储的解决方案是将第三方数据中心里处理和存储的数据提供给用户和企业使用，这是一种基于互联网的工具并依赖数据分享来实现交互和规模经济的技术。

4.1.1　云计算技术概述

如同硬件虚拟化、服务导向的架构和自动化一样，大容量网络、低消耗计算机和海量存储设备已经成为云计算增长的重要推动力量，由于包含了大容量网络、低消耗计算机和海量存储设备，当前云计算技术正以惊人的速度快速发展。可以预测，在未来云计算将凭借其高计算性能、低消耗服务、高效执行表现、可测量性、高可用性的优点，成为一种网络与计算机服务不可或缺的关键技术。

云计算（cloud computing）是由分布式计算（distributed computing）、并行处理（parallel computing）、网格计算（grid computing）发展来的，该技术以分布式作为计算平台，在大量数据中挖掘其蕴藏的价值，大大提升数据挖掘的有效性。采用分布式数据处理方法，可从分布式存储、并行计算两方面双管齐下，有效解决数据存储、计算、容错等技术难题，进而保证数据具有安全性、高性能等特点。云计算系统是当前计算机信息技术发展的一个主要方向，它主要是依托先进的数据处理技术，构建科学、便捷的信息服务系统，实现相关信息的收集、汇总、归纳与处理，按功能划分结构，云计算模式如图4－1所示。云计算功能极为强大，在具体的实践过程当中，主要具有以下几个方面的功能与作用。

（1）强大的信息处理能力。云计算系统可以通过先进的信息处理技术来对相关的信息进行汇总，再按照一定的信息处理目标与要求进行必要的信息处理。通过这种方式可以有效提升数据信息的处理效率，提高数据信息的利用率。在今后的信息技术带动下，人工智能所具有的信息检索与加工能力将会得到很大水平的提升。

（2）为决策提供科学的信息服务。无论是在哪一个领域，信息的处理与分析都扮演着越来越重要的角色。在这一背景下，科学、系统、有效的信息处理可以为之后的决策提供有力的信息与数据支持，从而提高相关决策及发展战略制订的科学性。所以，企业可以充分借助云计算来进行数据分析，最大限度地为企业发展以及重大发展战略的制订与调整提供更大的数据支持。

(3) 优化流程，降低运营成本。云计算系统的出现可以对原有的数据加工与分析单位的资源进行整合。通过这种方式，一方面，可以提高信息分析效率；另一方面，也可以降低信息运营与管理的成本，提高企业管理的水平。在今后的企业发展过程当中，科技所具有的价值与作用将会得到更大层面的提高与凸显。因此，在之后的企业发展过程中，应该把企业自身的财务管理进行系统的优化与改进，为企业提高效益提供科技支撑。

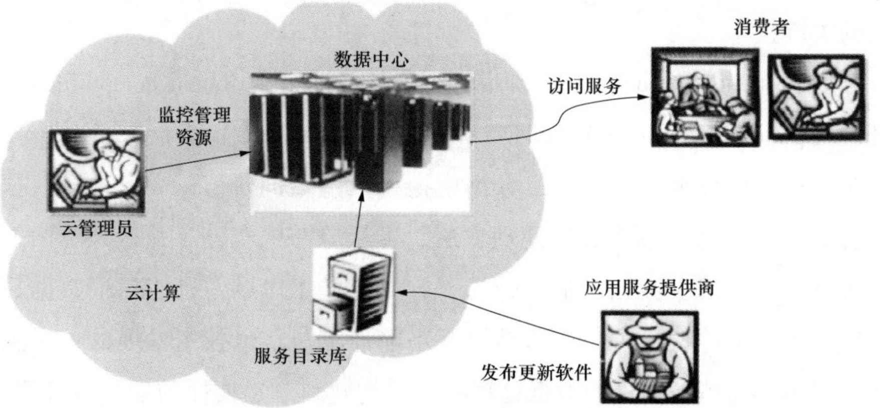

图 4－1　云计算模式

云计算的主要服务形式有包括软件即服务（software as a service，SaaS）、平台即服务（platform as a service，PaaS）、基础设施即服务（infrastructure as a service，IaaS），软件即服务构架如图 4－2 所示。

(1) 软件即服务（SaaS）。SaaS 服务提供商将应用软件统一部署在自己的服务器上，用户根据需求通过互联网向厂商订购应用软件服务，服务提供商根据客户所定软件的数量、时间的长短等因素收费，并且通过浏览器向客户提供软件设施，用户只需拥有能够接入互联网的终端，即可随时随地使用软件。客户不再像传统模式那样在硬件、软件、维护人员方面花费大量资金，只需要支出一定的租赁服务费用，通过互联网就可以享受到相应的硬件、软件和维护服务。对于小型企业来说，SaaS 是采用先进技术的最好途径。

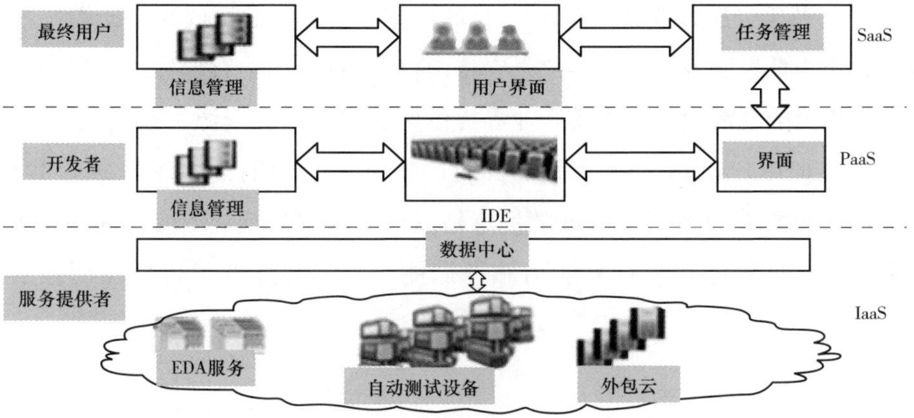

图 4－2　软件即服务构架

（2）平台即服务（PaaS）。把开发环境作为一种服务来提供，属于分布式平台服务范畴，具体操作是由厂商提供开发环境、服务器平台、硬件资源等服务给客户，用户在其平台基础上定制开发自己的应用程序并通过其服务器和互联网传递给其他客户。PaaS 能够给企业或个人提供研发的中间件平台，提供应用程序开发、数据库、应用服务器、试验、托管及应用服务，PaaS 构架如图 4－3 所示。

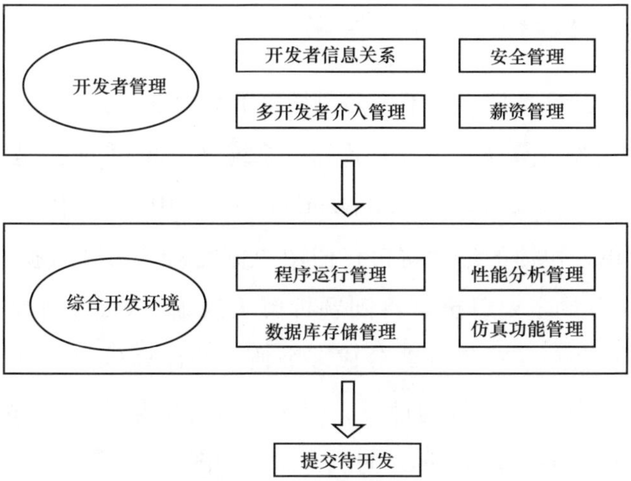

图 4－3　PaaS 构架

（3）基础设施即服务（IaaS）。IaaS 即把多台服务器组成的“云端”基础设施，作为计量服务提供给客户。它将内存、MO 设备、存储和计算能力整合成一个虚拟的资源池，来为整个业界提供所需要的存储资源和虚拟化服务器，客户可以把用户信息、ID 识别、支付、安全等方面的需求统一进行管理，IaaS 构架如图 4－4 所示。IaaS 的优点是用户只需购买低成本的硬件，利用按需租用设备提供的相应计算能力和存储能力，大大降低了用户在硬件上的开销。

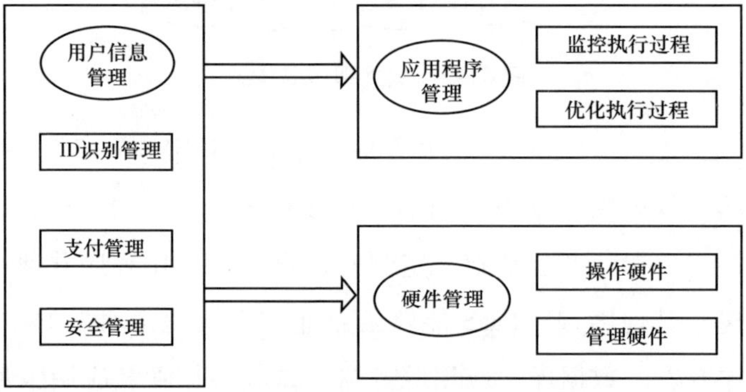

图 4－4　IaaS 构架

4.1.2　云计算核心技术与实现

总体来讲，云计算核心技术主要包括以下 9 大部分：

（1）编程模型计算技术。分布式计算系统（mapreduce）是一种并行编程模型，相对于信息传递接口（multipointinterface，MPI）等传统编程框架，它提供了更加简单、快捷的编程接口，使用户更容易编写“数据密集型”应用程序。mapreduce 的主要思想是将问题拆解为映射（map）和归约（reduce）操作，其中 map 能够将计算任务分成多个独立的计算单元，由集群中的多个计算节点进行分布式、并行的计算，map 的运行结果交由 reduce 进行汇总，产生最终的计算结果。mapreduce 的执行流程如图 4－5 所示。

（2）海量数据分布存储技术。数据分布存储技术是一个可扩展的分布式文件系统，用于大型的、分布式的、对大量数据进行访问的应用。一个集群

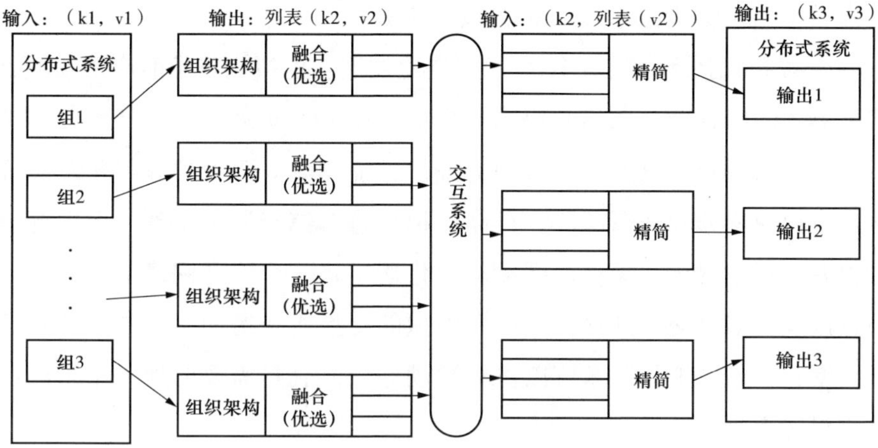

图 4-5　mapreduce 的执行流程

由一个主服务器和大量的块服务器构成，并被许多客户访问。主服务器存储文件系统所有的元数据，包括名字空间、访问控制信息、从文件到块的映射以及块的当前位置。它也控制系统范围的活动，如租约管理、独立块的垃圾收集、块服务器间的块迁移。主服务器定期通过信息交互通道把消息与每一个块服务器通信，给块服务器传递指令并收集它的状态。主服务器中存储的文件被切分为多个块并以冗余形式存储，每份数据在系统中保存 N 个以上备份。客户与主服务器的交换只限于对元数据的操作，所有数据方面的通信都直接和块服务器联系，这大大提高了系统的效率，防止主服务器负载过重。

（3）海量数据管理技术。云计算需要对分布的、海量的数据进行处理、分析，因此数据管理技术必须能够高效地管理大量的数据。目前，云计算系统中的数据管理技术主要是 BT（ big table）数据管理技术和大数据分析团队开发的开源数据管理模块 HBase。

BT 是一个大型的分布式数据库，与传统的关系数据库不同，它把所有数据都作为对象来处理，形成一个巨大的表格，用来分布存储大规模结构化数据。谷歌的很多项目使用 BT 来存储数据，包括网页查询、谷歌地图和谷歌金融。这些应用程序对 BT 的要求各不相同：数据大小（从 URL 到网页到卫星图像）不同，反应速度不同（从后端的大批处理到实时数据服务）。对于不同的要求，BT 都成功地提供了灵活高效的服务。

（4）虚拟化技术。随着 IT 技术的快速发展，虚拟化技术的应用领域已经从服务器逐渐向存储、网络、应用和桌面等多方面扩展，不同种类的虚拟化技术致力于从不同的角度解决不同的系统性能问题。服务器虚拟化对服务器资源进行快速划分和动态部署；存储虚拟化将存储资源集中到一个大容量的资源池并实行单点统一管理；网络虚拟化通过将一个物理网络节点虚拟成多个节点以及将多台交换机整合成一台虚拟的交换机来增加连接数量并降低网络复杂度；应用虚拟化技术可以将资源动态分配到最需要的地方来帮助改进服务交付能力。

云计算在虚拟化技术上实现包括服务器、存储、网络、应用等在内的全系统虚拟化，对所有资源进行统一管理、调配和监控，进而提高系统整体的灵活性并使之产生最大化的利益。云计算可以利用存储虚拟化技术来支持网络环境下多种多样的磁盘存储系统，通过将存储容量整合到一个存储资源池中，帮助 IT 系统简化存储基础架构，对信息进行生命周期管理并维护业务持续性。云计算还可以利用桌面虚拟化技术提供应用基础设施虚拟化功能来降低创建、管理和运行企业应用程序及面向服务的架构（service oriented architecture，SOA）所需的运营和能源成本，提高灵活性和敏捷性，确保业务流程完整性。虚拟化的系统管理及监控服务还能帮助云计算通过一个共同的接入点发现、监控和管理包括系统和软件在内的所有的虚拟和物理资源，并提供完全的跨企业服务管理，减少支持多种类型服务器所需管理工具的数量。

云计算运用虚拟化技术将 IT 系统的不同层面——硬件、软件、数据、网络、存储等分开，打破数据中心、服务器、存储、网络、数据和应用中的物理障碍，将大量的计算资源组成统一的 IT 资源池，以实现架构动态化、集中管理和跨系统的资源调度，从而在提高系统整体的弹性和灵活性的同时降低管理成本和风险。

（5）弹性伸缩和动态调配技术。可伸缩性，简单来说是以更大的规模完成目前的任务，如延伸一个网页应用的规模在于让更多的人使用它。云计算可以根据需求的变化，对计算资源自动地进行分配和管理，实现高度“弹性”

的缩放和优化使用，而在这个过程中，用户却不必关心具体的操作流程。云计算的规模可以动态伸缩，以满足服务和用户规模变化的需要。并且，随着用户或服务自身需求的变化，云计算也可以自动地提供相应的资源扩展或资源释放功能。同时，云计算系统还可以通过网络对松散耦合的各种应用组件进行分布式部署、组合和使用，并按不同的需求提供服务。另外，云计算系统还可以支撑在访问请求和数据处理多元化上各不相同的多种业务应用的同时运行和资源共享。

可以预见，未来用以支撑特定或综合服务的云计算系统都将是一个包含有为数较多且承担不同角色和任务节点的大型网络，云计算系统是网络中的节点，但是同类云计算系统之间可能会形成一个虚拟的、综合的系统，但是对于用户而言透明的还是一个节点。传统的方式是一个节点失效可能出现全网中断的现象，而整合了动态负载均衡及资源调配机制的云计算系统可以很好地解决大规模系统的有效管理问题，能实时侦测全网各个节点的运行状态，收集重要节点和区域网络的负荷信息。基于这些信息，系统可以动态地调整和均衡全网范围内不同区域资源的负荷。当某些节点失效或网络小面积故障时，系统会从全网中按照某种策略设定去寻找负荷较低的其他节点，把失效节点的工作内容转移过来。当故障恢复时，计算能力又将重新转移回来。这种机制使得云计算系统的问题检测和自动响应控制行为成为可能，同时它还可以降低已经存在问题的扩散并防止问题的再次发生。

（6）高效、可靠的数据传输交换和事件处理技术。保证一个大型分布式系统稳定正常运行的关键是高效、快速和准确的信息传输交换机制，就好比一个便捷通畅的物流体系在商业社会中所起的作用一样。作为云计算中心的消息和数据传输交换枢纽，一个高效、可靠的数据传输交换和事件处理系统在设计中就既不能单独采用组播协议来追求速度，也不能仅仅采用 TCP 来追求可靠性，而应该将多种协议的优势结合，有效地控制分布在网络上的众多组件之间的数据流向，即使在网络不稳定的情况下也能保证它们之间数据通道的畅通性、信息交换的可靠性和安全性。

（7）云计算系统管理技术。在很多行业，以网络应用为基础的 IT 系统已经被普遍应用，也带来很多管理问题。如何降低维护难度、维护成本、提供系统整体工作效率和可靠性，成为需要关注的新问题。一个具有自动监控、反馈、处理机制等功能的智能管理监控系统的云计算系统对提供稳定可靠的云计算服务非常重要。智能管理监控系统将结合事件驱动及协同合作机制，实现对大规模计算机集群进行自动化智能的管理。它不仅负责对所有服务器上运行的软件服务提供自动部署、自动升级、可视化管理和实时状态监控，而且还会根据环境和需求的变化或异常情况的出现，对其进行动态调控和自动迁移。这样无论是硬件还是软件，才能真正实现实时、全自动化的“即插即用”式的管理，从而使系统使用无须关心细节内容，重点关注关键问题。

（8）并行计算框架技术。网络时代带来信息爆炸，需要处理的数据也随之成倍增长，对数据处理水平的要求越来越高。通过具有大规模的服务器集群的云计算系统，加上设计完整的网格计算框架，就可以保证不同节点及单个节点不同进程间的协同工作能力，从而把分散的 IT 基础设施用结构化的方式整合在一起，实现高可靠、高性能的强大数据处理和计算分析能力。让整个云计算中心像单机一样被用来解决商业智能、经营分析、日志分析等各种需要强大计算能力的复杂 IT 问题，从而轻松高效地完成工作。

（9）多租赁和按需计费技术。云计算系统中的所有计算资源都是通用的、可共享的。云计算系统通过服务等级协议（service - level agreement，SLA）设置的手段，根据实际业务应用的特点和需求，形成面对不同用户、不同使用目的、表现形态各异的特性服务。通过监控管理机制保持对用户和资源使用情况的跟踪和记录并实时地反馈到前端的运营系统，并以此实现应用、数据和 IT 资源以服务的方式通过网络提供给用户动态使用的目的。用户仅需要按实际 IT 资源使用量为所用的服务付费。云计算系统可以将 IT 基础设施变成按需付费使用的社会公用基础设施，全面提高社会整体的信息化水平。

4.1.3 云计算技术在电力物联网的应用及展望

（1）云计算技术在电力系统售电领域的应用。未来云计算技术在电力物联网的应用将无处不在，无论是对国家电网公司下属各省电力公司各系统数据进行监控、分析、储存以及处理，还是电力系统运行涉及的发电、输电、变电、配电以及用电和售电数据的调理存储，未来都离不开云计算技术。以售电为例，售电中的应用云系统是云计算技术在售电市场行业应用的产物，是一系列售电服务的集合，可以从 SaaS、PaaS 和 IaaS 三个形式层面，构建一个从底层资源到顶层用户的售电云系统架构模型。

IaaS 层是整个售电云的基础及先决条件，提供基于主机、存储、网络和其他硬件基础设施的部署服务，服务对象为需要硬件资源的用户。为了更好地管理和分配底层硬件资源，该层引入虚拟化技术和资源管理技术实现云系统基础资源的虚拟化组织方式，包括虚拟管理、负载均衡和集群技术等。顶层用户需要 IaaS 提供服务时，需将相关的资源配置信息、售电业务数据和运行程序代码提供给 IaaS，然后 IaaS 根据用户的需求实现容量调配、并行计算、服务目录、负载均衡、容灾备份和信息安全等具体业务功能。

PaaS 层是整个售电系统的应用程序运行环境，提供基于云支撑环境、数据处理和公共组件的应用程序部署与管理服务，服务对象为程序开发者。该层在售电业务数据、文件、第三方应用以及应用中间件（包括应用服务器、电子商务系统软件）的支持下，通过云开发与云运行环境的支撑，构建了云资源管理、云运营管理和云网络管理三大子系统。云支撑环境是三大子系统正常运行以及公共组件与云管理组件能够相互协作的基础，是信息汇集和分发的总线，是服务发布和调用的桥梁。在三大子系统的基础上，PaaS 层可对售电环节中的用户档案数据进行数据整合、数据存储、数据计算、数据分析和服务等，继而实现对云计算、云安全管理和广域分级协作。另外，售电云计算系统为拓展服务范围，将常用的公共组件封装成接口式服务提供给顶层用户使用，包括身份认证、工作流、数据挖掘和事件驱动等。顶层用户在使用 PaaS 服务时，只需上传售电业务数据和运行程序代码，不必关注底层主机、存储、网络是如何管理和调度的。

SaaS 层是整个售电云的业务交互视图，提供基于互联网的应用程序服务，服务对象为售电企业和需要软件应用的用户。该层通常将企业桌面应用程序部署到云系统上，实现云应用的访问。

（2）云计算在智能电网能源监控与管理风险分析方面的应用。

1）技术风险及对策。结合现代信息技术，依托电力企业能源监控平台，专业化地分析和应用能源监测数据，为企业建立一个集能源监测、评估、诊断和治理服务于一体的能源交易平台，引导企业有效地参与负荷控制。针对海量实时数据处理可采用分级处理的方式，把量测节点的实时数据交给自主研发的智能采集设备处理，并打包成轻型数据包，按需灵活发送，解决了海量实时数据的传输与处理的要求。针对能源预测可借鉴电力系统负荷预测方法，采用神经网络方法，可建立一个自学习的模型，引入时间、天气、生产周期等各类因素，利用历史数据训练模型，再进行预测。能源测评可建立在对能源数据的收集上，采用国家能源部门和权威机构发布的能源数据，辅助于实际测量数据，用于相关行业能源测评。结合智能云的基本功能，智能电网监控系统主要包括底层数据采集层、云计算服务层、通信层及应用层四部分。智能电网系统构成如图 4－6 所示。

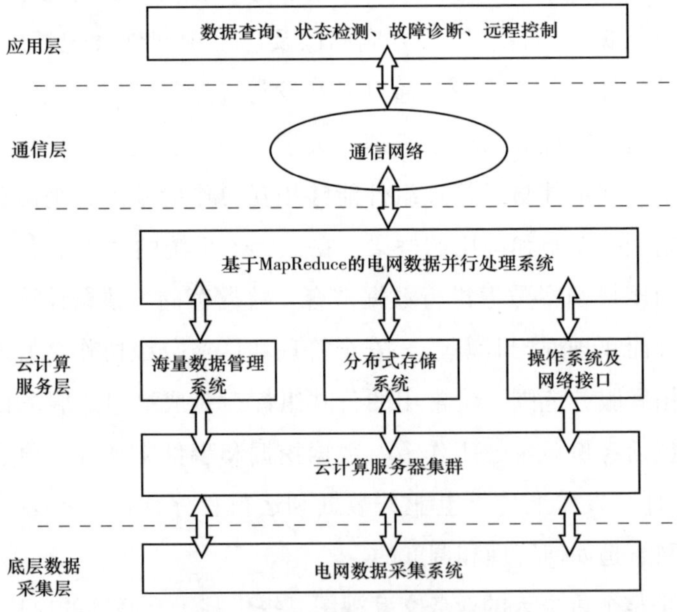

图 4－6　智能电网系统构成图

2）市场风险及对策。近年来新能源、节能环保受到社会的认可，但很多盲目进行的项目难以迅速得到回报，电力企业对有些环保节能新技术或服务感到怀疑。市场需要科学的能源信息服务，但目前市场上的能源采集系统大多限于数据的采集和简单的统计，缺少能源数据的分析和高级应用。

可建立依托电力系统数据采集与监视控制（supervisory control and data acquisition，SCADA）的能源信息服务系统，开始通过低价为电力企业提供能源信息监控设备，完成能源监控点的布置。在积累了一定客户资源之后，搭建基于物联网的多层级能源信息中心服务系统，开展统一的能源服务，减少电力企业的投入，并允许电力企业按照合同能源管理模式用节能收益为工厂和设备进行改造，推动节能项目的实施。同时通过与政府合作，进入有政府政策扶持或资金进入的行业。

3）管理风险及对策。由于数字化时代更新淘汰的速度很快，电力企业面临一些管理风险。能否根据电力行业发展状况和市场需求及时、有计划地进行电力企业产品研发，运用现代化电力企业管理手段，强化电力企业的成本控制、资源整合等各项工作，提高电力企业的管理水平显得尤为重要。在基于云计算智能电网的能源监控管理中需遵循科学的经营理念，建立现代化的人事与财务制度来保证电力企业的顺畅运营，采取以下措施降低人员流失：提供有竞争力的福利；与员工分享成果；依法维护员工权益；交叉培训员工技能；产品采用模块化和标准化设计等。

（3）在云计算系统的架构及服务方面，当前的IT基础设施和平台存在着局限性，无法满足因公司迅速发展所带来的在提升运营效益、电网安全、客户服务及拓展新业务等方面的更高需求。同时，大数据、云计算等新技术的快速发展及成功应用，为开发一套具备快速便捷的资源调度、可伸缩的计算及存储、统一的数据存储和服务等特征的云服务系统提供了必要条件。因此，在需求和技术发展的双重驱动下，未来有必要开展云计算系统及相关组件的升级部署及业务应用的迁移上云工作，提高电力物联网系统层的柔性支撑能力及运维自动化水平，推进共性能力服务化和业务云上运行。

4.2

物联管理技术

物联网是通过利用传感器、射频识别（RFID）技术、全球定位系统、红外线感应器、激光扫描器、气体感应器等各种装置与技术，实时采集任何需要监控、连接、互动的物体或过程，采集其声、光、热、电、力学、化学、生物、位置等各种需要的信息，采用各种通信手段与互联网结合形成一个能涵括各种事物的巨大物品信息网络。可以实现远程监视、自动报警、控制、诊断和维护等功能。而作为物联网的三大关键技术（管理、控制、营运）之一的物联网管理技术，不但担负着对各类传感器采集信息的整合、归纳、分析、分类工作，同时还承担着对有线+无线网络的数据传输链接管理，以及对顶层数据应用层的功能规划、调配和管理工作。

4.2.1 物联管理技术概述

物联管理系统是区域电网物联网的承载中心，实现区域能源及公共资源物联数据接入、物联数据整合、价值挖掘以及分层调配管理。物联管理技术的硬件载体是物联网管理中心，网络层将感知层获取的信息进行传递和处理，类似于人体结构中的神经中枢和大脑，它包括通信与互联网的融合网络、网络管理中心和信息处理中心等。根据目前业界物联网的基本构架，对应的物联网管理体系架构也大致被分为这三个功能实现层，底层是感知层传感器和数据的管理层，第二层是网络层数据传输的管理层，最上面则是对内容应用层的管理，具体结构如图4－7所示。

4.2.2 物联管理核心技术与实现

物联网解决方案可以被广泛应用于医疗、工业、农业和城市等多个领域，

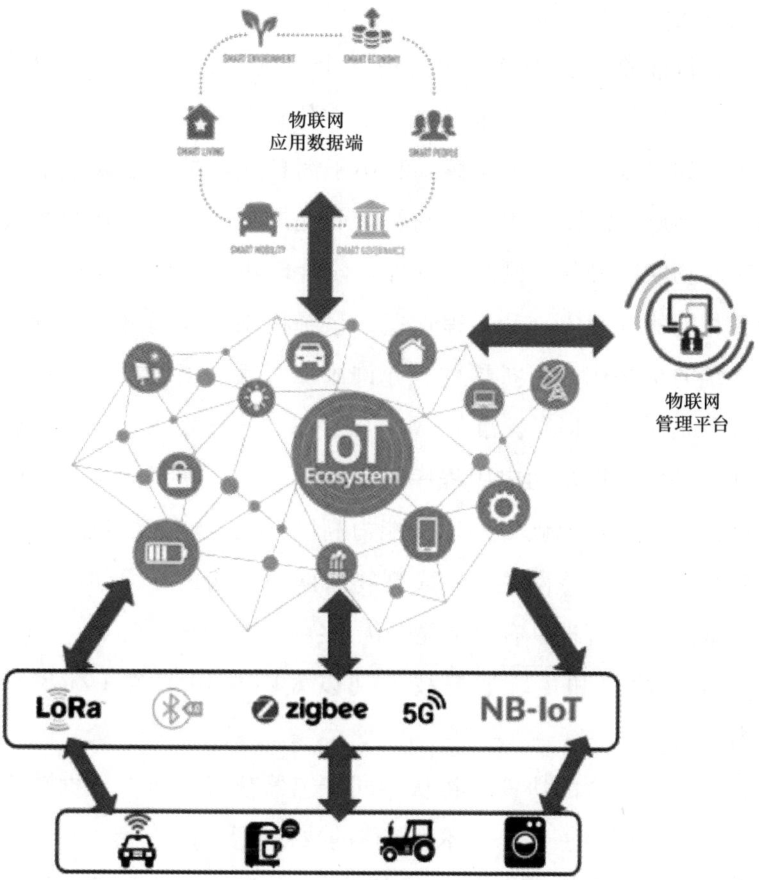

图4-7　物联管理系统

物联网网络通常不会受到设备资源的限制，有时可以部署在难以到达的地区。为了更好地利用物联网网络，高效的自动化管理成为目前急需解决的问题。为此必须研究物联网网络和设备管理的不同解决方案，明确它们的工作特点和技术挑战。因此系统操作管理技术成为物联管理的核心技术。物联网的应用涉及越来越多的互联设备的接入，这些设备的特点导致了异构性和资源受限网络的存在。为了确保这些连接设备的正常运行，必须远程访问它们，并监视它们的状态。传统的管理解决方案不能用于低功耗设备网络，因为它们存在资源限制和可伸缩性问题。因此，需要对物联网网络进行高效、自主的管理，但是物联网网络的内在约束（架构、技术、物理层）是开发物联网网络管理解决方案的难题。

实际上，目前物联管理有必要考虑几个因素，如可伸缩性、互操作性、能量效率、拓扑控制、服务质量（QoS）、容错性和安全性；关于物联网管理重要的需求，如安全性、上下文感知和用于消息交换的标准模型都没有得到深入的研究。因此，需要考虑相关问题继而提出和部署一个新的物联网管理系统，实现对物联网设备和网络的管理。该管理功能涵盖本地管理（系统运行在与设备相同的环境中）和远程管理（系统控制不同网络中的设备）两个范畴。该系统的结构应是可扩展的，允许添加新型网络设备或应用程序。此外，该管理系统还需要提供标准的Web服务，如设备发现、数据存储和用户权限，这些都是创建物联网应用程序的基本要求。物联网面临的主要挑战之一是设备、协议、技术或硬件的通信能力高度异构。专家们致力于实现一种新的智能物联网网关，该网关旨在实现物联网中异构设备之间的互连和互操作性。智能通信网关管理具有以下显著优点：

（1）使不同协议和传统通信技术（以太网）和无线（ZigBee、蓝牙、Wi－Fi）能够连接。

（2）使用一种灵活的协议，将从不同传感器获得的所有数据转换成统一的格式，对不同类型传感器有关环境获得的数据进行分析。

（3）通过使用一种轻量级和最佳协议的方式对资源有限设备提供信息环境。

（4）提供本地数据存储，供以后使用和分析。

智能物联网网关的主要要求是在设备、通信协议和数据级别实现互操作性，以便在异构设备之间建立无缝连接。其中，管理架构支持通过不同的协议、传统通信技术（以太网）和无线通信（ZigBee、Wi－Fi、蓝牙）连接异构设备，该体系通过消息队列遥测传输（message queuing telemetry transport，MQTT）代理服务器集成了事件管理器，其目的是向执行装置发出通知，以执行所定的行动；根据指定的测量规则向最终用户发出警报。此外，还集成了一个Web服务器，允许从Internet或云环境访问设备数据，这些数据以前存储在网关中内置的BBDD服务器。

智能物联网网关管理有数据转换、数据处理、协议转换和存储各种设备数据四个主要功能。智能物联网网关的功能架构如图 4 –8 所示。

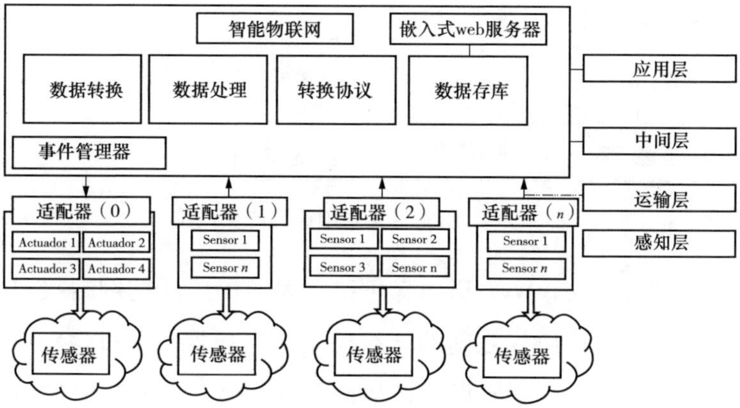

图 4 –8　智能物联网网关功能架构

（1）数据转换。智能物联网网关的第一个功能是转换和将这些数据标准化为允许交换和表示不同异构设备的标准格式。为了描述不同设备的属性，智能物联网网关使用 JSON 数据格式，之所以选择 JSON 数据格式，是因为它具有以下优势：面对其他语言中普遍代表性和 XML 作为数据交换而言最重要的是，在资源有限的设备和环境数据流很高的背景下，通过标准化数据，可以创建简单的模型来表示任何物联网设备。

（2）信息处理。网关可以通过接近终端设备（传感器和驱动器）来减少延迟时间或抖动。传感器设备生成的数据由执行机构中不同的应用程序来处理。智能物联网网关基于规则分析处理这些数据，根据预先定义的条件，决定执行机构必须执行的操作。如果从传感器获得的数据符合应用程序设置的条件，则生成事件。智能物联网网关检测事件并向执行机构发送信号，向用户发送通知外部，预先定义规则事件检测结构如图 4 –9 所示。

（3）协议转换。异构设备之间的互连和互操作性需要协议转换。各种组织，如 AllSeen 联盟、OpenIoT 联盟和 IPSO 联盟，正在致力于物联网数据协议转换的工作中，力求将环境和各种传感器 STM32 的数据转换为 JSON 数据格式。

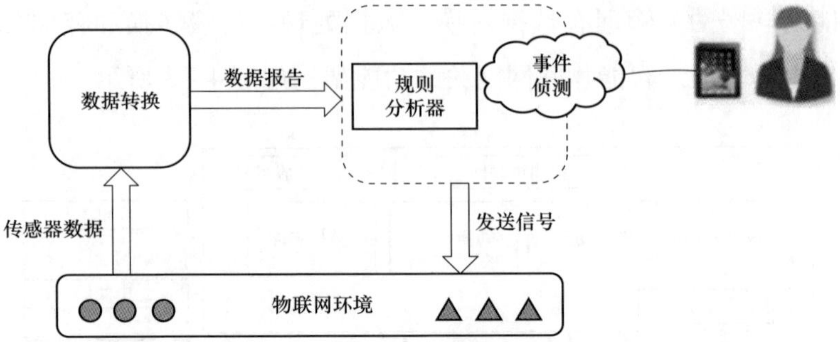

图4－9　预先定义规则事件检测结构

因为它支持ZigBee、Wi－Fi、蓝牙和以太网等广泛的网络接口，智能物联网网关作为不同通信协议之间的连接桥梁和转换器。通过这种方式，智能物联网网关总是通过为与不同设备通信而建立的接口和端口来监听新的连接请求。当智能物联网网关通过物理接口接收数据包时，解压根据目标通信协议，从源包加载有效负载并映射到包格式。此功能在数据标准化和处理之后执行，再通过网络传输到执行机构MQTT。

（4）数据存储。智能物联网网关允许将设备数据本地存储在数据库中。对于传感器设备，存储从环境中获得的值；对于执行器设备，存储其状态值。存储的数据可以通过Web应用程序获取和可视化。

4.2.3　物联管理技术在电力物联网的应用及展望

随着智能电网建设的不断深入，安全、高效、绿色、智能成为电网运营的核心理念。结合智能电网的构成和特点，物联网技术在智能电网中的应用不但能够有效提升整个电网的运行管理水平，及时发现设备病态运行的情况、降低各类接入关键设备在检修状态下的应用风险，确保整个设备的实时运行效率，而且可为人、财、物合理利用和科学管理奠定良好的基础。输变电设备物联网管理主要是以输变电设备智能化发展作为基础，依靠先进的无线射频识别技术、多媒体技术、智能传感技术等，按照电力系统的协议，借助信息化手段来对资产、电网运行情况以及输变电设备的运行状态进行动态控制和全生命周期管理。

输电线路监测系统是物联网在智能电网中的重要应用之一，特别是在输电线路的防灾减灾方面。近年来，自然灾害给高压输电设施的安全、稳定、可靠运行带来诸多影响。目前的输电线路监测业务主要是通过人工操作来实现的，存在效率低、精度低、运行周期长等问题。目前，多个输电线路监控系统已投入运行。这些系统经常使用无线3G等公共网络或其他传感器的无线通信网络进行数据传输，但是存在许多问题，如操作和维护成本高、不完整的网络覆盖、数据传输速率低、复杂的网络维护，这将限制电力输电线路监测系统的发展、阻碍输电效率的提高、制约输电线路巡检的进度。为了实现对输电线路的实时在线监测，在实验区220、500kV高压输电线路上布设导线舞动、微气象、风振、覆冰、导线温度等无线传感器。输电线路监控系统由两部分组成，一部分监测部件沿输电线安装，监测导线状态，另一部分安装在输电塔上，用于监测输电塔的环境和状态。输电线路上的物联网设备与输电塔之间的通信通常基于短程无线通信技术。

基于物联网的输电线路在线监测系统可以通过多跳中继通信网络进一步传输信息，为大跨度、长距离的输电设施提供有效的信息传输保障。根据不同的输电线路应用场景，系统网络拓扑结构可以是簇链式的，多个簇网络构成一个链网覆盖输电线路。每个传感器可以直接与附近的主干节点通信，传感器与主干节点之间的通信链路一般为单向链路；每个骨干节点最多可与256个传感器通信。骨干网节点之间的距离为几百米，骨干网节点之间的通信链路为双向链路。部分骨干节点可通过3G、TD－LTE或功率光网络接入公网。骨干节点部署在输电杆塔附近的无线传感器的数据收集和传输监测中心，合并后的信息通过移动通信网络或局域网络实现异地、灵活、方便、高速的信息传输，以及可靠、高质量的输电设施和监控中心之间的互连。输电线路在线监测系统通过信息管理系统实现实时监测、信息显示、统计分析，可以直观地显示输电设施的状态。操作人员可以根据信息管理系统的分析结果，做出决策并下达指令，以便尽早发现或排除隐患，保障输电设施的可靠运行。

4.3 数据中心技术

传统的数据中心存在着诸多问题亟待解决，如网络架构、融合性、带宽、安全性等问题，这些问题严重制约了数据中心的发展。新一代数据中心技术应能够很好地解决上述问题，能够满足用户一些新的应用需求，提高服务能力，保证服务的高可靠性、高效率，降低企业单位构建和运营数据中心的成本，实现绿色节能的目标。

4.3.1 数据中心概念与分级

（1）数据中心的定义。数据中心（data center）的定义是：数据中心是一整套复杂的设备，不仅包括计算机系统和配套设备，还包括冗余或备份电源、冗余的数据通信连接、环境控制（如空调、消防）和安全设备等设施。谷歌公司则将数据中心解释为：多功能的建筑物，能容纳多个服务器以及通信设备。这些设备被放置在一起是因为它们具有对环境相同的要求以及物理安全上的需求，并且这样放置便于维护，而并不仅仅是一些服务器的集合。

（2）数据中心的分级。因在服务质量、对象等诸多方面存在不同要求，数据中心设计目标也存在显著差异，可将其划分为多个等级。等级不同，数据中心内的设施要求也不同，级别越高要求越严格。目前根据美国标准 TIA－942《数据中心的通信基础设施标准》，可将数据中心分为 4 个级别：

T1 数据中心：基本型。本级别数据中心使用单一路由，没有冗余设计，可对数据业务的非计划性、计划性中断等予以接受。需要配备计算机的冷却、配电系统，但对发电机组等并未提出较高要求。当系统进行年度维修或检修时，系统通常会出现宕机的情况；当遭遇紧急状况时，往往会出现更高的宕机频率。并且设备操作的故障，也将引起系统中断。

T2 数据中心：组件冗余。该数据中心还是使用单一路径，增加部件的冗余。此类需提供发电机组、高架地板，且在设计设备容量方面，需要与 $N+1$ 备用需求相符，并结合单路由实现配送。若需要维护相关组件、关键的电力设备，可结合切换设备，以实现短时中断或系统不中断。

T3 数据中心：在线维护（全冗余系统）。该级别的数据中心拥有多路路径，设备是单路，可对所有系统设备计划性动作提供支撑，且不会对机房设备的服务产生任何影响，如定期维护、系统测试、维护等均属于计划性动作。一般会将冷冻水系统装设于大型数据中心，需进行环路或是双路供水。若其他路由开展测试、维护等动作时，需确保工作路由具备维持系统正常运行的相关能力以及容量。若业主预算充裕且存在商业需求时，需具备便捷的实现 T3 到 T4 机房升级的能力。

T4 数据中心：容错系统。该级别的数据中心拥有多路有源路径，具备容错能力。该级别要求支撑系统有足够的容量和能力，使其能够规避计划性动作引起的停机风险。且就容错功能来看，需要确保系统能够避免至少一次事故、非计划性故障引起的停机风险，这需要有至少两个实时有效的配送路由，$N+N$ 是典型的系统架构。针对电气系统而言，需设置互为独立的两个不间断电源（uninterruptible power system，UPS）。但根据相关规定来看，当发生火灾时，需能够强切消防电力系统。T4 机房要求所有的机房设备双路容错供电，同时应注意 T4 机房支撑设备必须与机房 IT 设备的特性相匹配。在企业发展自身业务方面，在对数据中心进行构建时，往往会对数据中心的性能、可用性等加以考虑。当前，诸多大型数据中心等在建项目，往往会选择 T3、T4 级标准。在设计下一代数据中心时，其建设的标准大多定为 T4 级。

4.3.2　数据中心核心技术与实现

（1）光纤以太网通道技术。大型的网络服务提供商使用数据中心提供统一的存储服务，而数据中心通常采用光纤通道协议（fibre channel，FC）和网络之间互连的协议（internet protocol，IP）搭建存储区域网络（storage area network，SAN），分别称为 FC－SAN 和 IP－SAN。一个大型的数据中心主要由以太网、IP - SAN 和 FC - SAN 存储网络组成的混合网络架构，需要不同的网卡适配器、交换机以及大量传输线缆，而且结构复杂不易于管理，运营成本高。以太网光纤通道协议（fibre channel over ethernet，FCoE）使 FC 协议能在以太网上传输，可以将数据和存储网络统一到以太网上，实现网络融合（network convergence，NC）。FCoE 可以和数据中心现有的以太网和 FC 存储设备无缝互通，将存储融入以太网架构，同时保证了 FC - SAN 的功能和高性能。以太网光纤通道将光纤通道帧映射并封装到以太网帧中，从而使得光纤通道存储流能在以太网上传输，加上 FCoE 交换机（支持 FCoE 帧和 FC 帧的转换，及 IP 帧）的支持，可以将以太网上 IP 数据和 FC 数据等其他数据流整合到统一网络链路，构成一个融合的网络。存储需求的多样性和爆炸式增长使得存储网络面临性能、成本、管理和功耗等各方面的挑战，以 FCoE 为代表的网络融合技术是应对这些挑战的有效方法。FCoE 为存储网络流量提供统一交换网络，网络融合能够整合和有效地利用资源、减少交换基础设施、服务器的 I/O 适配器和线缆的数量，从而大幅减少电力和冷却成本，进而降低管理和运营开支。FCoE 可以和数据中心现有的以太网 FC 基础设施无缝互通，充分利用网络融合带来的优势，延续了以太网和 FC 网络领域的架构。

（2）数据中心桥接技术。数据中心里所讲的融合技术是对硬件层、虚拟化层、控制层以及管理构件的全面融合，最终可以让整个数据中心资源做到统一控制、统一管理，DCB 就是一种数据中心网络融合技术。数据中心桥接（data center bridge，DCB）是由电气与电子工程师协会（IEEE）首先提出的标准。在融合架构中，存储、数据网络、群集 IPC 和管理流量全部共享同一个以太网基础结构。DCB 支持基于硬件的带宽分配，能支持 Internet 小型计算机系统接口（internet small computer system interface，iSCSI）、融合以太网远程直接内存访问（remote direct memory access，RDMA）或以太网光纤通道（FCoE）。DCB 技术最大的作用是实现存储网络和以太网络两张使用不同网络技术的网络融合成为一张大网。与 FCoE 类似，DCB 技术是针对传统以太网的一种增强，实现这种网络的目的是解决 FCoE 协议在以太网络中传输时保证不丢包，这种增强型的以太网叫无损以太网。因为 FCoE 技术实际上就是运行在以太网的 FC 协议，而 FC 协议是不允许丢包的，所以为了实现 FCoE 协议在以太网传输不丢包，引入了 DCB 增强以太网技术，最终实现以太网和新的存储协议 FCoE 都能在以太网络中正常运行，所以把这样的网络称为融合网络。

（3）多链接透明互联技术。在 L2 层网络上，过去普遍使用的是生成树协议（spanning tree protocol，STP）。STP 通常用于 L2 层网络设备上，可以避免链路环路的产生。但是 STP 在构建大型二层网络时往往会暴露出下面这些缺点和不足：

1）STP 通过关闭相关接口来避免环路的发生，这种措施虽然避免了二层环路的发生，但是也严重降低了设备的数据转发带宽，而数据中心对网络带宽的要求又极高，所以随着云计算和大数据业务的猛增，这种矛盾也日益突出。

2）STP 只有唯一的一棵生成树，这使得所有的报文都要经过许多不必要的周转后才能到达目的地，这样会导致网络的转发效率大幅下降，网络的拥塞程度急剧增大，严重地影响了网络的性能。

3）STP 网络中的数据报文并不携带生存时间（time to live，TTL），这极易导致网络中出现广播风暴，会严重影响网络的转发效率和数据传输速率。

4）当虚拟局域网（virtual local area network，VLAN）需要重新分配的时候，STP 协议会导致 VLAN 分隔，这种情况不管对于普通二层网络，还是大型数据中心网络都是无法接受的。

随着时代的发展，大型数据中心开始利用 FCoE 等新技术将存储传输和 IP 传输融合到以太网连接上，STP 无法满足融合网络或超大型数据中心的扩展需求，多链接透明互联技术因此应运而生。多链接透明互联（transparent interconnection of lots of links，TRILL）是互联网工程任务组（internet engineering task force，IETF）推荐的连接层（L2）网络标准。其主要目的是为克服生成树协议在规模上和拓扑重聚方面存在的不足。TRILL 技术通过在传统二层以太网中引入三层路由思想，把三层网络的稳定和二层网络的灵活、三层网络的高性能与二层网络可扩展的优点集中在一起，形成一种新的二层网络架构。TRILL 是一个基于最短路径架构路由的多跳标准以太网络协议，主要作用是整合了网桥和路由器的优点，将链路状态路由技术应用在二层，提高对单播和多播在多路径方面的支持，并降低延迟。

（4）网络架构设计技术。随着数据中心研究的不断深入以及业务的不断扩展，现有数据中心的网络拓扑在提供高带宽、低时延的网络性能及部署虚拟机方面已经显示出一定的不足，难以保证未来数据中心的发展对于网络设计高带宽、低时延、高可靠性、高灵活性、低能耗的要求。

传统的大型数据中心，网络通常是三层结构，称为分级的互联网络模型。这个模型包含了以下三层：

access layer（接入层）：接入交换机通常位于机架顶部，所以它们也被称为架顶式交换机（top of rack，ToR），它们与服务器直接物理连接。aggregation layer（汇聚层）：有时候也称为 distribution layer（汇聚层）。汇聚交换机连接 Access 交换机，同时提供一些其他的服务，例如防火墙、网络分析、入侵检测等。core layer（核心层）：核心交换机为进出数据中心的数据包提供高速的转发，为多个汇聚层提供连接性，核心交换机可以为整个网络提供一个弹性的 L3 路由网络。

一个常规的三层网络架构示意图如图 4－10 所示。

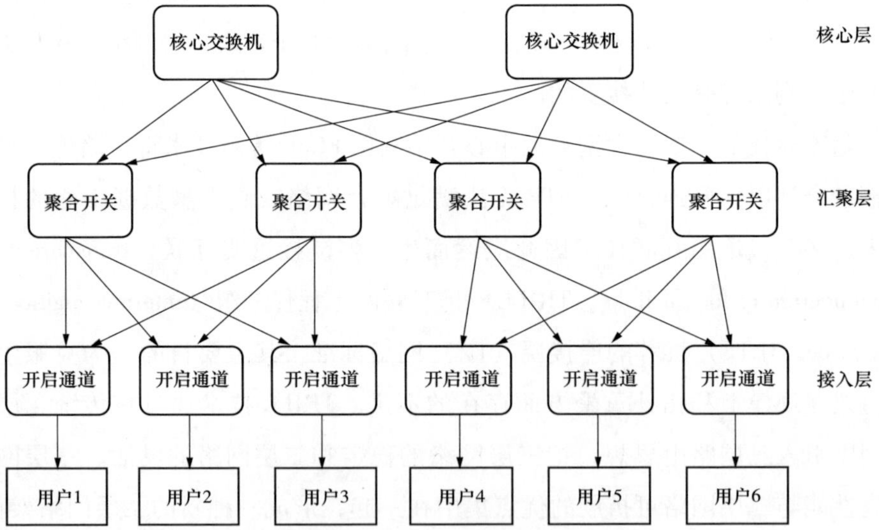

图 4－10　常规三层网络架构示意图

但该拓扑难以克服传统树形结构的固有缺陷：流量会在核心根节点处汇集，核心节点容易成为网络性能的瓶颈；如果网络存在严重过载情况，高层采用高性能、高容量的交换机只能在一定程度上缓解过载，不能从根本上解决过载和热点问题；网络的扩展能力受到极大限制，采购高性能设备将导致设备开销巨大，不利于构建大规模的数据中心。传统三层网络架构的规模取决于核心层设备的性能和规模，取决于交换机的端口密度。最大的数据中心对应着体积最大和性能最高的网络设备，这种规模的设备并非所有的网络设备商都能提供，并且对应的资金成本和运维成本也较高。采用传统三层网络架构，企业将面临成本和可扩展性的两难选择。因此，基于未来数据中心对拓扑的高带宽、低时延、高可靠性及运营开销低、管理方便等要求，近年来涌现出不少新的拓扑结构，如胖树拓扑（fat - tree）、数据中心网络架构（VL2）、DCell 结构、BCube 结构等。胖树拓扑通过在核心交换机处添加“粗”链路，解决热点问题，但扩展能力局限于核心交换机的端口数目；VL2 在解决热点问题及扩展能力上具有很好的性能，但有布线复杂的缺点；DCell 结构具有很好的扩展性能，能够保证数据中心随着业务拓展及应用动态发展的需求，但是流量分布不均匀，同时扩展粒度过大；BCube 结构是基于数据中心集装箱思想而设计的网络拓扑结构，适应于目前主流的“data center in a box”的构建思想，网络性能良好，但也存在扩展粒度过大的问题。综上所述，新的网络架构设计能在一定程度上解决传统数据中心网络拓扑的一些问题，但仍需要根据实际情况，选择合适的拓扑结构进行设计和建设。

（5）数据安全技术。在云计算数据中心的建设和维护过程中，数据的安全问题是一个不容忽视的问题。自然灾害、系统漏洞、黑客和病毒入侵，都有可能对用户的数据造成威胁。为了应对这些威胁，运营商在建设和维护数据中心时，安全问题绝对是要重点考量的问题。在设计过程中，需要充分考虑系统各个层面的安全性，消除或尽可能减少系统中的不安全因素，从而保证系统持续稳定地运行。容灾备份技术可以有效解决防止系统故障或操作失误导致的数据安全问题，容灾可以使遭遇灾害时，信息系统能正常运行，帮助企业实现业务连续性的目标，备份可以应对灾难来临时造成的数据丢失问题。在遇到云计算数据中心的数据丢失时，就可以启动备用数据进行处理，避免造成严重后果，最大限度减少云计算数据中心出现安全问题时的损失。

目前最常见的备份方式是独立冗余磁盘阵列（redundant array of independent disk，RAID）。简单地说，RAID 是把多块独立的硬盘按不同的方式组合起来形成一个硬盘组，从而提供比单个硬盘更高的存储性能和提供数据备份技术，组成磁盘阵列的不同方式称为 RAID 级别。在用户看起来，组成的磁盘组就像是一个硬盘，用户可以对它进行分区、格式化。总之，对磁盘阵列的操作与单个硬盘一模一样，但磁盘阵列的存储速度要比单个硬盘高很多，而且可以提供自动数据备份。用户数据一旦发生损坏后，利用备份信息可以使损坏数据得以恢复，从而保障用户数据的安全性。

设置隔离区（demilitarized zone，DMZ）可以有效解决安装普通防火墙后外部网络的用户不能访问内部网络服务器的问题。通过设立一个非安全系统与安全系统之间的缓冲区，DMZ 区可以有效地保护云计算数据中心，给云计算数据中心加上一层保护层，避免出现安全问题。其通过在边界上建立网络监控来隔离内部和外部不安全的网络威胁，阻拦不安全外网的入侵，还可以对访问计算机的信息进行扫描处理。对一些错误或者识别不出的信息进行审查，过滤掉可能给云计算数据中心威胁的信息，保证云计算数据中心的安全。

为了保护云计算数据中心的安全，还可以利用方向代理技术，以代理服务器来接受互联网上的连接请求，然后将请求转发给内部网络上的服务器，并将从服务器上得到的结果返回给互联网上请求连接的客户端，如果内容服务器具有必须保证安全的敏感信息，可在防火墙外部设置一个代理服务器作为内容服务器的替身。当外部客户机尝试访问内容服务器时，会将其送到代理服务器。实际内容位于内容服务器上，在防火墙内部受到安全保护。

（6）绿色节能技术。传统运营商数据中心运行能耗及制冷能耗开销巨大，给运营商带来很大的经济负担，也不利于资源节约及环境保护，因此降低能耗也成为设计建设新一代数据中心的一个重要目标。在建设数据中心的地点选择上，大多数企业会考虑环境温度较低的地点，从而利用当地适宜的气候用新鲜空气进行冷却。供电方面，对新一代数据中心的供电可以采用风能、太阳能等清洁可再生能源，减少碳排放，应对全球气候变暖问题。同时，可以选择一些功耗较低，具有节能设计的硬件设施，也能有效降低能耗。

4.3.3　数据中心技术在电力物联网的应用与展望

电力使用效率（power usage effectiveness，PUE）是衡量数据中心能源效率的最基本和最有效的指标之一。其计算方法是以数据中心设施所消耗的总功率除以 IT 设备所消耗的功率，所得到的功率之比就定义为电力使用效率，即为 PUE 值。众所周知，这些年对于数据中心 PUE 的要求越来越严，从 1.5 到 1.4，再到 1.3。PUE 值为 1，即为数据中心效率的最佳水平。在实际应用中，PUE 值为 1，意味着所有进入数据中心的电源均被用于 IT 设备。上述值超过 1 则表示数据中心需要额外电力开销以支持 IT 负荷。随着北京、上海、广州等一线城市新政的不断出台，一方面折射出了这些城市对数据中心的高能耗已经到了容忍极限，另一方面也间接为周边地区催生了新的经济增长点，甚至可能会在不久的将来深刻改变产业格局。经济的发展是必然的，资源条件的约束也是现实的，理性分析未来数据中心的建设趋势，改变传统与固有的思路，是解决问题的途径。

（1）数据中心由集中式向分散式布置的趋势。随着计算机系统规模变得越来越大，将所有业务单元集中部署在一个或者若干个大型机上的体系结构物，已经越来越不能满足当今计算机系统，尤其是大型互联网系统的快速发展，各种灵活多变的系统架构模型层出不穷。同时，随着微型计算机的出现，越来越多廉价的 PC 机成为各大 IT 企业架构的首选，分布式的处理方式越来越受到业界的青睐，计算机系统正在经历一场前所未有的从集中式到分布式架构的变革。分布式数据中心是指多个数据中心，处于不同的地理位置，然后可以实现统一管理，无视地理位置的间隔。

目前国内运营超过 5 年的数据中心，PUE 基本上都在 2.0 以上。有些新建的数据中心，能够达到 1.5 或者 1.3，但是有些可能受能耗制约含有水分。大型数据中心的供电容量申请及运营监管会越来越严格，数据中心化整为零，在物理上分散布置，适应当前数据业务发展的主流趋势毋庸置疑。

（2）数据中心由交流向直流过渡的趋势。随着数据中心能耗问题的凸显，现行的交流供电方式会使今后的耗电量剧增，越来越多的人开始转而投向直流和高压直流的供电方式。在数据中心到底应该采用交流还是直流供电一直备受争议，实际的数据中心也是两种供电方式都存在，一般的高端设备也都支持两种方式供电，在传统的运营商网络有不少需要 -48V 直流供电的设备，这样就需要将交流电转换为直流电，转换的过程仍然必不可少。有些数据中心最开始就是以直流电供应型设备发展建立起来的，这样整体设备供电只需要从电网做一次转换，效率将变得很高。

高压直流供电既能减少电能损耗，又克服了交流供电的谐波污染，增加了输电过程的抗干扰能力，解决了直流供电还是交流供电的争论。随着数据中心能耗压力越来越大，必将进一步推动高压直流的普及。

（3）数据中心及配套供电的建设采用模块化建设的趋势。模块化数据中心渐成趋势，设备厂商必须整合。这个整合分为数据中心的机柜及底层构架上的模块化、建筑构架及其附属机电设备的模块化、供电方式及产品的模块化。一线城市对于数据中心 PUE 的要求越来越严格。要想符合要求，首先就得规划并优化好建设方式，采用微模块或者说密闭通道 + 近端制冷的方式来建设数据中心就是从底层架构上降低 PUE 的举措，这对于行业的引导也会产生重要的影响。借鉴国内近年推行的装配式建筑的理念，对机房的建设采用组合装配式结构，采用工厂化生产，机械化施工，尽量减少现场的湿作业，有利于科学管理和文明施工，加快建设速度。

以中国西电集团开发的柔性直流配电系统为例，将整个数据中心供配电系统中 10kV 开关站、能量管理装置、±10kV 断路器、交直流低压开关及二次设备等均采用模块化预制舱式组合设备，标准化设计、工厂化加工、模块化建设。具有节省土地占用、环境友好、布置灵活等特点。

（4）“三站合一”新模式是电力物联网的一种典型应用场景。电力物联网将与有关行业和专业共同构成能源流、业务流、数据流“三流合一”的综合能源互联网。电力物联网的建设必将催生出以电能为核心的更广泛的能源互联、以新型能源服务为核心的业务重构，以及以合作共赢为理念的能源产销新生态。《国家电网有限公司关于新时代改革“再出发”加快建设世界一流能源互联网企业的意见》中提出：研究探索利用变电站资源建设运营充换电（储能）站和数据中心站的新模式。“三站合一”作为建设电力物联网的重要方向之一，利用变电站资源整合充换电（储能）站和数据中心站的“三站合一”新模式是电力物联网的一种典型应用场景，这种模式下，数据中心站距离电源近，储能系统灵活、可控地为数据中心提供持续、可靠的后备电源。以能量路由器为枢纽的柔性直流输配电系统可作为三站间的连接器，高效地连接变电站、储能站、数据中心站，实现由清洁能源至直流负荷的高效传输，网荷储协同供电。

（5）柔性直流配电是未来数据中心建设的发展方向。国家电网公司为打造具备枢纽型、系统型、共享型特征的现代企业，并充分应用移动互联、人工智能等现代信息技术和先进通信技术，实现电力系统各个环节万物互联、人机交互，打造状态全面感知、信息高效处理、应用便捷灵活的电力物联网。

柔性直流输配电技术是一种基于电压源型换流器的新型直流输电技术，其具有有功、无功独立控制能力，容易实现潮流反转，响应速度快的优点。柔性直流输配电系统直接用直流电压对负载供电，以上问题迎刃而解，同时也解决了分布式电源、储能系统和多元化交直流负荷的高效稳定接入，使配电网从静态运行结构转变为灵活的、可主动运行的智能结构，从而为数据中心提供稳定的、高质量的电能，提高可再生能源消纳能力。此外，由于没有交流电源振幅、频率、相位等同步要求，并机扩容也更为简单。

传统的数据中心供能主要依靠双总线不间断电源（uninterruptible power system，UPS）供电系统，备用电池要经过 UPS 设备中最薄弱环节——逆变器才能向负载供电，使得 UPS 系统必须两次变换能源，负载和 UPS 本身两个谐波源使系统过于复杂和臃肿、效率低下、可靠性不高。

数据中心站依托柔性直流配电智能调配电能，实现精细化能源的合理利用。同时，柔性直流配电系统作为“能源流”的物理载体，为边缘化的分散式数据中心站提供一种新型、高效的动力保障，减少电能变换能量损耗，提高用能效率。

4.4 企业中台技术

在基于整合企业内资源的基础上，企业中台是一种为企业提供敏捷研发和运营业务支撑，通过融合与其上下产业链的数据、技术、工具、业务等而构成的统一接口的服务系统。支撑企业中台正常运营的技术称为企业中台技术，该技术的主要核心是整合或融合数据的数据中台技术和统一的数据接口服务技术。

4.4.1 企业中台定义与简介

（1）中台的定义。企业中台概念产生之前，对于信息系统，主要分为前台和后台两个维度。其中，前台是通过各种前台系统构成的前端系统。前台系统即企业与最终用户的触点，企业的最终用户通过前台系统进行交互。如直接使用的门户、微信公众号、手机 App 等。后台是通过后台系统构成的后端系统。后台系统通常用于企业核心资源（计算 + 数据）的管理，如 HR 系统、客户管理系统、进销存系统等。前台和后台可以比作两个不同转速的齿轮。因为前台要对前端客户的需求做到快速响应，所以需要具备快速迭代创新的能力，并且转速越快越好；而后台需要相对稳定的后端资源，过往的系统常常是陈旧复杂的，又要满足法律法规审计等相关要求，所以稳定是最主要的，转速往往也是越慢越好。因此，随着企业不断发展壮大、业务要求越来越高，这种前后台模式的“齿轮”速率匹配不平衡的问题就逐步凸显出来。

企业中台的出现，是在数字化经济的形势下，适用于企业发展的一种新型 IT 治理方法论，通过将企业信息系统进行前、中、后台的分层，将前端的轻量化场景应用及后端专业的独立业务领域信息系统进行有效连接、整合和重组，并以完善的协同机制，很好地适配数字化时代的管理模式、企业文化和生态环境。经过30年的信息化建设，制造业积累了无数的企业管理信息系统，如企业资源计划（enterprise resource planning，ERP）、制造执行系统（manufacturing execution system，MES）、产品生命周期管理（product lifecycle management，PLM）、供应商关系管理（supplier relationship management，SRM）和客户关系管理（customer relationship management，CRM）等。所有这些信息系统都是以流程驱动为核心，解决企业各类管理效率问题。经过多年的开发和建设，这些系统变得臃肿不堪，总结起来就是又慢又贵，企业信息系统前、中、后台结构示意图如图4－11所示。

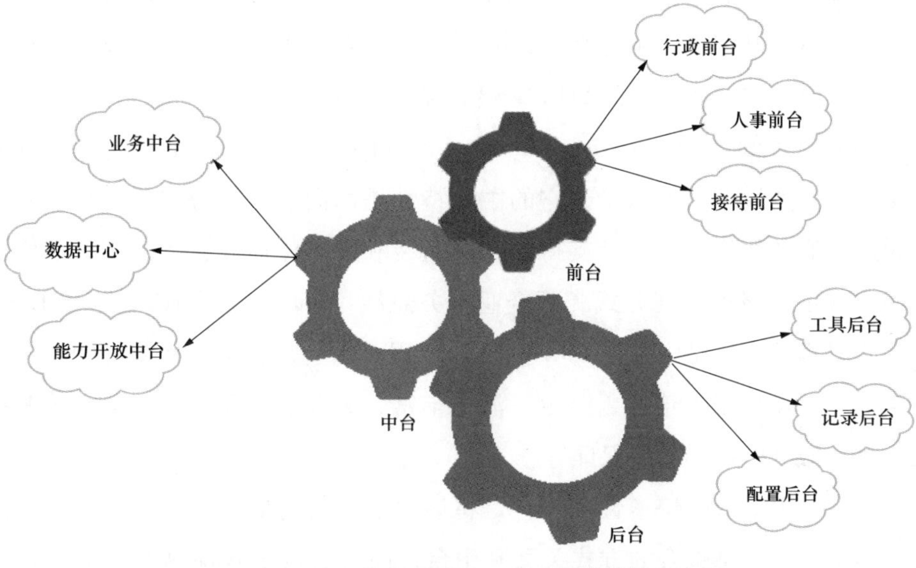

图4－11　企业信息系统前、中、后台结构示意图

随着科学技术的发展，企业面临的不确定性越来越高，产品复杂性逐步增加，生产过程的复杂性逐步增强，客户定制化需求逐步增多，供应链协同复杂性逐步增高。企业的竞争本质上演变为优化资源配置效率的竞争，或者理解为以数据服务业务化来响应瞬息万变的市场变化。前台应运而生，如图4－12中的小齿轮，专注于小而美，快速创新迭代，快速响应用户需求。内部用户要访问多个系统才能获取诸如产品图纸、供应商信息、库存等数据，导致其无法快速变化和直接被使用，以支持前台快速的创新需求。管理层也难

以依据营销、研发、制造和服务等各系统间大数据整合进行实时分析和决策洞察。

而这两个不同速度齿轮的驱动就需要一个耦合的齿轮：中台。它可以快速聚合后台的数据与能力，通过系统的快速开发、分析和服务编排等能力，为前台提供更多的创新和试错功能。例如，采购给供应商下发一张图纸这个场景。采购就得先学会在 PLM 系统中搜索一张图纸，同时要学会在 ERP 系统中查看图纸对应原材料的库存情况，甚至要学会使用 SRM 系统看一下供应商给的采购价格。简单的一个场景，由于后台系统的复杂性，以及部门的局限性，导致数据无法形成及时性和协同性，无法真正做到以用户为中心。

（2）企业中台与面向服务的结构的区别。企业中台和以往企业在架构信息化系统过程中经常提到的 SOA/ESB 区别主要在于：

面向服务的结构（service - oriented architecture，SOA）更多的是一种软件架构设计的模型和方法论，它的主要特性是面向服务的分布式计算、服务的重用、服务间松散耦合、支持服务的封装和服务注册和自动发现，以服务契约方式定义服务交互方式。而企业服务总线（enterprise service bus，ESB）则更容易理解，它是中心化 SOA 的具体实现，主要是解决异构系统间整合的常见问题，比如服务连通、路由、消息丰富、服务的注册/查找/发布等服务的管理、服务监控和质量保证等。

中台是因前台的快速性而生，是将后台系统中需要被前台调用的业务能力、数据通过模型聚合的方式关联到中台，同时通过 Service API 的方式供前台快速调用，以响应前台的快速创新与变化，为前台提供更强大的技术支援。

SOA/ESB 与中台相比主要面向系统集成，项目实施平均成本高，牵涉大量的协同开发，无数据分析能力，面临性能和扩展性的风险。无论从成本还是效率的角度，都体现了传统项目建设方式带来的业务迭代能力不足。所以中台与 SOA 和 ESB 并不相同，虽然在理念上和 SOA 一脉相承，但从技术角度来看，也可以作为 SOA 中开发集成模式的一种演化变形，但中台显然是从更高的战略角度进行考虑。

（3）国家电网公司实施中台战略的必要性。从“十一五”开始，国家电网公司围绕企业管理/电网运营、营销服务等业务领域，开发了各层级的应用。经过 SG189 和 SG－ERP 等系统性工程后，国家电网公司信息化水平快速提升，仅省公司层面现有统推系统和自建系统就超过 100 个。这些系统的 IT 架构主要为“烟囱式”。这种情况不止在国家电网公司，我国大部分企业过去的 IT 系统架构都是这样的方式。首先业务部门或单位提出业务需求，主管科技信息的相关部门进行立项。其中，对于自身有开发能力的企业，可以自行组织开发实施；不具备条件的，选择外部 IT 公司开发集成。然后经过需求调研、分析设计、开发、实施、测试、试运行的项目周期。可以说，每个新系统的上线都意味着一座“新烟囱”的矗立，这样的信息化架构体系和建设方式导致了很多企业内部系统“烟囱”林立，形成了资源“孤岛”和信息“孤岛”，带来了很多弊端。

此外，国家电网公司的对外业务，包括放开的售电侧、综合能源服务、金融产业板块等，都需要面对市场的洗礼，适应激烈的竞争格局。这种状况与 IT 行业不确定的市场环境非常类似，原有的烟囱式架构体系是无法应对的，所以实施中台化战略是国家电网公司为实现改革发展的必要举措。

4.4.2　企业中台建设指导思路及总体方案

企业中台的建设主要包括业务中台、数据中台和能力中台建设，以及针对企业中台配套建设的基础设施、运维监控、研发管理体系，原有应用系统将适配企业中台进行相应改造，数据中台基于大数据平台开展运营数据在智慧化方面的应用。企业中台的总体架构示意如图 4－12 所示。

（1）业务中台。业务中台的主要组成部分。业务中台主要包括提供基础服务的各组件及业务共享中心。基础服务的组件包括负载均衡、分布式消息、分布式缓存、分布式服务框架、容器服务等。业务共享中心是根据企业自身的业务需求，形成满足灵活业务流程定制要求的业务共享中心。共享中心采用微服务框架开发，同时每个共享中心都有独立的数据库，为业务系统提供可复用的共享服务。

业务中台的优势与作用。业务中台的建设将把现有烟囱式 IT 系统的能力

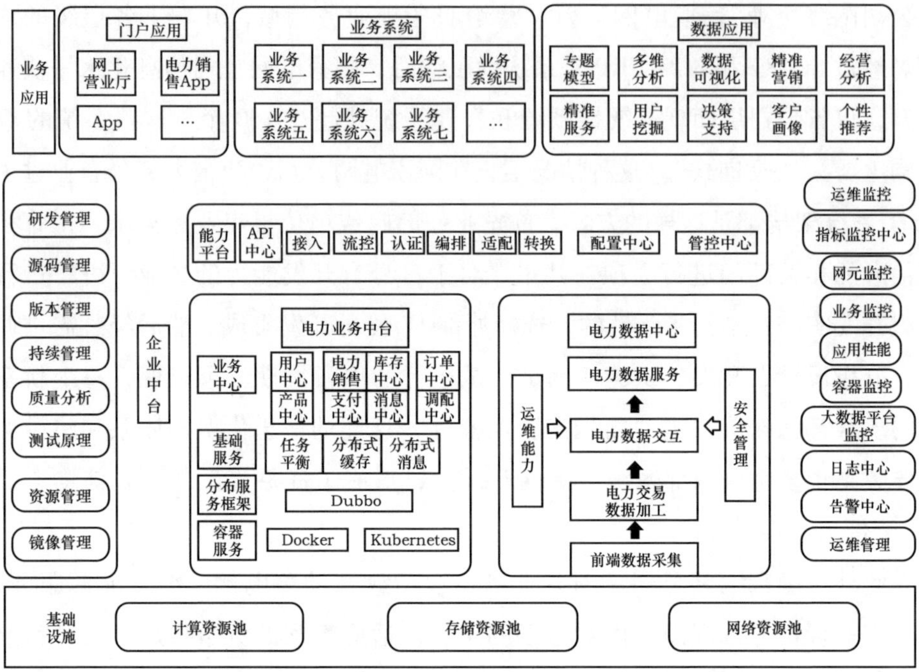

图4－12　企业中台总体架构示意图

打散、拆分、整合到各共享业务中心，通过共享服务体系建设，将能力服务化、原子化，形成统一的业务中台，同时简化应用系统，减少重复建设现象，赋予业务快速创新能力，降低业务试错成本。

（2）数据中台。全业务统一数据中心涵盖两方面内容，一方面是数据中心建设需要基础设施资源池，通过采用云计算、虚拟化等技术手段，将传统的软硬件架构转变为可资源共享、统一管理、按需分配、动态调度的统一软硬件资源环境。因此需要在不同的地域规划建设数据中心，为上层业务提供物理基础。另一方面指的是全业务统一的数据库，主要包括全域核心业务数据模型设计、数据整合实施、综合应用示范和数据资源管理等内容。这部分在整个数据中台建设中难度最大、工作量最大。需要改变以前烟囱式系统的数据库架构，牵涉的数据需要重新进行定义，海量的数据需要针对数据格式、数据库分库分表、清洗方式等进行重新确定和调整。

数据中台具体的架构基于 Hadoop 体系的大数据平台进行建设，提供数据采集、数据加工、数据集市、数据服务能力。主要包括：①基础能力域。集约管理大数据平台内的计算能力，为各类应用按需提供资源，并提供相关通用组件。②电力物联数据交换域。采用开源流处理平台（Kafka）、Java 数据库连接（Java database connectivity，Jdbc）、文件传输协议（file transfer protocol，Ftp）、数据相互转移的工具（Sqoop）等技术，实现从各数据源安全、完整、高效、及时的数据汇集过程。③电力物联数据加工域。采用 MapReduce 和实时处理系统 Storm 等技术，完成从原始数据的清洗、转换、融合到生成主题库的过程。④电力数据集市域。采用 Greenplum 数据库监控管理和分布式 MySQL 数据库存放业务专题数据以及相关的资源编目供使用。⑤安全管理域。实现电力物联网大数据平台内全域的企业数据安全监控与管理，包括电力数据脱敏、电力数据加密、电力数字水印、电力权限管理、接入管理、电力数据校验、租户管理、操作控制等。数据中台的优势与作用具体表现在：基于现有电力大数据平台建设企业数据中台，实现数据汇聚和集中管理、整合分析，形成电力数据交易市场（业务宽表、标签库、指标库）及对外数据服务能力，实现企业数据和应用共享，同时简化流程、降低门槛、提升敏捷开发效率，做到大数据人人可用、处处可见。同时，数据中台要建立数据分析模型，使用高级数据分析、挖掘技术，实现数据价值挖掘，改善电力能源用户体验、优化业务运营，实现大数据分析与应用的闭环，支撑大数据的精准营销、精准服务等数据智慧化营销应用。

（3）能力开放中台。能力开放中台是对业务能力层各业务中心的服务能力进行管理，并向业务应用层提供服务能力的平台。通过引入能力开放层，对内实现业务解耦、服务集成，对外提供标准服务能力。能力开放中台是将业务中台和数据中台提供的服务能力进行统一管理和提供，实现对内部能力的统一注册、统一管理，同时对外部合作伙伴的访问进行统一的注册、管理。从传统的数据开放形态，向服务、应用和知识形态的开放，通过统一的技术架构、统一的协议标准、统一的运营标准，降低研发成本、降低交互门槛、提升运营质量。

4.4.3 企业中台技术在电力物联网的应用与展望

中台战略是一项包含企业组织架构、业务架构和技术架构的整体性战略。国家电网公司作为“世界五百强”中排名第二的超大型央企，管理资产超过万亿，员工数超过百万。人财物高度集约化，规划、建设、运行、检修、营销等业务也都垂直一体化管理，无法像互联网企业直接调整组织架构、迭代式地实施中台战略。因此，先从体量相对较轻、技术基础较好、文化氛围与IT企业相近的信息化部门和单位进行探索尝试，优先建设数据中台，是最稳妥的落地路径。所以，未来国家电网公司将以信息化部门和单位为班底，以数据中台为转型切入，助力电力物联网建设。企业中台建设的目的是解决目前系统内前台、后台协作不力的问题。典型的应用场景如电力系统资源调配、电力企业业务融合以及电网客户背景描绘等。

（1）电力系统资源调配即通过从后台数据库中调取的国家电网固定资产、设备库存、资金预存和技术储备，分析目前各省公司资源配比情况，评估各个运营单位的经营情况，根据各单位所提出的业务需求，从全局考虑，合理调配下属各省公司的现有资源，继而实现优势互补和有限资源的合理利用。

（2）电力企业业务融合即将国家电网公司、南方电网公司、五大发电集团（中国华能集团公司、中国大唐集团公司、中国华电集团公司、中国国电集团公司、中国电力投资集团公司）和电力上下游产业的相关业务进行互补性融合，基于后台超强云计算和海量数据存储，将发电企业的发电量与电网公司输、售电能力进行动态分析评估，提出最佳业务合作模式，减少中间环节的不必要消耗；省略中间商和繁杂的招投标程序，直接通过调取电力上下游企业信息，使供需双方直接对接，实现精准供货和点对点服务，使我国电力行业形成合理的、相辅相成的产业链条。

（3）电网客户背景描绘即通过分析用电侧客户日常用电数据，结合客户业务（或消费活动需求），对客户进行精确分类；通过银行调用企业信息，进行客户信用等级评价，根据用电习惯完成客户背景信息整合，继而达到回馈综合能源服务、互联网金融、大数据征信等业务，促使业务灵活适应市场需求的同时，管控可能产生的风险。以客户服务和电网资源作为突破口开展企业中台顶层设计与试点验证，以利于统筹客户资源，更完整、准确、及时地维护电网资源信息。

第 5 章

电力物联网面向应用的关键技术

能源互联的电力物联网的用户接口，通过分析处理后的数据为用户提供丰富的特定服务。通过对信息进行处理和决策，再发送信息到控制设备终端。能源互联的电力物联网的应用可以是以网站的形式存在，也包括 App、公众号、小程序等方式，只要涉及人机互动的都可以归入应用的范围。

本章主要针对能源互联的电力物联网的面向应用涉及的关键技术和相关应用进行论述。从能源互联的电力物联网的业务出发介绍了对内业务、对外业务涉及的数据驱动、信息融合技术以及移动应用技术；针对智能电网的建设及发展，介绍了支撑智能电网的智能技术、可视化技术以及虚拟电厂技术；针对能源互联网的特点，介绍了支撑能源互联网的综合能源互联技术、能源互联智能协同技术以及信息—物理融合技术。同时，给出典型应用实现方式、方法，并对技术展望进行了简单讨论。

5.1 面向业务的数据分析与信息融合技术

在能源互联的电力物联网时代，信息和通信技术与驱动设备的融合已到达世界的各个角落。在关键基础设施——电网中，这种信息物理转换已经渗透到所有系统层面。这包括关键的操作组件（如发电机）和先进的传感器、以消费为中心的设备（如智能仪表、电动汽车和智能电器的监控、测量单元以及可编程控制器等）。这些扩展的信息物理功能开辟了新的信号处理机会，可以利用这些机会使得驱动设备能够自适应和协同地获取数据、进行分析并响应系统和环境变化，以更好地保证电网安全、稳定运行。

在现代智能电网中，正在进行信息物理融合——开发由计算和物理组件组成的交互网络。绝大多数家用电器和电网管理实体，如断路器、继电器、变压器和逆变器，都是智能的。也就是说，他们有能力通过信号处理进行决策。除了这些驱动设备，许多监控设备，如智能电能表单元，都在以高度细粒度的方式记录电网的状态，从而为高级数据分析提供了机会。目前，这些监测和控制系统构成了智能电网。以信息为中心的网络化电网提高了态势感知能力，使活动节点的智能信息物理信号处理响应能够适应并有效地响应系统的变化。

能源互联的电力物联网中的业务将基于大数据处理技术提升现有业务处理水平、改善业务处理效能、开辟新业务。其中涉及数据驱动下的业务（流程）建模、涉及数据信息的融合处理。此外，移动应用作为一种特殊的数据收集及信息处理平台及实现方式，具有独特的特点，需对其典型应用场景及应用模式进行论述。

5.1.1　数据驱动的业务建模

“业务”的定义是指个体或某个机构在一定时间内经过一系列的活动为了完成一件事或一个目标的过程，其中，在这个过程中会伴随着信息的传递和交流；而“模型”是通过主观意识借助实体或虚拟的表现形式对现实事务的一种抽象化的表达，即模型是对现实的简化，从不同的角度可以得到不同的模型，其表达形式既可以是图形，也可以是图表或数学公式等。

在能源互联的电力物联网中以自动需求响应为例，业务建模就是对自动需求响应业务实现的一个抽象化建模过程。业务建模的主要目的是更好地深入挖掘新的业务需求，了解能够参与该业务的主体，以及各利益相关方之间的关系，重组或改变优化业务信息流程，使业务内容更加丰富、业务实施过程更加容易适应外部的市场环境。此外，通过规范的、简易的、视图化的业务建模建立的业务模型，一般是只保留了主要的本质特征而忽略了不必要的细节。这样有利于开展前期相关业务开发人员之间的交流，提高达成共识的效率。业务模型也是确定新业务是否可行与构建支撑该业务信息系统的基础。通过前期的业务建模能够清晰地掌握整个项目的实施进度，便于调整计划，保障工程质量。因此，建立设计良好的业务模型对工程项目的实施，后续项目顺利、高效开展具有不可替代的技术支撑意义。

（1）大数据背景下业务建模概述。

1）传统业务建模方法及特点。当前业务建模的主流技术是可视化建模（visual modeling）。可视化建模技术在设计、理解复杂系统的过程中发挥着重要作用，并可从方法层面分为结构化建模技术和面向对象建模技术；或从系统开发生命周期层面分为领域建模技术、需求建模技术和软件建模技术。文献指出，可视化语言对于建立软件模型越来越重要，如统一建模语言（unified modeling language，UML），特别是对于过程建模，这一点更为突出。比如，状态图被广泛用于建立相互作用的系统模型。结构化建模技术的着眼点是面向过程的。系统被分解为若干个过程，每个过程还可以继续分解，比如，计算机集成制造开放系统架构（computer integrated manufancturing - open systems architecture，CIMOSA）方法、集成计算器辅助制造方法（integrated computer - aided manufacturing definition，IDEF）、集成的信息系统体系结构（the architecture of integrated information systems，ARIS）等都属于这一类。而面向对象建模技术采用面向对象的观点，在系统设计中，初始元素是对象，随着不断的分析，将具有共同属性的对象归纳为类，然后组织类之间的层次关系，构造出系统所需的类库。在众多的业务建模方法中，典型的建模方法有 IDEF 方法、CIMOSA 方法、ARIS 体系结构，还有 Petri 网以及 UML 方法等。

2）数据驱动的业务建模。业务流程管理的生命周期主要包含流程设计、系统配置、流程执行和过程监测四个阶段。其中，流程设计和系统配置属于工作流管理，而业务流程管理则包含这四个阶段。然而，在业务流程使用和管理的过程中，传统业务流程系统也暴露出了一些存在很久的问题。现代的企业工作流管理系统主要由数据管理和业务流程管理两部分组成，数据管理一般指存在数据库中的持久层数据，业务流程管理通常描述的是业务流转过程中的行为。而通常传统的工作流流程模型，更关注业务流程管理，通常通过描述业务流程节点的迁移和流转方式来表达业务流程，对于数据的管理仅仅是通过对数据库中的数据进行读写操作实现的，缺少在业务流程流转过程中对于数据的关注。比如，一旦业务流程节点发生变化，其他节点也要相应地发生变化，以获得正确的数据。

在传统的业务流程建模中，更加看重业务的建模，然而在实际的业务流程中更多涉及的是某些关键业务中的数据，所以也有许多学者开始研究涉及数据的业务流程方法。业务流程界的著名学者范德阿尔斯特教授提出了一种基于对实例处理的建模方法，他的观点明确指出：业务流程是由数据对象进行驱动的。

过去几年，由于智能电网技术的应用，电力行业产生的数据量大幅增长，能源数据的来源广泛，涵盖了广泛的位置、类型和应用，并且数据的许多形式都是高速生成。由此形成电力系统数据的大容量（volume）、多类型（variety）、高速率（velocity）3V 特点。大容量是指电力系统产生的数据量巨大，例如：虽然一个秒级到分钟级分辨率的智能电能表可能比一个毫秒级分辨率的相量测量单元产生的数据要少得多，但是，先进的计量基础设施可能会产生来自数百万客户的大量数据。多类型是指电力系统产生的数据类型多种多样，与传统的数据系统相比，现在的数据来源更加多样化，且加入了非结构化数据（如文本、声音和视频）和半结构化的数据扩展标记语言（extensible markup language，XML）数据等。高速率是指电力系统数据生成的频率或数据传输的频率高，生成的是连续的数据流，而不是由传感器触发的事件触发的数据。

如图 5－1 所示，与传统电力系统的数据分析方法相比，大数据背景下的电力网数据分析平台、分析方法以及数据所处的位置有着本质的区别。数据驱动下的电力网数据分析中的数据是核心所在，要求在数据基础上建立平台，以实现不同的可能（但未知的）目标，而不是构建通过操作某些数据以达到某些可预见目标的系统；传统数据分析理论是建立在长期、仔细、不灵活的设计和计划之上的，然而，能源互联的电力互联网下的数据编辑必须具有高度的灵活性，以便分析人员能够快速地获取数据，进而产生经常变化的数据结构。因此，针对能源互联的电力物联网中的业务建模应充分考虑大数据的特点。

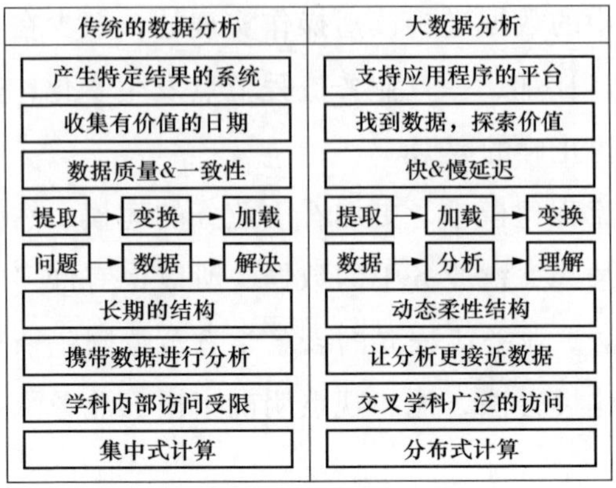

图5－1　传统数据分析与大数据分析方法对比

（2）面向在线应用的数据驱动业务建模。

1）大数据在线应用的业务特点。能源互联的电力物联网背景下，为了保证智能电网和能源互联网的正常稳定运行，需要在线完成相关业务。在业务建模环节，这需要考虑数据处理环节的时间延迟、考虑驱动业务应用的调控时效性。进而，这直接决定了面向在线应用的业务建模特点：简化建模考虑的影响因素、采用快速解算方法等。

2）典型业务建模。在能源互联的电力物联网背景下，电力大数据应用领域扩展到电力系统的稳态运行调控环节。以基于数据驱动的无模型电压—无功控制（voltage－var control，VVC）为例，无模型VVC的总体方案如图5－2所示。与现有的无功功率调控方法不同，该VVC既不依赖于基于模型的计算机仿真，也不受限于馈线内开关电容和稳压器运行的直觉/经验驱动规则。一个高级量测体系（advanced metering infrastructure，AMI）的智能电能表为本程序提供了主要数据。每个智能电能表提供每个用户消耗或产生的电量。该方案还收集了变电站电能表测量的馈线总功率。假设所有的AMI数据都是实时传输给VVC控制器的，因此，系统总功率损耗的实时值可以由VVC得到；系统的电压矢量也可以是由智能电能表采集的电压读数数据得出。控制策略中，电容和电压控制系统的控制是在单独的模块中实现的，电容控制器利用基于测量数据的估计来决定最优的开关命令。基于数据驱动的无模型电压—无功功率控制策略尽管具有无模型的特点，但通过对测量数据进行统计估计，仍然可以给出最优的性能。这为新兴的测量和通信技术在现代电网的运行中提供了一种新的应用。

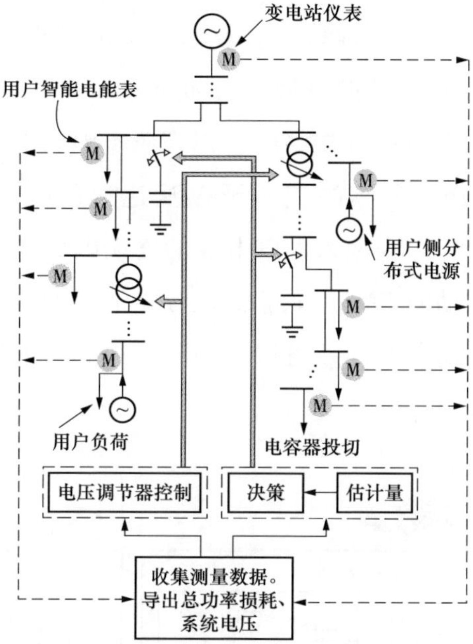

图5－2　无模型VVC的总体方案

（3）面向离线应用的数据驱动业务建模。

1）离线应用的业务特点。在能源互联的电力物联网背景下，离线应用的业务主要不受时间的严格限制。因此，不管是在数据处理环节，还是数据驱动环节以业务应用的期望都将与面向在线应用的不同。与后者的时效性要求高的特点相比，离线的业务应用更加注重数据驱动对业务应用的改善及提升。

2）典型业务建模。电池及其管理系统（battery management system，BMS）是电动汽车的重要组成部分，并且对电动汽车的效率和安全性有很大的影响。现有的问题研究多基于电路和电化学等原理进行建模。然而，基于传统的模型不能适应电池寿命和环境的变化，影响电池管理系统的正常运行。因此，为了提高电池管理系统的安全性和稳定性，一种能够在全生命周期和多变量环境下稳定工作的电池模型显得尤为重要。神经网络算法、支持向量机等方法在电池建模中得到了广泛的应用；并且在能源互联的电力物联网的大数据背景下需要基于机器学习算法的数据清洗方法，以提高数据的质量，基于深度学习算法建立数据驱动电池模型。数据驱动的锂电池建模原理框架如图5－3所示。其中，使用支持向量回归（support vector regression，SVR）算法来填充缺失的数据（电流或终端电压）以完善电池状态，并将数据发送回数据库以便进一步挖掘；具体的锂离子电池建模以电流、温度、荷电状态（state of charge，SoC）作为输入，以电池的终端电压为输出，并基于神经网络进行训练。数据驱动的BMS，能够保证数据清洗的效果，在端子电压缺失的情况下，填充的平均绝对误差可以得到有效控制，电池终端电压估计的绝对误差亦可以得到改善。

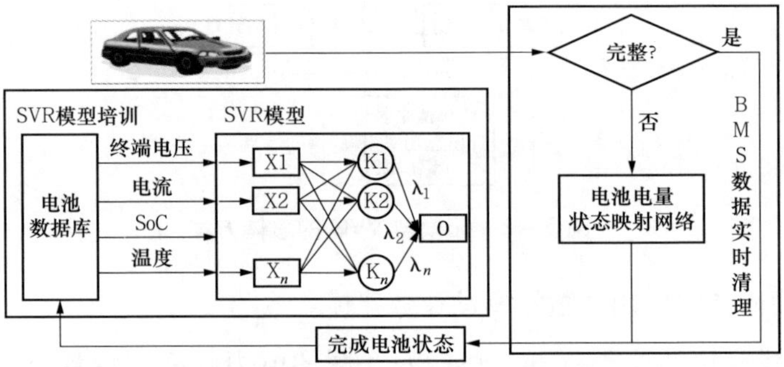

图5－3　数据驱动的锂电池建模原理框架

5.1.2　多源信息融合技术

（1）多源信息融合框架。由于能源互联的电力物联网的规模化互联互通特性，其中的数据信息具有海量性、异构性、分布式特性及实时性特点。而且，这些数据信息往往来自数量繁多的各种类感知设备，且表现形式多种多样，信息容量巨大，信息关系复杂。因此，这需要借助信息融合技术改善能源互联的电力物联网的业务应用。

信息融合的一般定义为：利用计算机的计算能力对由若干传感器采集的

具有时空特性的数据在一定规则指导下进行自动的综合处理，以实现对特定任务的全面推理和评估的处理过程。从中可以看出，信息融合的基础设施是多传感器及网络，应用对象为多传感器数据信息，过程是综合分析，目标是符合特定要求的推理和评估。即信息融合就是将通过采集获取的多源的数据信息进行综合分析，保证一定数据质量的情况下提高对推理和评估结果的可靠性，从而发现某些事物之间的联系。

多源信息融合技术主要包括数据级、特征级和决策级信息融合技术。

1）数据级信息融合技术。数据级融合主要是指在原始数据采集后的融合。该融合的特点是必须在同质信息前提下的融合，不同质信息则不能在此阶段融合。在数据级融合阶段常用的方法多为加权平均法、特征匹配法和金字塔算法等传统方法。

2）特征级信息融合技术。特征级融合主要是在对原始数据进行特征值提取后，运用基于特征值比较的融合方法。其特点是可在不同质信息范围内进行融合，但无法对融合结果进行判别并做出合理决策。在特征级融合技术阶段常使用 K－近邻算法、卡尔曼滤波算法、聚类算法等。

3）决策级信息融合技术。决策级融合是通过对不同质数据进行预处理、特征值提取和识别、分配可信度做出的最优决策，其特点为能对传感器采集的数据做出融合，并可利用融合结果进行分析和判别，形成决策建议。相比前两个融合，决策级融合是最高层次的信息融合，融合系统不仅容错性能好，而且适用领域广。常见的决策级识别方法有专家系统、Bayes 推理法和证据理论法等。

（2）信息融合技术的典型应用。以电网故障诊断中信息融合技术的应用为例，其在结构上可分为数据层、特征层和决策层 3 层融合。其中，数据层主要是对多信息源输入的原始数据进行融合处理；特征层主要是基于各种故障诊断方法来提取数据层结果的特征；决策层是基于先验知识来进行分类识别，从而得出最终的融合结果。典型的改进在于：信息融合技术是将保护动作、断路器跳闸等开关量和故障录波、WAMS 测量等电气量在决策级进行融合，达到电网故障综合诊断的目的，弥补了单一数据源信息诊断欠缺的不足，可以得出更为准确的故障诊断结果。

5.1.3 移动应用

（1）移动互联技术概述。移动互联网的定义有广义和狭义之分。广义的移动互联网是指用户可以使用手机、笔记本等移动终端通过协议接入互联网，狭义的移动互联网则是指用户使用手机终端通过无线通信的方式访问采用WAP的网站。

随着能源互联的电力物联网概念的提出，移动互联以及应用将会得到广泛普及。移动应用在电力企业有着非常广泛的应用范围、巨大的应用前景和应用价值，建立移动终端与PC基于同一展示方式的互联互通的企业移动应用平台，不但可满足整个企业各级人员随时随地的分析企业内外部需求，也可为提升电力企业的移动办公能力提供信息化支撑，从而带来企业管理模式的新变革。

与任何常见的社交网络一样，用户与联系人共享内容（如状态、图片或评论），并检查他们发布的信息。它可以应用以服务器为中心（SC）或以移动为中心（MC）的体系结构来实现，但是其行为取决于使用的体系结构。使用以服务器为中心的体系结构，用户的内容存储在集中的服务器上。因此，应用程序将用户的数据发布到服务器，并从中获取用户联系人发布的内容。相反，在以移动为中心的架构中，用户发布的信息保存在自己的移动设备上，并作为联系人的服务提供。因此，要获取新发布的信息，用户必须调用联系人提供的服务。这个社交网络的基本功能可以简化为发布新内容，以及获取联系人发布的新内容。为了模拟它们的行为并计算它们的电池和数据流量消耗，可以将它们分解为上述基本类型的子集。

（2）移动应用典型模式。在物联网背景下，移动应用的典型模式涵盖以下10大类：①参与式感知，包括移动系统鼓励用户记录和共享信息，共同创造先进的知识。②生态反馈，包括向用户提供各种环境现象或事件的反馈，或关于用户个人消费（水、电、能源等）的移动应用。③驱动与控制，与控制某些物理设备或驱动与这些设备相关的事件的移动应用程序相关。④健康，手机作为身体传感器和网络之间的媒介，它接收关于用户健康状况的信息，由安装在用户身上的各种传感器设备测量，然后将这些信息上传/共享到Web上，以便更好地进行分析、比较和反馈。⑤体育，包括物理传感器和移动应用程序的组合，用于体育活动中记录各种指标，帮助提高运动员用户的性能。⑥农业，与智能农业实践相关，以提高生产力，管理牲畜，提高消费者满意度和透明度。⑦游戏类，这类虚拟游戏考虑移动用户的实际存在或状态，以增强游戏体验。⑧交通，一个不断发展的领域，利用移动电话的传感功能来获得更好的驾驶体验和停车便利。⑨与事物的交互，这是一个更广泛的范畴，因为它涉及的工作重点是与附近环境中可用的支持Web的物理实体交互。⑩与人的社交互动，如果将物联网扩展到人类，它们将来自在线社交网站的信息与附近用户手机的信息结合起来，提供一种增强的社交体验。

电力物联网框架下，移动互联技术的典型应用可以分为三种情况：

1）面向个人用户。面向个人的移动应用技术包括消息类、自助类等。如移动金融的支付、转账，移动家居等。其中，消息应用主要作为管理信息的接收载体。该类应用一般不独立存在，大多与企业使用的企业资源计划（enterprise resource planning，ERP）、客户关系管理（customer relationship management，CRM）、供应链管理（supply chain management，SCM）等系统集成。可以及时传递企业管理各方面信息，达到提高效率、降低成本和风险的作用。如信用风险预警、收款通知、付款提醒、库存预警、审批通知、会议通知等。通常以短信形式不受终端限制。智能手机普及后，安卓和iPhone都已经支持消息推送，一定程度上已经可以替代短信。而自助应用主要面向企业员工，与企业实时互动。如薪资查询、请假、换休申请、通知公告、培训、查找联系人、员工调查等。

2）面向企业用户。面向企业用户的移动应用主要面向企业管理人员，以加速管理流程和信息实时获取为主要目的。典型应用包括业务审批、经营日报、业务分析等。

现代移动手持设备的能耗优化对降低功耗影响电池寿命和系统可靠性起

着至关重要的作用。最近的移动平台拥有越来越多的传感器和处理组件。随着耗电应用的普及，移动设备的电池寿命也是一个重要问题。但是，从各种传感器获取的大量数据的使用模式可以帮助检测不断变化的设备上下文、用户需求以及在资源方面运行的应用程序需求。当这些信息被正确使用时，就可以实现对电源旋钮的有效控制，从而降低能源消耗。例如：一种基于用户需求的移动平台能源优化框架，该框架能够识别用户上下文，了解用户习惯、偏好和需要改进的操作系统电源方案。同时，机器学习算法的应用，可以在降低功耗和用户满意度需求之间取得有效的平衡。

3）面向场景。面向场景的移动应用主要面向不固定工作场所应用场景的信息化解决方案。如销售人员、业务督导、服务工程师、市场监控、物流送货、智慧车联网等。典型应用有门店销量采集、竞争情报采集、生动化采集、物流终端、服务终端等；现场类应用弥补了管理信息系统不能覆盖的业务群体。该部分应用大多需要与定位、条码/二维码等结合。

以移动增强现实（mobile augmented reality，Mobile AR）技术为例，Mobile AR 越来越受到学术界和工业界的关注。基于硬件的移动 AR 和基于应用的移动 AR 是移动 AR 应用的两个主要平台。然而，基于硬件的移动 AR 实现成本高，缺乏灵活性，而基于应用程序的 AR 需要额外的下载和预先安装，而且对于跨平台部署也不方便。相比之下，基于 Web 的 AR（Web AR）实现可以提供一个无处不在的移动 AR 体验，给用户提供许多成功的 Web 轻量级部署跨平台服务提供平台。此外，5G 移动通信网络的出现，对移动通信的发展具有重要意义，将显著提高移动 AR 密集计算的通信效率。移动设备的进步，包括计算和显示平台，为 AR 应用的实现提供了更多的选择。终端 + 边缘 + 云协作解决方案是一种有前途、更高效、更复杂的方法，是结合移动设备、网络边缘和远程云服务器的计算和存储能力，探索更具适应性和可扩展性的协作 Web AR 实现方法。

5.2 支撑智能电网应用关键技术

智能电网融合了信息和通信技术的功能，具有良好的通信功能。电网各点之间的通信使得考虑电力系统中各参与者的行为，特别是用户侧的需求响应成为可能。智能电网的目标是在任何时候都确保供求平衡，提高响应能力和可靠性，优化网络运行。电力系统从一个线性运作的链传递到一个所有参与者都相互作用的系统。智能电网架构包括三个层次：第一个层次用于通过传统的基础设施（线路、变压器等）输送电力；第二层是基于不同通信媒体和技术（光纤、GPRS、PLC 等）的通信架构，用于从安装在电网上的传感器采集数据；第三个层次包括应用程序和服务，如远程故障排除系统或使用实时信息的自动需求响应程序。

5.2.1 能源互联的智能技术

智能电网贯穿发电、输电、配电、用电、调度和通信全过程，智能电网研究的 4 大目标是：实现电网安全稳定运行，使分布式电源得到有效的利用，提高电网资产的利用率，提高用户用电的效率、可靠性和电能质量。在技术上智能电网通过高级量测体系（AMI）、高级配电运行（ADO）、高级输电运行（ATO）和高级资产管理（AAM）之间的密切配合实现上述目标。智能电网中的智能技术如图 5－4 所示。

（1）智能发电技术框架。智能发电以发电过程的数字化、自动化、信息化、标准化为基础，以管控一体化、大数据、云计算、物联网为平台，集成智能传感与执行、智能控制与优化、智能管理与决策等技术，形成一种具备自学习、自适应、自趋优、自恢复、自组织的智能发电运行控制管理模式，实现更加安全、高效、清洁、低碳、灵活的生产目标。从数据应用的角度考

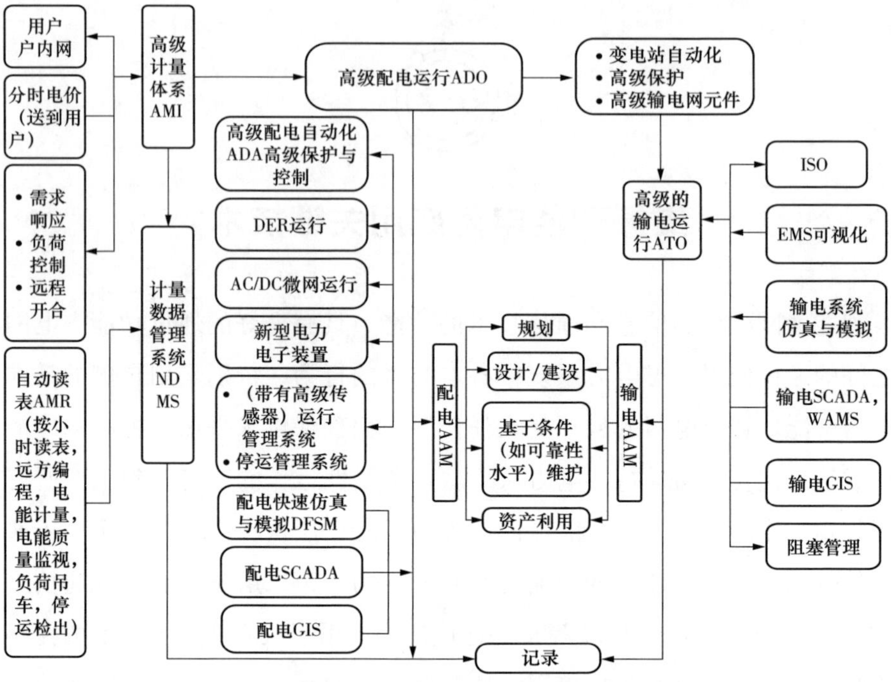

图5－4 智能电网中的智能技术

虑，智能发电包括智能感知（数据获取）、信息融合（数据交互）、智能算法（数据监控）、智能管控（数据决策）、全生命周期管理（数据归档）五大数据化特征。一种典型的智能发电系统涉及的关键技术如图5－5所示。

在图5－5（a）架构中，与生产运行密切相关的生产过程层网路和监控优化层网络被统一在一个物理层，具有相同的安全可靠性要求，在功能上被统称为智能发电运行控制系统（intelligent control system，ICS）。管理服务层网络属于一个单独的物理层，主要提供巡检、设备维护、分析核算、移动应用等功能，称为智能发电公共服务系统（intelligent service system，ISS）。两个物理层之间按照“安全分区、网络专用、横向隔离、纵向认证、综合防护”的原则实现逻辑隔离和物理隔离。

智能发电是一个多学科交叉的高新技术领域，在数据深度利用方面涉及面广，其细分技术按照智能发电系统的数据应用架构，同时考虑数据交互应用中的安全性需求，可归纳为智能检测技术、智能控制技术、智能运行监控技术、智能安全管控技术、智能管理技术、智能服务技术以及网络信息安全技术七大类，如图5－5（b）所示。

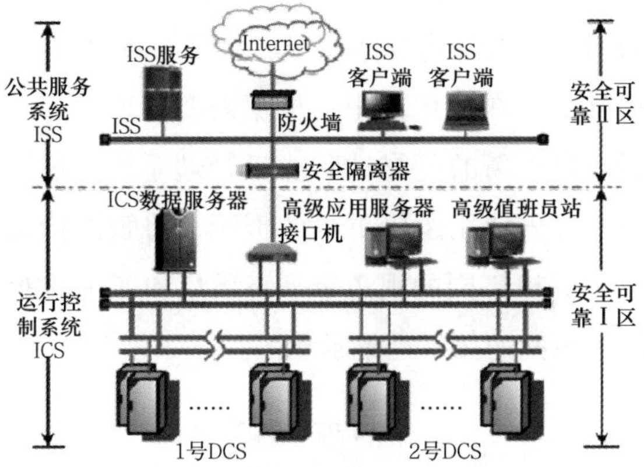

（a）物理架构

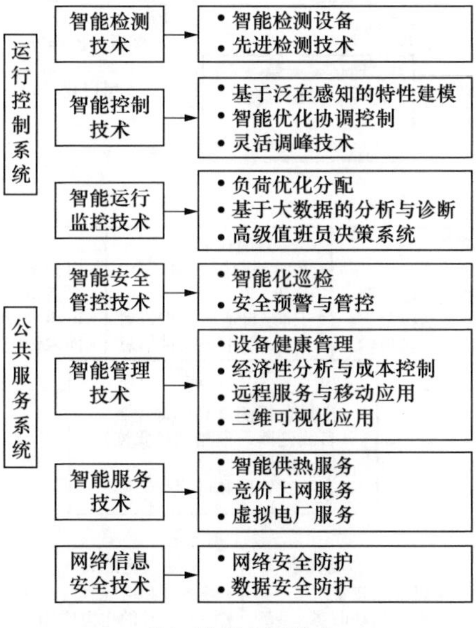

（b）数据应用技术

图5－5　智能发电系统关键技术

（2）智能输电技术框架。无论是环境、客户、市场的需求，还是从现有的基础设施问题等方面来讲，在智能电网中，输电网是非常重要的环节。在能源互联的电力物联网框架下，这些要求将比以往任何时候都更加重要和关键，需扩大现有的跨任务网络，并迅速改进其功能，以应用具有智能特性的新兴技术。因此，数字化、灵活性、智能化、弹性、可持续性和定制化是利用传输网的智能特性进行研究和开发的路线图。并且电力系统仿真器、通信网络仿真以及电力与通信联合仿真器在智能电网领域也占有重要地位。此外，所有应用程序数据都保存在数据云中。根据需要读取存储的数据。在智能输电网中，应设计具有自更新的可靠性和能量管理系统，这样接近生产源的消费者和智能控制中心优先使用逻辑更少的资源，将智能传输网络转换为智能电网和智能变压器，并以不同的视角带来高质量和廉价的能源供应。图 5－6是一种典型的智能输电网的技术远景示意图。

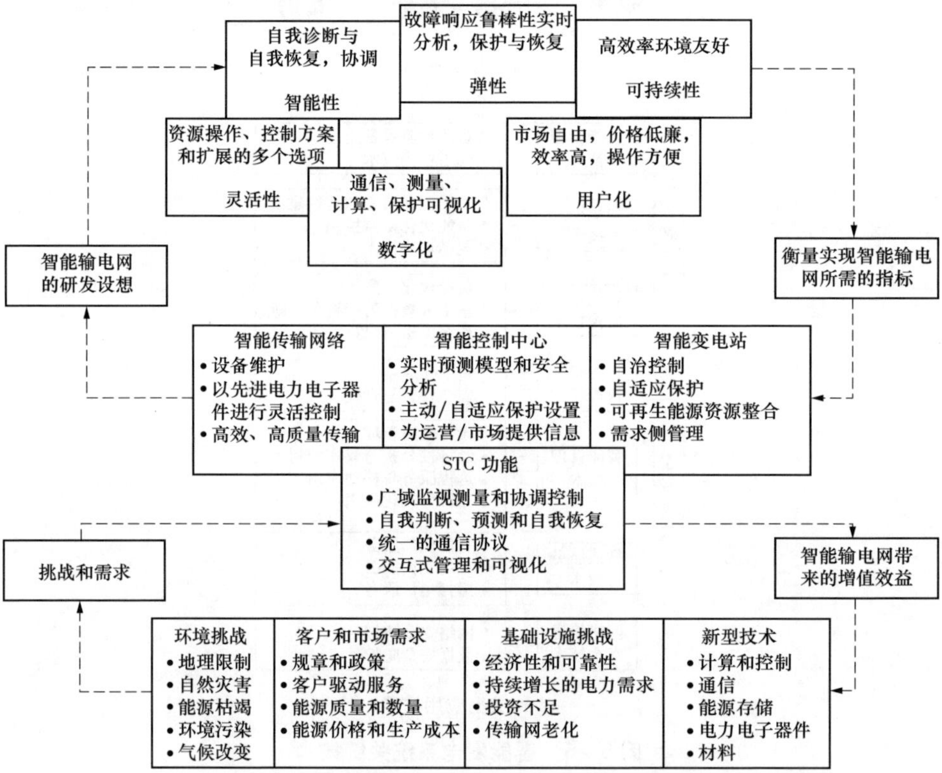

图 5－6　典型的智能输电网的技术远景示意图

（3）智能配电技术框架。随着可再生能源和其他形式的分布式发电的大幅增长和渗透率增强，越来越多的压力集中在配电网环节——系统稳定性

（电压、暂态和动态）、电能质量和网络运营等问题。在这种情况下，与传统的输电网络类似，将需要在配电一级采取更积极的网络战略和技术。图5－7给出了配电网管理中的一些问题以及对传统系统控制方法的改变。主动配电网一词具有重要意义，因为中压配电网（与高压输电网络不同）传统上一直是一种被动的方式，将电力从大宗供应点传递给客户。通过计划一定程度的冗余和一些集中式的连接点切换能力（尽管响应速度相对较低），确保了供应质量。单回路放射状配电线路容易发生故障，电力系统保护方案的首要任务是隔离故障区段和设备。

智能/自动化主动配电网包含以下新技术。

1）域、协调、主动控制横跨大型电力系统，而不是在一个个馈线的基础上提供灵活的网络运行，包括在特定运行模式下电力系统部分的战略性孤岛。这种半自治系统的控制要求可以通过使用复杂的系统方法和候选技术来满足。

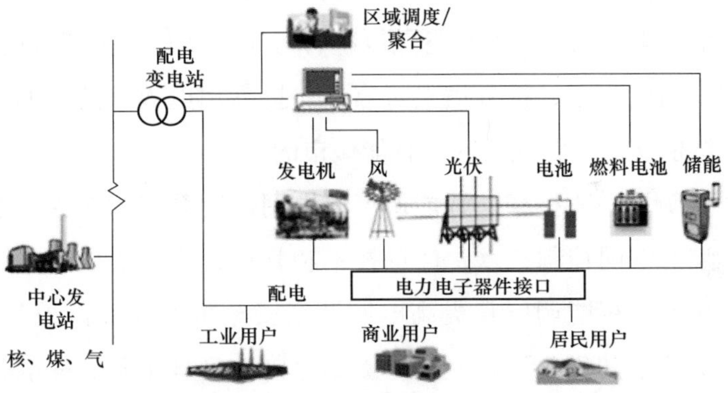

图5－7　配电网管理中的一些问题以及对传统系统控制方法的改变

2）自适应和集成保护/控制系统，需要对网络故障条件、异常瞬态行为和事件后恢复/重新配置提供灵活、优化的反应。对适应性的需求源于大量的电力系统操作模式和配置，这些操作模式和配置可能发生在数百个潜在的发电源中（在微电网级别的深度嵌入式发电中可能出现数千个）。能够识别由大量发电机控制器、网络管理控制器（通常基于电力电子）和有源负载之间的复杂交互所带来的新的瞬态现象。如一种集成网络管理的概念方法需要开发基于广域测量的系统状态估计方法（在分布和传输级别），以便这些信息可以与先进的主动控制和保护系统一起使用。

3）基于电力电子的网络管理设备，用于分布式电源（异步电机、直流电源和同步交流电源）的网络工作接口，以及有源电力系统中的电压/潮流管理。也就是说，通过灵活的交流输电系统（FACTS）在配电级提供与在高压级相同的电能质量和网络配置管理。

此外，还需先进的传感测量技术、高度分布的通信技术、配网数据智能处理技术以及改进的输配电网络结构设计。

（4）智能用电技术框架。智能用电或称智能用电服务，是依托坚强电网和现代管理理念，利用高级计量、高效控制、高速通信、快速存储等技术，实现市场响应迅速、计量公正准确、数据实时采集、收费方式多样、服务高效便捷，构建智能电网与电力用户电力流、信息流、业务流实时互动的新型供用电关系。智能用电将供电端到用户端的所有设备，通过传感器连接，形成紧密完整的用电网络，并对信息加以整合分析，实现电力资源的最佳配置，达到降低用户用电成本、提升供电可靠性、提高用电效率的目的，从而带动智能家居、智能交通、智能社区、智能城市的发展。

（5）智能调度技术框架。智能调度以电网调度系统为对象，通过不断研发、应用新型的电网控制技术、信息技术和管理技术，实现电网调度各环节信息的智能交流。智能调度是提高电网调度安全生产保障能力和决策能力，提高调度资源共享和优化配置能力，提高电网调度规范化、标准化、精益化和智能化运行和管理能力，为电网安全、优质、经济运行提供支持和保障的技术体系。目前，国内外的调度工作都在向智能调度方向发展，以期解决电网规模和复杂性增加后电网调度的安全和经济运行问题。典型的智能调度应用结构如图 5 - 8 所示。

5.2.2 智能电网可视化技术

（1）可视化技术概述。可视化技术随着电力系统的发展需要不断进步，从最初的电网单线图的数据原始表示及列表表示，逐步向二维/三维图形化、

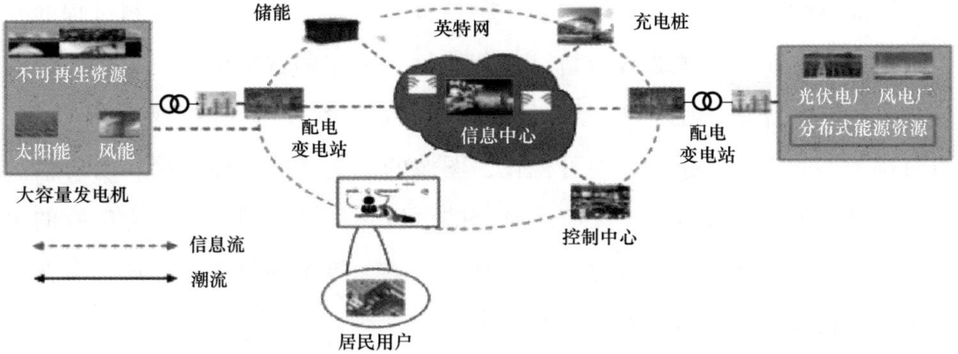

图5－8　典型的智能调度应用结构

动画发展，并吸收了信息学、美学、心理学等学科技术，形成了一系列与电力系统运行相适应的可视化表达方式。

在能源互联的电力物联网框架下，数据或信息可视化处理通信，它的目标是让受众看到并理解数据的含义。如果还可以从可视化数据的分析中得到洞察和行动，那么通常称为智能数据可视化。可视化是一个真正的多学科领域，原始数据的空间、时间时空和多元特征如图5－9所示。通过数据预处理，揭示了原始数据的空间、时间、时空和多元特征。然后，将数据转换成视觉符号或隐喻，即点图、条形图、区域图等。最后，这些视觉符号可以被转换成更高级的可视化形式，例如动画、视频或信息图形，以及用各种视觉通道（表单、纹理、透明度、颜色等）映射视觉符号的其他形式。

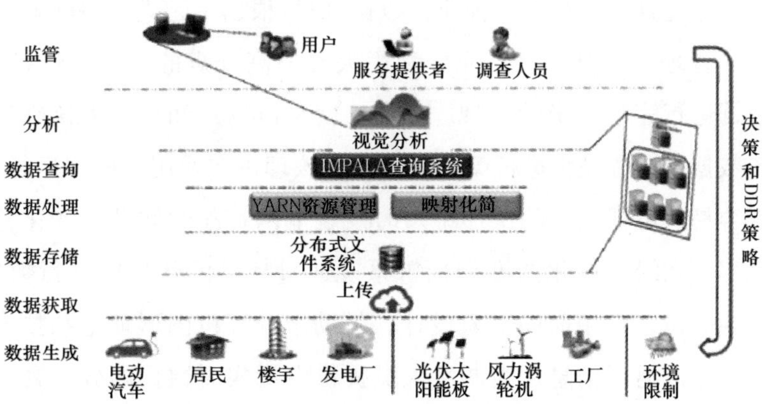

图5－9　原始数据的空间、时间、时空和多元特征

智能电网可视化技术不仅仅是一种计算方法，它被认为是控制过程的一个关键方面，在科学领域具有自己的代表性。未来的智能电网，大量的数据增加了可能的合并/集成数据源（从物联网到自动驾驶等），可视化变成一个具有挑战性的任务。通过应用可视化，图像的消费者应该能够更容易对信息进行解释、分析并做出迅速反应。典型的可视化技术应用可以分为传统的可视化方法、多变量数据可视化和地理技术三类，传统的可视化方法、多变量数据可视化和地理技术如图 5－10 所示。

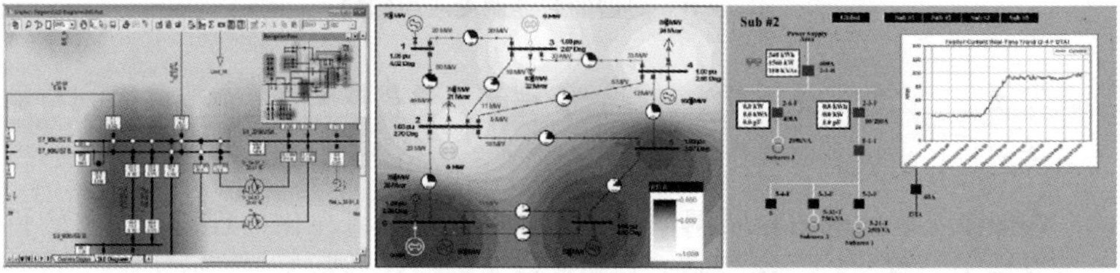

图 5－10　传统的可视化方法、多变量数据可视化和地理技术

（2）可视化调度。随着智能电网建设的不断深入，电力行业对信息可视化需求急剧扩大，在面对海量信息的电力调度中心尤其如此，结合了多系统信息集成与智能数据分析的显示系统已成为用户追求的目标。“大屏＋可视化应用”正是实现智能显示与智能指挥调度不可或缺的组成。超高分可视化应用平台，能保证信息可视化显示的有效实现。归纳起来有三大价值，即整屏、高分、关联。整屏，就是将各种业务数据/信号根据主题进行协同显示，风格一致，统一管理。高分，就是充分利用大屏幕高分辨的特性，将各种图文、视频、数据进行完整清晰的呈现。关联，就是以场景和事件为核心，将各个业务系统数据按业务逻辑进行关联、互动。该理论实践用于电网运行监控后，调度员很容易从可视化后的图形中及时发现电网存在的问题和变化趋势，提高决策效率。在线可视化调度和预警系统通过标准的数据库进行数据交换，并以设备为单位，采用面向对象设计，借助于计算机图形理论和技术，形象生动地显示电网运行信息，为调度人员提供电网实时数据的分类管理，并且挖掘出那些对电网运行有重要影响的数据，对这些数据进行形象表达，并融入优化控制策略，是电网调度自动化的创新实践。

（3）可视化运维检修。电力系统可视化技术对电力系统安全运行提供了保障，在运维过程中，可对整体方案进行三维模型展示，对各项节点、参数等进行控制，保障运维工作的科学性与稳定性。可视化技术在电力系统运维中的应用主要分为三大类：

1）知识表现技术。知识表现是可视化技术的重要功能，在电力系统运维过程中，知识表现可作为电力系统终端环节，在运维工作中应用知识表现技术，可针对电力系统工作特点，对系统中的信息、数据进行可视化反馈。其具体包括对信息系统、软硬件运行中的各方面指标及对业务指标的分析工作。它的信息资源涵盖了电力信息系统运行情况、软硬件运行情况及业务指标分析工作等。在知识表现中，主要以两种方法对其进行可视化反馈，一是统计表法，二是图像法，可以作为电力系统运维决策的主要依据。在可视化知识表现中，以图表或者图像的方法，保障数据相互之间的关联性。该技术可发现电力系统中的隐藏信息，对数据进行深度挖掘，保障反馈信息的准确性与交互性。

2）网络技术应用。在电力系统中应用可视化技术，其在网络技术表现上分为云计算技术以及物联网技术。云计算技术是指在电力系统运维过程中，实现对互联网数据处理，以分布式方式，对其进行综合性分析，并对电力系统中各项程序进行拆分计算，将数据以可视化形式输入到终端系统中。在云计算技术应用中，电力系统可以分为构建层、管理层、资源层等。在功能上，其可以为用户提供搜索资源，实现图像信息检索功能。在运维工作中，通过对图像等内容具体分析，对其差异进行判断。例如，当电力系统出现故障时，云计算技术可对故障类型进行分类，从内容、形式等方面，对其进行文本对比，并在图像颜色、关键词提取中，以可视化形式，为电力系统运维工作提供保障。物联网技术以可视化特征在电力系统运维工作中发挥着不可替代的作用。物联网技术在电力系统中具有智能控制、智能标签等功能，物联网技术具有传感器系统，可通过传感识别，对数据进行可续分析，通过智能交互平台及智能控制系统，为运维决策提供可借鉴经验。物联网技术蕴含智能标签系统，在电网中设置特殊标识，通过传感系统对标识进行识别、测试，可实现对运维信息系统的科学控制。另外，物联网技术具有数据传输功能，以可视化的信息反馈，为运维工作提供便利条件。

3）基于矢量图形描述语言的电力系统技术。该技术具有十分专业的信息处理功能，可通过对数据的分析处理，将成果以二维图像展示出来。在电力系统运维工作中，该技术以可扩展标记语言实现对运维情况的科学表达，并以可视化交互访问，通过运行相关脚本，实现对信息科学处理与控制。基于矢量图形描述语言的电力系统运维技术，主要可分为以下两方面内容：①静态电网可视化技术，该技术具有三方面功能，分别为数据安全形态、数据可视化形态、设备管理方式等。在此技术指导下，可通过图形可视化技术，对提供电力系统运行数据进行展示，并以可视化状态，将其展示出来，其中包括电流状可视化数据、线路负荷可视化数据。②动态电网可视化技术，其在电力系统运维中，以动态数据信息监测方式，对数据信息进行科学提取。动态电网可视化借助 PMU 技术实现，以动态图像监测方式，对系统信息进行实时反映。实时监测反馈功能是动态电网可视化技术的重要基础，当电力系统某个节点出现故障时，其数据会出现异常，并在系统中发出警报，运维工作人员可及时处理，保障电力系统运行稳定性。

（4）增强现实培训。AR 是介于 VR 与现实之间的一种视觉技术。AR 增强现实技术是促使真实世界信息和虚拟世界信息内容之间综合在一起的较新的技术内容，其将原本在现实世界的空间范围中比较难以进行体验的实体信息在电脑等科学技术的基础上，实施模拟仿真处理、叠加，将虚拟信息内容在真实世界中加以有效应用，并且在这一过程中能够被人类感官所感知，从而实现超越现实的感官体验。AR 可以很容易地帮助用户更好地理解周围环境。与虚拟现实技术类似，将此项技术应用于电力安全培训包括以下几个关键要素：①仿真。从大量仿真培训系统实例中可以看到，无论是对于现实的环境或是想象的环境，都是为了产生所谓的“逼真感”。在这种电力虚拟环境中，不仅虚拟的电力设备与真实的电力设备功能相同，连安规标准化操作也一样。②交互。交互是指受训者与电力虚拟环境中所遇到的各种对象的相互作用能力。具体表现在两个方面：受训者通过虚拟人影响所创建的电力虚拟环境的能力，例如，跌落保险被拉开时，应按照物理学定律运动；受训者通过虚拟人在电力虚拟环境中改变视点的能力。例如，受训者可通过键盘、鼠标随意更换角度观看变电站的全貌。③感觉反馈。电力虚拟环境允许受训者通过自身的定位来选择有利位置，并且影响电力虚拟环境中的对象和操作流程。

5.2.3　虚拟电厂技术

在能源互联的电力物联网技术框架下，虚拟电厂技术是实现智能发电的一种有效途径。虚拟电厂（virtual power plant，VPP）是一个集成多种电源的系统，提供可靠、友好的整体电源。这些能源通常是一组具有间歇性可再生能源的分布式发电系统。不确定性是 VPP 研究和应用中的重要问题。需要考虑将可再生能源、市场价格和负荷需求作为不确定性的主要因素，以提高不确定性 VPP 的优化运行性能。典型的虚拟电厂运行架构下有数据流、潮流和现金流三种双向流，通过将传统的发电厂、风力发电站、光伏发电、能量存储系统及电动汽车进行优化整合，并结合天气影响因素和用户需求响应融合电力交易技术实现多目标优化的智能发电。

对能源互联网建设来说，虚拟电厂是连接零售市场与批发市场的智能化网络，可以以最低的经济和环境成本保证电网平衡，同时帮助分布式能源所有商实现利润最大化。虚拟电厂是指整合发电设施、可控负载和储能装置等作为一个单一的电力设施，典型的框架组成如图 5－11 所示。VPP 管理系统由技术 VPP 和商业 VPP 组成。从技术的角度看，技术 VPP 实现协调各个分布式电源以及系统的优化运行，它与分销系统操作员（distribution system operator，DSO）直接交互，以协助网络管理和提供辅助服务。从经济的角度来看，商业 VPP 集成了需求响应（demand response，DR）计划和需求侧管理，以便将生产的能源和/或剥离的负荷进行交易，最大限度满足业主的利益。

虚拟电厂利用现有电网为用户、效用公司及电网运营商提供供需服务，帮助终端用户（或资产所有商）及配电网实现价值最大化。依托于能量云

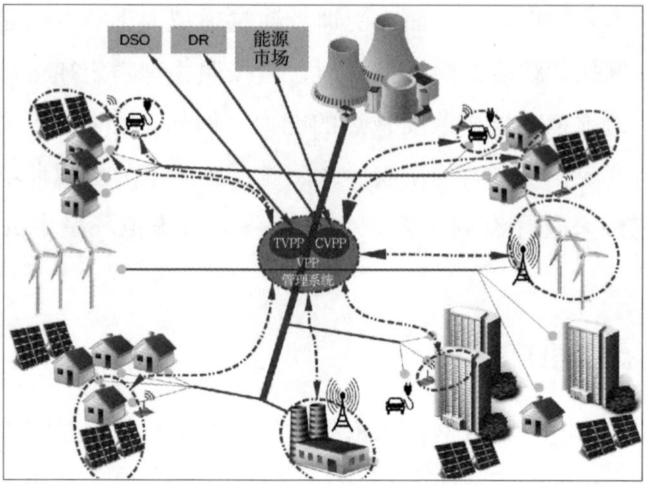

图 5－11 虚拟电厂框架

（或云能量管理系统），虚拟电厂支持分布式电源的分布式能源即插即用、能源交易与消费的高度灵活。虚拟电厂在给用户带来更大价值（更低的成本和额外的收入来源）的同时，也为配电效用公司带来效益（避免了对电网设施及调峰电厂的投资成本），更可以为输电网运营商提供网络备用服务。虚拟电厂不改变分布式电源的并网方式，通过先进的控制、计量、通信等技术聚合分布式电源、储能、可控负荷等不同类型的分布式能源，并通过更高层面的软件构架实现多个分布式能源的协调优化运行，主要包括虚拟电厂的优化调度和协调控制。多个虚拟电厂聚合构成一个虚拟电网。

虚拟电厂的典型控制技术可以分为集中式、分散式和完全分布式三大类。在集中控制中，所有关于分布式电源和能源市场的内容都位于中央控制器中，这为 VPP 提供了一种使用分布式电源来满足电网需求的简单方法。然而，不同的所有权，以及 VPP 中大量的分布式电源都要求中央控制器寻找最优控制策略，以满足最优用户的需求。在分布式控制中，VPP 内部的复杂度进行垂直划分，通过在不同的层次上定义 VPP 引入了层次模型，本地 VPP 监督和协调有限数量的分布式电源，同时将某些决策委托给更高级别的 VPP。这种设计需要不同相邻 VPP 之间的通信。在全分布式控制中，各控制器都有自己的通信和处理规定，以便在电力系统的状态下独立、灵活地参与和响应。其中，相邻之间的最小协调足以使整个 VPP 达到全局最优状态。VPP 优化问题的规模和动态性决定了分散控制的使用。

虚拟电网的优化调度主要包括经济调度和安全调度两个方面。经济调度是指协调多个虚拟电厂的分布式能源容量、负荷功率、上网电价、补贴电价、气候条件、投资成本和配电网的交换功率等条件，得到虚拟电网的最小运行成本。

随着能源互联网和电力市场的发展，传统虚拟电厂的运行监管和定价机制也在不断完善，但传统调度模式的信息技术和智能水平较低，发电侧是可控的，而需求侧是静态的、不可控的。发电侧只依靠调度来满足负荷需求。因此，为了保证供电可靠性，需要在发电侧配置多台设备，造成资源和设备的浪费。随着分布式电源的广泛使用和 VPP 的发展，这种情况得到了改善，客户端的可控性也随着传统调度模式的改变而提高。随着智能计量系统的发展，交互式调度模式得到了广泛的应用，通过协调发电资源和需求侧资源，可以实现更广泛的“源网负荷”交互，提高电网运行的安全性、经济性和环境友好性。

5.3 支撑能源互联网应用关键技术

能源互联的电力物联网框架下，智能电网最关键的内涵之一是支持大规模分布式电源的接入。目前，分布式电源主要是指光伏发电、风能发电等。这一点恰好和能源互联网的五大内涵之一相吻合，能源互联网的另外四个内涵分别是，未来的能源系统应支持化石能源向可再生能源转变，支持大规模储能系统的接入，支持与交通网络的融合，还有与互联网技术深度融合等。可以说能源互联网的概念和内涵基本切合了智能电网的部分发展趋势，而且丰富了智能电网的内涵，实际上也就成为智能电网再起步的依托和方向性的指引。同时，能源互联网和智能电网有着本质的区别，尤其是广义的能源互联网概念。区别之一就是，智能电网有中心，即便未来融合交通网络、融合互联网技术，它的中心依然是电力系统。而能源互联网广义的概念里应是没有中心的能源供需系统。智能电网与能源互联网的不同在于以下几点：

（1）智能电网的能量形式主要是电能，重点在于电能的输送和使用更加高效和智能化，而能源互联网追求各种能量形式的融合，将电能和化学能、余热能或者机械能等放在一个大能源系统中。

（2）智能电网的物理实体主要依托以特高压为骨干的电力系统，而能源互联网是将电力系统、交通系统甚至是人们的生活能量融入了进去。

（3）智能电网对于分布式能源主要采用的是就地消纳或者集中转移消纳的控制方式，能源互联网所链接的消纳对象无比广大，因此不刻意追求局部或部分消纳，而是转变成了全网式的消纳方式。总的来讲，能源互联网是以电为中心，以坚强智能电网为基础平台，以能源互联的电力物联网为支撑，深度融合先进能源技术、现代信息通信技术和控制技术，比智能电网具有更大的广延性、开放性。典型的能源互联网涉及的能源分类及技术如表 5 - 1 所示。

表 5 - 1　典型的能源互联网涉及的能源分类及技术

技术	特征	功能	优点	考虑问题
能量路由器	固态变压器、电网控制和通信工具	电网数据管理	增加系统的可靠性、高效性和安全性	数据安全，传输和接收过程
储能系统	不同类型，如燃料电池和蓄电池	存储能量以备不时之需	增加网络的高效性、稳定性和可靠性	价格、温度和充放电功率
可再生资源	太阳能和风能	产生电能	提高电能的稳定性	电能质量
即插即用接口	—	用电脑存储	当能量存储或设备连接时立即进行识别	可靠性和安全性

5.3.1　综合能源互联技术

（1）综合能源系统概念介绍。在能源互联的电力物联网中，能源尤其是电力能源是其核心所在。然而，人类社会对能源需求量的急剧增加导致化石类能源的过快和过度开发，并由此引发了人类社会对于环境污染和未来能源供应能否持续的担忧。为应对这一人类共同面临的挑战，社会各界已开展了大量研究，主要体现在开源和节流两方面。开源即是寻求更多的可用能源以维护能源的可持续供应。可再生能源近年来得到高度关注并迅速发展。但多数可再生能源具有明显的随机性和间歇性，且此类能源多数需首先转换为电能并接入传统电网后才能得到规模化利用，其难以预测和难以调控的特性，使得发电侧调控难度不断增加，从而导致电网多年形成的由发电调控来跟踪和平抑负荷波动的运行模式彻底改变，由此引发的一系列问题亟待解决。节流则在于尽可能减少对能源的浪费，通过提高能源的利用效率，力求延缓化石能源枯竭的速度，并减少对环境的污染。几乎每一种能源在其利用过程中，都需要借助多种能源的转换配合才能实现高效利用。一个熟知的例子即是冷热电联供（combined cooling，heating and power，CCHP），它通过电/热/冷环节的有机协调，可有效提高一次能源利用效率。研究表明：不同能源供应系统的运行特性各异，通过彼此间协调，可降低或消除能源供应环节的不确定性，从而更有利于可再生能源的消纳。

随着计算机技术、自动控制技术、通信技术、数据处理技术以及网络技术等为标志的信息和通信技术（information and communication technology，ICT）领域的大量变革创新，为能源领域的进一步提升和发展提供了强有力的技术支持。在ICT技术的推动下，能源领域出现了综合能源系统（Integrated Energy System）和能源互联网（Energy Internet）2种重要理念，其目的都是希望通过开源和节流两种途径，实现环境友好和能源可持续供应的目标。

综合能源系统是能源互联网的物理载体，一般来讲，综合能源系统特指在规划、建设和运行等过程中，通过对能源的产生、传输与分配（能源网络）、转换、存储、消费等环节进行有机协调与优化后，形成的能源产供销一体化系统。它主要由供能网络（如供电、供气、供冷/热等网络）、能源交换环节（如 CCHP 机组、发电机组、锅炉、空调、热泵等）、能源存储环节（储电、储气、储热、储冷等）、终端综合能源供用单元（如微网）和大量终端用户共同构成。

（2）基于能量集线器的综合能源系统。

1）在综合能源系统中，综合能源的转换、存储是其关键环节，并且将能够实现综合能源转换以及存储的设备称为综合能量集线器。现有文献指出，将工业、商业和住宅的能源基础设施结合起来，需要由不同的基础设施提供各种形式的能源服务。在世界工业化地区，通常使用煤、石油、生物质和电网能源载体，如电力、天然气和区域供热/制冷。目前，不同的基础设施几乎是独立进行设计和操作的，若能够将这些系统进行组合可以实现多个方面的改进。不同能量载体之间的协同效应可以通过利用其特殊的优点来实现。例如，电可以远距离传输，损耗相对较低；使用相对简单和廉价的技术，可以储存天然气等化学能源载体。利用所谓的管道包装技术，即使没有安装任何存储设备，也可将可压缩流体储存在管道网络中。组合基础设施意味着将它们耦合起来，从而实现它们之间的电力交换。这种耦合是通过将电能转换成其他形式的转换器来建立的。合理的系统布局也是核心问题之一。在此基础上，需要建立基于成本、电磁干扰、能源效率、可用性、安全性等参数的模型和方法，寻找多种能量载体之间的最佳耦合和功率交换。

能源互联的电力物联网技术实现的关键途径是所谓的能源枢纽。综合能量集线器被认为是一个单元，在这里多个能量载体可以被转换、调节和存储。它代表了不同能源基础设施和/或负荷之间的接口。能源枢纽消耗与电力和天然气基础设施相连的输入端口的电力，并在输出端口提供某些必需的能源服务，如电力、加热、冷却和压缩空气。在枢纽内，能量通过热电联产技术、变压器、电力电子设备、压缩机、热交换器等设备进行转换和调节。可以被认为是综合能量集线器的真正设施，如工业工厂（钢铁厂、造纸厂）、大型建筑群（机场、医院、购物中心）、农村和城市地区，以及小型孤立系统（火车、轮船、飞机）。

2）综合能源集线器网络。将多个能量集线器组成的网络，如图 5－12 所示。其中，每个集线器之间可以进行能量交换；第 1 个、第 2 个和第 6 个能源集线器是工业中心，而其余的是规模性的住宅能源集线器。能源集线器通过两个电气和两个燃气网提供，可以看出，集线器 1 至 6 由第一和第二电力网提供，集线器 7 至 14 由第二电力网和燃气网提供。P2G（power to gas）装置利用电力将甲烷和氢气输送到两个输气管网。上述集线器可以交换电力和热能。第一组集线器（1～6）可以相互交换电能，第二组集线器（7～14）可以相互交换电能。因为 P2G 机组提供了电气和煤气管道之间的接口。电力和天然气电网有助于保持系统运行在一个令人满意的水平，防止热负荷拒绝。电网在紧急状况时，P2G 可使热需求下降、电需求下降；P2G 机组通过减少网络中天然气的缺额，能够在 24h 内将系统的罚款和能源成本降低，对系统的长期运行具有重要的价值。因此，P2G 技术不仅有助于增强系统的安全性，同时也有助于减少惩罚和能源成本。

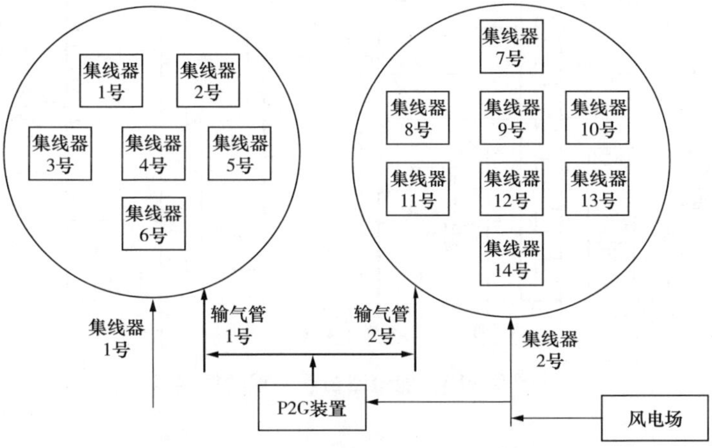

图 5－12　综合能源集线器网络

（3）能量路由器。能源互联网具有开放互联及用户广泛参与等特性，对传统封闭运行的电力网络提出了全新挑战。能量路由器被视为解决这一问题的关键技术和核心装备，其概念最早由电力电子领域的学者提出，能量路由器实现的架构如图 5－13 所示。能量路由器的电力结构由直流（DC）母线、两路交流母线、连接直流母线和两路交流母线的双向 AC/DC 变换器（简称 VSC）、电源端口、负载端口以及两路交流母线之间的开关阵列组成。小型柴油发电机和风力发电直接与第二交流母线相连。光伏作为分布式电源（distributed generation，DG）的一种，通过 DC/DC 变换器与直流母线相连，DC/DC 变换器中含有最大功率点跟踪（MPPT）模块。ES 器件和 PHEV 也通过 DC/DC 变换器与直流母线相连，以实现直流母线的功率平衡和电压稳定。将直流母线作为节点，简化了对 DG、ES 和负载的控制。直流母线通过 VSC 与第二交流母线相连，用于实现产品的稳定运行。这种基于单台变换器的双向交流/直流转换避免了分布式电源并行化的同步问题和可能出现的环路问题。直流负载通过直流/交流传送带连接到负载端口。所有负载通过开关阵列连接到交流母线，优化能源利用。在主开关的帮助下，可以连接两台交流母线。

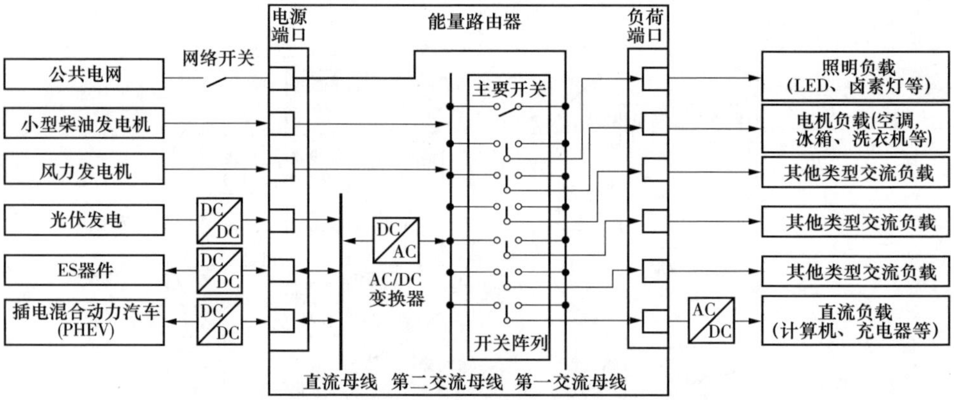

图 5-13　能量路由器实现的框架

5.3.2　能源互联智能协同技术

在能源互联的电力物联网框架下，由于综合能源系统中不同能源系统发展的差异，供能往往都是单独规划、单独设计、独立运行，彼此间缺乏协调，由此造成了能源利用率低、自愈能力不强、供能系统整体安全性有待提高等问题。多能互补并非一个全新的概念，在能源领域中，长期存在着不同能源形式协同优化的情况，几乎每一种能源在其利用过程中，都需要借助多种能源的转换配合才能实现高效利用。在能源系统的规划、设计、建设和运行阶段，对不同供用能系统进行整体上的互补、协调和优化，可实现能源的梯级利用和协同优化，为解决上述问题提供了思路。不同能源供应系统的运行特性各异，通过彼此间协调，可降低或消除能源供应环节的不确定性，从而更有利于可再生能源的安全消纳。随着分布式发电供能技术，能源系统监视、控制和管理技术，以及新的能源交易方式的快速发展和广泛应用，能源耦合紧密，互补互济。综合能源系统作为多能互补在区域供能系统中最广泛的实现形式，其多种能源的源、网、荷深度融合、紧密互动对系统分析、设计、运行提出了新的要求。综合能源系统一般涵盖集成的供电、供气、供暖、供冷、供氢和电气化交通等能源系统，以及相关的通信和信息基础设施。传统的能源系统相互独立的运行模式无法适应综合能源系统多能互补的能源生产和利用方式，在能量生产、传输、存储和管理的各个方面，都需要以考虑运用系统化、集成化和精细化的方法来分析整个能源系统，进而提高系统鲁棒性和用能效率，并显著降低用能价格。

综合能源系统的多能互动参与主体主要包括园区综合能量管理中心、各类工业用户、居民用户、电动汽车、新能源、储能、热电冷联产系统等。各类主体在互动框架中扮演着不同的角色，根据自身的用电特性、风险偏好和响应潜力，响应电价信息和管理中心发布的可中断信息，调整自身负荷计划，从而达到柔性互动的目标。然而，多能主体众多，不同的用户利益诉求不同，其参与互动的目标也有所差异，因此一个能够吸引用户参加的健全的互动机制，应在一定程度上满足各个主体不同的利益目标。

5.3.3　信息—物理融合技术

（1）信息物理系统概述。能源互联网被称为第三次工业革命的核心技术，现已成为当今学术界与产业界的一项新的研究热点。借助信息互联网技术充分广泛且有效地利用分布式能源、满足能源消费者多样化需求并可与之互动的一种新型能源体系结构，其核心技术是将智能电网技术、电力物联网技术广泛应用于综合能源系统，实现综合能源系统能源流和信息流的高度融合，被认为是电力系统的未来发展方向。信息物理系统（cyber physical system，CPS）是实现计算、通信以及控制技术深度融合的下一代工程系统。CPS 由两部分组成：其一是物理系统，即按照自然物理原则运行，并直接作用于现实世界的实体系统；其二是信息系统，即体现控制意图，并作用于物理系统使之按意图运行。从广义上理解，但凡能够通过工业控制技术进行控制或者操作的物理系统，均可称之为 CPS。电力与信息的融合发展分为三个阶段：①数字化、信息化阶段，主要实现电力行业信息资源的数字化和业务环节的信息化，该阶段信息系统为电力系统运行提供服务，带来方便和快捷。②智能化阶段，在传统电网基础上集传感、通信、计算及控制为一体，解决信息化阶段传统电力系统可靠性分析困难、交互性差和能源利用率低等问题，在该阶段信息流与能量流结合，信息通信系统对于电力系统正常运行不可或缺。③信息物理融合阶段，主要实现清洁能源的大规模利用和能源供应的协调优化，该阶段信息和能源基础设施在能源互联网下实现一体化。图 5 – 14 描述了传统信息物理系统及电力物联网背景下的信息物理系统结构对比示意图。

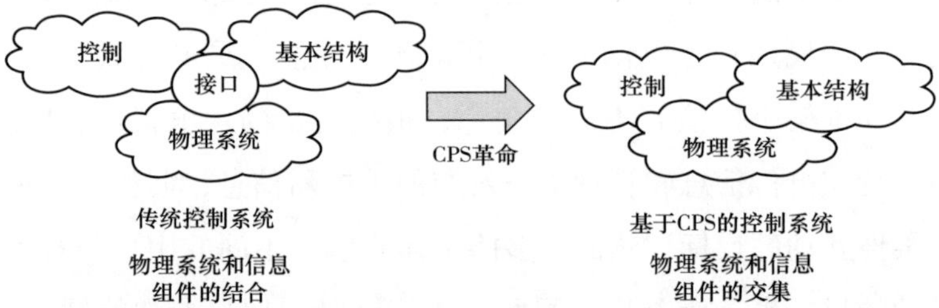

图 5 – 14　传统信息物理系统及电力物联网背景下的信息物理系统结构

（2）信息—物理交互技术。典型的能源互联网下信息物理系统框架如图 5 – 15 所示。图中所示的信息物理系统包括基于区块链的分布式数据存储与验证平台、基于物联网的感知环境、基于云的多维服务交付系统。这三个部分共同构成网络基础设施的主干，支持实体基础设施的运行。实体基础设施涵盖所有能源生产、传输和交付方面的能源实体。

电力信息深度融合下的信息空间与电力空间的交互示意图如图 5 – 16 所

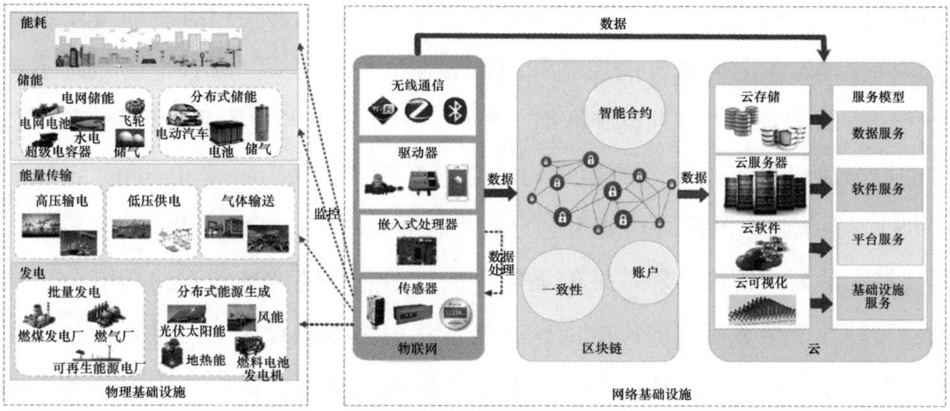

图 5－15　典型的能源互联网下信息物理系统框架

示。图 5－16 可知：在能源互联网下，智能设备（远程终端单元、继电保护装置、传感装置、智能电能表、馈线终端单元等）、控制中心、数据处理中心、互联网和无线网络都将与信息充分融合。

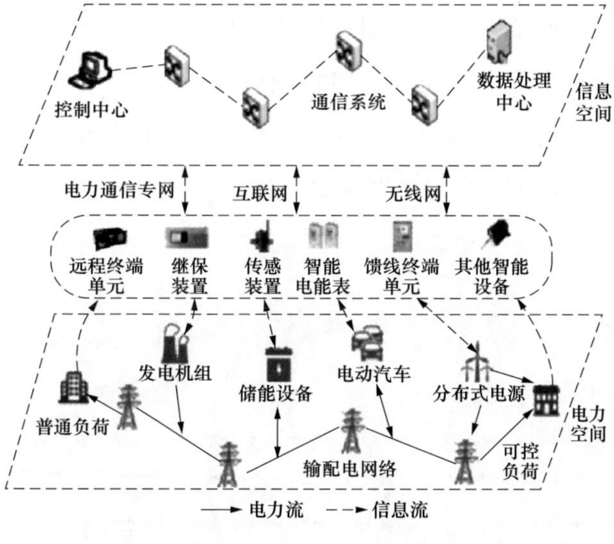

图 5－16　信息空间与电力空间的交互示意图

（3）典型应用。利用大规模的传感测量系统和复杂的信息通信网络，电力系统可以不断优化其运行，以确保安全、稳定、可靠的供电。随着电力系统的不断发展，网络规模急剧扩大，电力系统中出现了大量的智能电子器件。

同时，能源互联网的推广使得越来越多的外部信息能够通过各种业务渠道直接或间接地影响电力系统的控制和决策。在这种情况下，现代电力系统不再是传统意义上的电力基础设施网络。然而，由于网络与电力系统的相互作用，它们逐渐演化为多维复杂的信息物理电力系统（cyber physical power system，CPPS）。系统强大的网络功能为电力系统的可观测性和可控性提供了重要的技术支持。然而，信息物理系统的强耦合使得信息系统的性能对物理电力系统的运行特性产生了显著的影响。这一概念集电力基础设施、信息通信技术和计算智能于一体，涵盖电力系统的发电、输电、变电、配电、用电量和售电量等关键领域，电力系统信息—物理融合如图 5－17 所示。同时，考虑到信息传递，CPPS 结构分为组件层、通信层和功能层三层。第一层主要由一次设备（发电机、变压器、输电线路、断路器等）、二次设备（保护继电器、传感器、执行机构等）、电器等组成，这些设备以特定的拓扑结构相互连接。二次传感器装置将从一次设备中收集操作信息，并将这些信息传输给局部控制器，如局部馈线自动控制器。该控制器可向执行机构发送一定的控制指令，以优化或保护主要设备。这个过程形成 CPPS 中的第一层交互。例如，图 5－17 中所示配电区域内的局部馈线自动化系统，利用较远的终端单元对配电线路进行监控，隔离故障区域，使停电时间最小化。

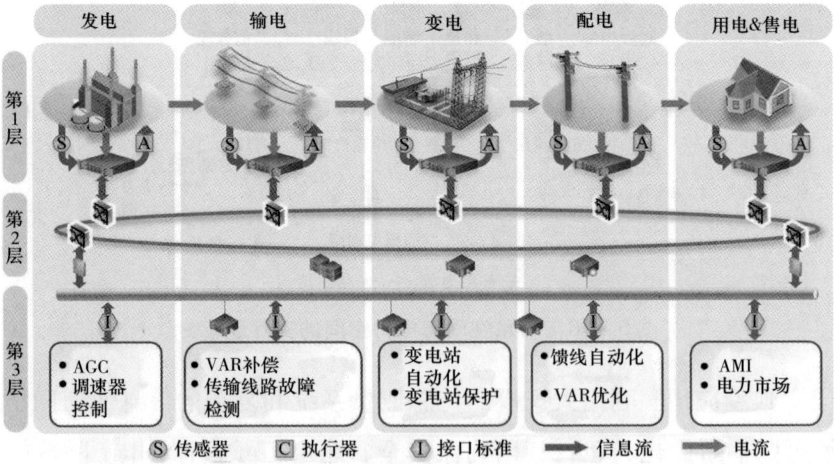

图 5－17　电力系统信息—物理融合

第6章

电力物联网安全防护技术

能源互联网下的电力物联网是由大量的传感器、感应器等设备构成，缺少对设备的有效监控。因此，除传统网络的安全问题外，还面临着一些不同于现有互联网安全的特殊安全问题和安全威胁，如物联网传感节点的低可信赖性、数据无线传输的监听窃取等都是需要解决的安全问题。如果安全防护措施不当，电力生产数据的保密性、传输信息的完整性和可用性、电力用户的隐私等可能受到破坏，还可能威胁到电力调度数据网络和企业信息网络的安全，甚至影响电力生产安全。能源互联网下的电力物联网的安全风险和需求如图 6－1 所示。

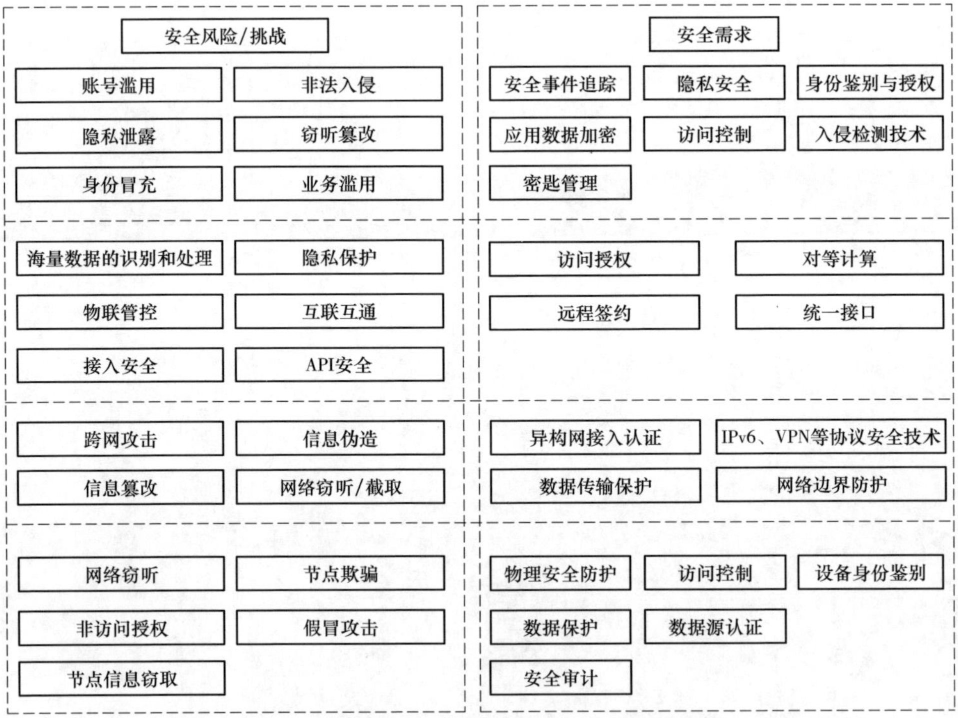

图 6－1　能源互联网下的电力物联网的安全风险和需求

能源互联网下的电力物联网安全防护一方面可以保证系统连续、可靠、正常地运行，不中断服务，另一方面可使系统中的软件、硬件和数据受到保护，不受人为的恶意攻击、破坏和更改。由于感知信息的多样性、网络环境的复杂性和应用需求的多样性，使其安全面临新的严峻考验，安全防护是能源互联网下的电力物联网能否可持续发展的核心技术之一。

本章介绍了电力物联网的安全防护关键技术，物联网安全的最终目标是确保信息的机密性、完整性、真实性和网络的容错性。因此，从物联网系统的整体安全角度来考虑，有时需要将各层的安全问题统一协调考虑，形成一体化智能联动的安全防护体系。

6.1 智能安全防护体系

能源互联网下的电力物联网中各个层级的安全防护系统无法独立确保电力系统安全运行，当然也不能通过简单堆叠来提高系统的安全性能，而是需要以安全策略为核心，将各层级的安全防护有机组合，同时利用云计算及大数据分析相关技术，形成一体化智能联动安全防护体系，由安全管理来保证实施，从而全面提升系统安全防护能力。

为了实现对各级信息网络与系统安全威胁的动态感知与实时预警，需要建立智能安全防护体系，在工控、业务和数据安全方面做到梯级防护、全时监测、及时处置。

基于能源互联网下的电力物联网安全防护顶层设计工作，需以顶层设计为导向，充分结合能源互联网下的电力物联网建设实际情况，围绕终端可信互联、数据和应用安全交互、全景监测与智能处置，规划能源互联网下的电力物联网智能安全防护体系。针对态势感知的安全事件和安全威胁，基于预置的处置流程，安全运营人员分析并归纳处置方案，通过策略分发中心的策略分发，对安全设备自身的规则、阻断策略进行更新，实现对安全事件的精准、快速响应。能源互联网下的电力物联网智能安全防护体系框架如图 6－2 所示。

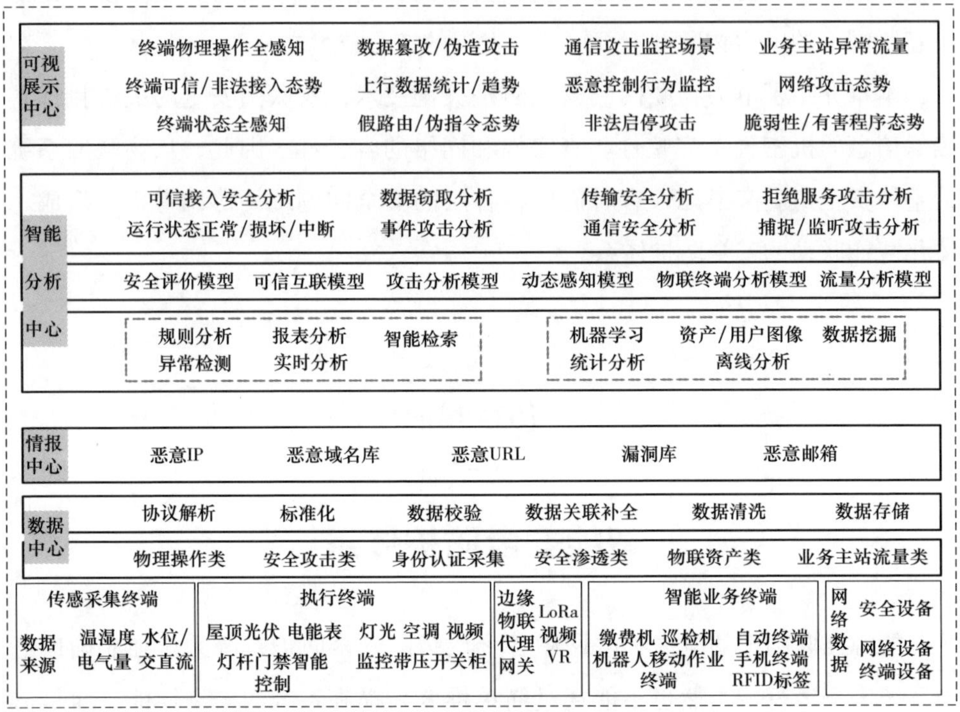

图 6－2　能源互联网下的电力物联网智能安全防护体系框架

智能防护体系的构建需要信息安全统一监控分析平台、安全认证平台、网络安全接入平台、信息预警与分析中心及防病毒管理中心，建立全方位安全监测预警体系和密码管理体系，实现信息安全集中监控和深度动态防御。

6.2 安全防护的密码学技术

密码学是信息安全的核心技术和基础支撑。密码作为保护网络与信息安全的重要手段，在身份认证、安全隔离、信息加密、完整性保护和抗抵赖等方面发挥着不可替代的作用，能够有效保障能源互联网下的电力物联网网络系统的安全运行。保证信息的秘密性，是密码技术最初被应用的重要目的，也是密码技术的重要作用之一。密码技术一方面通过实现身份认证将攻击者阻挡在系统之外；另一方面，即使攻击者能够侵入系统，其权限也是受限的；即使攻击者能够获取系统中的重要数据或者截获网络中传输的机密信息，但由于这些都是加密后的数据，攻击者在不知道密钥的情况下也无法获取到信息的明文。

6.2.1　基础密码技术

（1）加密密码体制。现今被应用的加密密码体制分为对称加密密码体制和公钥加密密码体制两大类。

1）对称加密密码是指加密和解密密钥是相同的。

2）非对称加密也称公钥加密，含有一对密钥，用私钥进行解密和签名，再用配对的公钥进行加密和验签，公钥是公开的，而私钥是保密的。

公钥密码体制的运算复杂度比较高，效率一般低于对称密码体制。因此在处理大量信息的加密时，一般使用对称密码体制，少量信息的加密一般使用公钥加密体制。国际上通用的对称加密算法有 AES 和 DES 等，公钥加密算法包括 RSA、ECC 等。我国商用密码大多采取我国国产密码（国密）系列密码算法，其中，对称密码算法包括 SSF33、SM1、SM4、SM7、祖冲之密码等；公钥密码算法包括 SM2 和 SM9。

（2）单向散列函数。密码技术中的单向散列函数，也称为哈希（Hash）函数、消息摘要算法等。能把任意长的输入消息串转变成固定长的输出串，输出值称为散列值或消息摘要。通常输入串中发生任何改变，Hash 函数运算后的消息摘要值都会发生改变且不可逆运算，从而保证了信息的完整性。散列技术通常结合数字签名技术使用，也被应用于系统中存储用户口令的 Hash 值。国际上通用的散列算法是 MD 和 SHA 系列算法和 HMAC，其中 HMAC 是在原有的 MD 和 SHA 算法的基础上添加密钥，进行加密运算。我国国密系列算法中的 SM3 即为散列算法。

（3）数字签名。由于对称密钥分发和管理比较复杂，1976 年，迪菲和赫尔曼提出了公钥密码体制的概念和设计思路，很好地解决了对称密钥分发问题，同时提出基于公钥密码体制实现数字签名，为密码学在信息安全领域开辟了更加广阔的运用场景。数字签名是签名者使用非对称算法的私钥对待签名数据的杂凑值做密码运算得到的结果，该结果只能用签名者的公钥进行验证，用于确认待签名数据的完整性、签名者身份的真实性和签名行为的抗抵赖性。国际上通用的数字签名算法主要基于 RSA、DSA、EC－DSA 以及 Elgamal 等，目前我国国密系列中的公钥密码 SM2 和 SM9 都包含数字签名的实现机制和标准。

（4）消息认证码。消息认证码是一种确认消息完整性并进行认证的技术，消息认证码的输入包括任意长度的消息和一个发送者与接收者之间的共享密钥，它可以输出固定长度的数据，这个数据称为 MAC 值。

（5）随机数生成算法。随机数生成算法并不能解决信息安全问题，但它实现了密钥生成、生成初始化向量、生成随机数据、抗重放攻击等功能，在密码学中占有重要的地位。基础密码技术用于能源互联网下的电力物联网中的信息安全，提供信息的机密性、完整性、抗抵赖等服务。

密码技术从系统的用户登录入口开始，就能够进行用户口令 Hash 加密传输和存储保护，依靠数字签名技术对用户和设备进行强身份识别，然后根据识别的用户身份进行系统权限管理，从而实现不同用户的访问控制，保障系统的安全运行。加密技术和数字签名技术可以为传输在网络中的重要和机密的信息保驾护航，具体可采取的安全通信协议如 HTTPS、SSL/TLS、IPSec 等。系统数据库中的敏感或机密信息可以采取对称加密将数据加密存储。

6.2.2 新型密码技术

新型密码技术主要基于基础密码学，但具有更多特性的密码技术，包括同态加密、白盒密码、门限密码、区块链、量子密码等。

（1）同态加密。同态加密源于隐私同态，是在不解密密文的情况下直接对密文进行操作，同态加密使得人们对加密数据的比较、检索和分析等操作成为可能。能源互联网下的电力物联网大量的数据存储在云端，同态加密可应用于能源互联网下的电力物联网云平台，处理加密数据，在保障数据安全存储的同时又保护了数据的隐私。

（2）白盒密码。白盒密码是能抵御白盒攻击的加密技术，它的核心思想是将密钥和原来的加密算法进行混淆，目的是保护在白盒环境下密钥的安全性，从而在白盒环境下安全地进行加解密操作。白盒密码的一种具体实现形式，是在加密过程中进行一些改动设计，引入查找表的概念，其中混淆可以是密钥和查找表的混淆等。白盒密码可应用在能源互联网下的电力物联网智能终端和云平台。在智能终端采用白盒密码，可保护密钥安全及设备安全；可对云平台上的软件使用白盒密码，保证在云平台进行数据的加解密运算时，用户的敏感信息不会被泄露。

（3）门限密码。门限密码是以秘密共享方案为基础，将密钥在多个成员中共享，在密钥计算如解密、签名时各成员利用持有的密钥份额进行分别计算，通过合成后得到最终的计算结果。基于门限密码的方案，可以开发协同计算的软件密码模块，模块以 SDK 的形态集成到能源互联网下的电力物联网各种业务场景的移动终端 App 中，有效解决了传统 UKey 无法运用于移动终端的问题；门限密码的方案也可结合盲签名、环签名、群签名等手段实现一些数字签名场景的用户隐私保护。

（4）区块链。区块链（block chain，BC）因其不变性和相关的安全性和隐私优势而引起了极大的关注，有望成为解决电力物联网安全和隐私问题的有效方法。区块链的核心是密码学，它是分布式数据存储、点对点传输、共识机制、加密算法等密码学和计算机技术的新型应用模式。区块链技术能够打通不同组织之间的信息通道，能更好地实现能源互联网下的电力物联网电力系统主链与各省侧链间的信息互通，以及国家电网公司内外部的信息互通。区块链采用分布式账本技术，通过在网络成员间共享、复制和同步的事务记录建立数字记录，可以有效解决能源互联网下的电力物联网建设过程中面临的数据融通、设备安全、个人隐私、架构僵化和多主体协同等问题。

国际可再生能源署（IRENA）发布的可再生能源领域的创新报告，介绍了区块链在电力领域的应用。基于区块链的智能合约可以推动实现电网的现代化，增加使用可再生能源，特别是间歇性电源，同时降低成本，加快交易流程。具体而言，区块链在电力行业的主要用途主要包括点对点交易、电网管理和系统运行、通过混合资产为可再生能源融资、可再生能源证书管理以及电动交通等。区块链技术的去中心化、开放、智能和共享可以有效解决电力物联网建设过程中面临的数据融通、设备安全、个人隐私和多主体协同等问题，在引领和支撑电力物联网建设方面具有不可替代的要作用。

随着电子商务及电力金融业务规模的不断扩大，产业链上下游的合同签订履行、商品排产销售、金融信贷等业务面临的可信风险越来越大。为了提升电力商务及电力金融业务的安全性，国内电力企业紧密结合电力物联网、电子商务、金融科技等业务发展需求，积极开展电力区块链技术业务场景研究，构建了可信区块链平台，提供司法级可信认证服务。同时，结合电力业务的行业特殊性，国内电力企业持续推进电力区块链技术实用化研究，并获批了工业和信息化部区块链重点实验室电力应用实验基地，形成成果已在供应链金融、企业信用评价、光伏并网签约、电子发票等业务领域实现具体应用，更好地发挥了区块链技术在电力物联网建设中的基础性和引领性作用。

但是，BC 的计算成本很高，可扩展性有限，并且会产生显著的带宽开销和不适合 IoT 环境的延迟。针对物联网需求进行优化的分层轻量级可扩展区块链（lightweight scalable BC，LSB），其在智能家居环境中的使用，在物联网应用中具有一定的代表性。智能家居中的低资源设备受益于集中式管理器，该管理器的建立主要用于通信的共享密钥，并且处理所有传入和传出请求。LSB 通过形成 overlay 实现分散化，其中高资源设备共同管理公共 BC，以确保端到端的隐私和安全性。overlay 被组成不同的集群以减少开销，并且集群负责管理公共 BC。LSB 包含多种优化，包括用于轻量级共识、分布式信任和吞吐量管理的算法。大量仿真论证了 LSB 可以抵御多种安全攻击。LSB 减少了数据包开销和延迟，并提高了 BC 的可扩展性。

假设 overlay 中的每个节点都是公钥（PK）。节点使用新的 PK 来生成每个新事务以确保匿名。Overlay 由各种实体组成，称为覆盖节点，包括智能家居服务器和云存储（智能家居设备用于存储数据）。Overlay 可能包含大量节点。因此，为了确保可伸缩性，假设公共 BC 由覆盖节点的子集管理；假设使用诸如聚类算法将节点分组成簇，每个簇选择簇头（CH）。CH 负责管理 BC，因此被称为覆盖块管理器（OBM）。此外，CH 还处理从其集群成员生成或从集群成员生成的传入和传出事务。选择作为 CH 的节点预期在较长时间内保持在线并且具有用于处理块和事务的足够资源；假设用于管理 CH 故障的机制已经到位，由于基本任务由 CH 执行，因此 LSB 不受 IoT 设备动态（即设备的加入和离开）的影响。使用非对称加密，数字签名和加密散列函数（如 SHA256）来保护由覆盖节点生成的事务。覆盖中的事务可以是另外的单一签名交易，其仅包含事务生成器的签名，以及由事务生成器（请求者）和接收者（被请求者）签名的多重事务，大多数在 LSB 中的交易是多重签名的。

（5）量子密码。量子时代理论上可以实现无条件安全。量子密码是量子时代最为稳妥的密码体制，基于量子力学原理，由量子不可克隆定理、不确定性原理等来保证其安全性。为了满足电力新业务的发展，更好地实现网络安全防护，电力行业在量子保密通信方面投入了人力财力，进行了初步的研发，开展了示范工程工作，建设完成了电力量子域网和电力量子广域网。在电力系统中的量子密码应用和理论研究方面取得了一些成果：在分析智能电网信息安全威胁的基础上，展望了量子密码在智能电网中的应用前景；电力系统可采用结合量子密钥的电力专用对称加密算法，开发一体化云平台的量子密钥云服务；有学者提出将量子密钥分配网络与电网 SSL VPN 相融合的方案，利用量子密钥协商技术实现密钥安全分配的问题，使通信双方能共享无条件安全的密钥。

随着计算机计算能力的不断增强，尤其是量子计算机概念的提出，对公钥密码 RSA、ECC 等密码体制形成了严重的威胁，这些体制所基于的大整数分解、离散对数等问题的困难性，在量子计算下已不再是一个难题。后量子时代的密码研究成为密码学领域的一个重要方向。其中基于格的密码体制，被认为是目前唯一一种可以抗量子攻击的、基于数学上计算困难问题的密码体制。基于格的密码体制中的基于格上的困难问题 SVP、CVP 等被证明是可以抵御量子计算攻击的。1996 年，奥伊陶伊提出基于格上困难问题的构建密码方案的可能性之后，二十多年来不断有基于格问题构造的方案出现，包括散列函数、公钥加密方案、数字签名方案。基于格的密码还可以构造全同态加密方案，为后量子时代云计算提供同态加密服务奠定基础。目前基于格的密码体制尚处在理论研究阶段，没有达到实际投入使用的要求，所以在电力系统中还未有应用。

量子密码与经典密码不同，它依赖于物理学原理，采用“一次一密”，即每次向对方传送一个密钥时，这个密钥是随机的，而且要求安全地分发。如果被外界探测到，这次密钥将被作废，所以说量子密码是无条件安全的。利用量子物理原理，人们设计出了在理论上可以满足“一次一密”的加密要求，即量子密钥分发。利用量子密码技术，可建立能源互联网下的电力物联网密码服务平台，实现密钥的安全分发和保密通信，有效地解决基础密码体系中密钥生成和分发过程中的安全难题。

列举出基础密码技术和新型密码技术的应用对比。电力物联网的安全威胁及其对应的基础密码技术如图 6 – 3 所示。

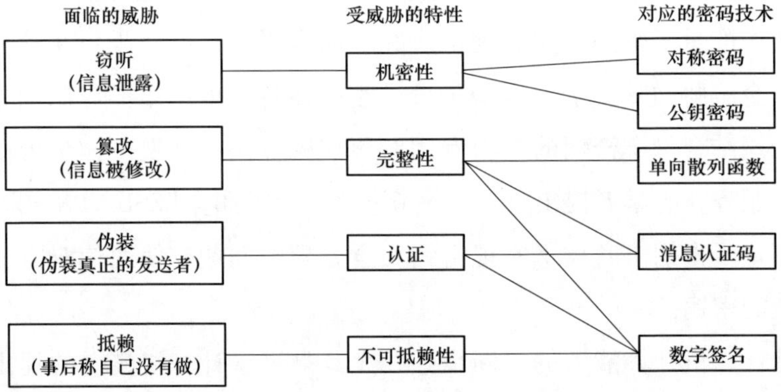

图 6 – 3　电力物联网的安全威胁及其对应的基础密码技术

同态加密、白盒密码等新型密码技术可以解决能源互联网下的电力网中数据处理安全、白盒攻击、隐私保护、密钥分发等安全问题。新型密码技术对安全威胁的处理如图 6 – 4 所示。

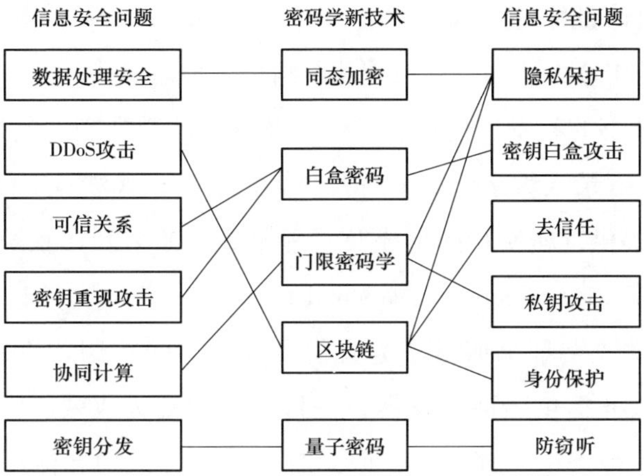

图6－4　新型密码技术对安全威胁的处理

6.3 安全防护常用密码技术体系

密码技术的应用一般基于特定的密码技术体系，目前常用的密码体系包括基于证书的公钥密码体系（public key infrastructure，PKI）和基于标识的密码（identity based cryptography，IBC）公钥体系。

6.3.1　PKI 公钥密码体系

为方便用户使用公钥密码来保障各种网络应用环境中的信息安全性，由 Internet 工程任务组（internet engineering task force，IETF）的 PKIX 工作组定义了一套国际标准协议，即公钥基础设施 PKI。

PKI 体系的主要功能是将用户的公钥和其他标识信息绑定到一起，如用户名、电子邮件地址等，按照国际标准 X.509 格式封装到数字证书中，通过数字证书的管理完成公钥的管理，包括数字证书的生成、发布、注销、更新等，即对用户数字证书的整个生命周期进行管理。

PKI 系统由认证中心（CA）、注册中心（registration authority，RA）、密钥管理中心（KMC）、证书发布系统几个组件组成。其中，CA 是 PKI 的核心，负责所有数字证书的签发、更新、注销以及证书注销列表的签发等管理功能。注册中心 RA 负责录入数字证书申请者的信息录入、审核等工作。密钥管理中心 KMC 为 CA 提供加密密钥的生成及管理服务，证书发布系统负责发布证书和证书撤销列表（certificate revocation list，CRL），以供查询。PKI 体系可以为网络应用提供数字证书服务，为身份认证、访问控制、机密性、完整性、抗抵赖等安全服务提供全面的支撑，是目前技术最为成熟、性能稳定、适合大规模部署的一种密钥管理体系，但同时也是一种结构和流程比较复杂的管理系统。随着 Internet 的普及和深入，对 PKI 应用需求的不断增强，基于 PKI 的应用随处可见，如 Web 服务器和浏览器之间的通信、安全的电子邮件、电子数据交换、Internet 上的商务交易等；PKI 作为一种可靠的网络安全解决方案，已遍布在政务、金融、医疗卫生、电信、电力、教育、交通等领域的应用系统中。

数字证书用于认证通信对等双方并对敏感数据进行加密，对于传输安全和 IP 安全至关重要。如 X. 509 证书包含收到公众信任方签名的公钥，信任方通过使用其数字签名，与作为证书的一部分来确认匹配的身份，形成信任链。为了保证安全性，可将密钥以物理形式装在元件生产或安装的位置。然而，由于证书的寿命有限，需要经常更换，对于 LTE 这样的大型网络具有挑战性。

为此，可行的方案是应用证书管理协议。该协议提供从中央服务器自动检索、更新和撤销证书的功能。初始认证根据运营商认证机构（CA）信任的供应商证书完成。即可以将演进型基站（eNB）公钥基础设施（PKI）作为平面层次结构引入，在运营商的网络中具有一个根认证机构。eNB 可以安装在工厂中的供应商证书的安全设备标识上。该功能也可以用作自组织网络 LTE 基站收发信台（SON LTE BTS）自动连接类型功能的一部分，并支持基站自动注册运营商证书。

6.3.2 IBC 公钥密码体系

由于 PKI 体系管理的复杂性，PKI 在提供了通用性的同时，也限制了公钥密码体制的灵活运用。尤其随着各种智能终端的出现以及移动网络的广泛应用，PKI 在管理上的缺陷也逐渐暴露：证书查找、更新、撤销等证书操作占用大量网络资源，同时也给应用系统带来了较大的存储开销和计算量。针对 PKI 体系中存在的缺陷，1984 年，Shamir 开创性地提出了基于标识的密码公钥体制的概念，在 IBC 中使用与实体相关的公开信息作为实体的公开密钥，比如实体的手机号、邮箱、设备编码等标识码或标识码的组合。这些标识码或者组合能够代表实体的唯一性，以防止实体抵赖。公钥也可以由标识信息在具体的密码方案中计算得出。在 IBC 体系中，存在一个私钥生成中心（private key center，PKC），负责根据实体标识 ID 生成对应的用户私钥。当一个实体加入一个基于 IBC 体系的系统中时，首先由 PKC 为其生成对应标识的私钥，并以离线或者在安全通道中的方式颁发给用户。IBC 作为公钥密码的一种应用体系，同样能够构建基于标识的公钥密码加密方案和数字签名方案。IBC 体制解决了公钥与实体标识的绑定问题，不再需要数字证书作为公钥载体，也不需要如 CA 的第三方提供服务，绕开了 PKI 基于证书目录认证体制的束缚，极大简化密钥的管理，去除了烦琐的证书申请和管理过程，认证过程更加简单，对于普通用户来说更加容易操作和理解。IBC 体制使用用户标识作为公钥，无需申请和查询数字证书，非常适用于如电子邮件安全、智能终端安全、物联网安全、大数据和云存储安全等应用。

6.4 电力物联网物理层安全防护技术

6.4.1 RFID 安全技术

（1）RFID 系统的安全威胁。随着 RFID 技术的快速发展，它在物联网中的应用已经远远超出了原有计算机系统的范围。其安全问题也成为一个业界广泛关注的问题，其主要原因包括以下几个方面。

1）标签计算能力比较弱。RFID 标签在计算能力和功耗方面具有特有的局限性，RFID 标签的存储空间非常少，最廉价的标签只有 64～128 位的存储空间，仅仅可以存放唯一的标识符。由于标签本身的成本所限，标签本身较难具备足够的安全能力，很容易被攻击者操控，攻击者可以利用合法的读写器或者自行构造的读写器，直接与 RFID 标签进行通信，读取、篡改甚至删除标签内所存储的数据。在没有足够可信任的安全机制的保护下，标签的安全性、有效性、完整性、可用性和真实性都难以得到保障。

2）无线网络的脆弱性。标签层和读写器层采用无线射频信号进行通信，在通信的过程中没有任何物理或者可见的接触，而无线网络固有的脆弱性使系统很容易受到各种形式的攻击。在给应用系统数据采集提供灵活性和方便性的同时，RFID 系统传递的信息也会暴露在环境中。

3）业务应用的隐私安全。在传统的网络中，网络层的安全和业务层的安全是相互独立的，而在物联网中，网络连接和业务使用是紧密结合的。物联网中传输信息的安全性和隐私性问题，也成为制约物联网进一步发展的重要因素。

根据 RFID 物联网的系统结构，可以把物联网面临的威胁和攻击分为两类：第一类是针对物联网系统实体的威胁，主要是针对标签、读写器和应用系统的攻击；另一类是针对物联网中的通信过程的威胁，包括针对射频通信和互联网通信的攻击。

（2）RFID 系统的安全机制。RFID 系统的安全机制可以分为物理安全机制、密码安全机制及两者相结合的安全机制三大类。

1）物理安全机制。物理安全机制通常用于低成本标签中，因为这些标签难以采用复杂的密码机制来实现与读写器之间的安全通信。物理机制主要包括 Kill 命令机制、休眠机制、阻塞机制、静电屏蔽和主动干扰等五大类。

a. Kill 命令机制。Kill 命令机制是解决信息泄露的一种简单方法。这种方法是从物理上毁坏标签，一旦对电子标签下达了 Kill 命令，电子标签便处于失效状态，不能被再次使用。执行了 Kill 命令之后，标签便终止了其生命，不能再发送或接收数据，这是一个不可逆的操作。为了防止标签被非法消灭，通常都需要进行口令认证。

实际应用中，结账时可以使用 Kill 命令消灭电子标签，商品表明已出售。然而，若遇到反向物流的问题，RFID 标签就无法再次利用。为此，IBM 公司开发出一种的可裁剪标签。结账时可以将 RFID 标签的天线刮除，从而缩短标签可阅读的距离，使标签不能被远距离读取。再次使用该标签时，虽然天线已经不能再使用，但是读写器仍能在近距离读取标签。这样，当消费者需要退货时，仍可以从 RFID 标签中读出相关的信息。

b. 休眠机制。休眠（sleeping）机制是使电子标签进入睡眠状态，而不是死亡。处于睡眠状态的电子标签，以后还可以通过唤醒命令将其唤醒。采用休眠机制，休眠中的 RFID 标签虽然不再响应读写命令，但是如果收到唤醒命令并且口令正确，标签就可以被唤醒，重新激活，就能够再次投入使用。

c. 阻塞机制。阻塞（blocking）机制通过标签中特定隐私位来限制读写器对电子标签的访问。如果隐私位为 0，表示标签是公开的，可以接受读写器的访问；如果隐私位为 1，则表示标签是保密的，不能够被读写器访问。从工厂生产出的某件产品贴上 RFID 标签起一直到该产品出售之前，即该产品在仓库、运输途中、超级市场的货架的时候，其隐私位设置为 0。此时，任何读写器都可以扫描产品的 RFID 标签。当消费者购买了贴有标签的该产品时，销售终端设备将隐私位设置为 1，从而限制读写器对电子标签的访问。

d. 静电屏蔽。静电屏蔽（electrostatic shielding）也称为法拉第网罩（faraday cage）屏蔽。由于无线电波会被金属材料做成的屏蔽网屏蔽，因此可以将贴有 RFID 标签的商品放入由金属网罩或金属箔片组成的容器中，从而阻止标签与非法读写器之间的通信。然而，由于每一件商品都需要一个网罩，因此静电屏蔽会增加成本。

e. 主动干扰。主动干扰法是标签用户通过一个设备主动广播无线电信号用于阻止或破坏附近的非法 RFID 读写器的窃听攻击。但是这一方法也可能干扰附近的合法 RFID 系统的正常读写，甚至会阻塞附近的无线电信号，对其他通信系统造成干扰。

2）密码安全机制。RFID 系统的密码安全机制是指利用各种成熟的加密算法和安全机制，来满足 RFID 系统的安全需求。近年来，学者们提出了很多低成本的安全认证协议，例如 hash - lock（哈希锁）协议、随机化 hash - lock 协议、hash - chain（哈希链）协议、Hash 函数构造算法、基于矩阵密钥的认证协议、数字图书馆协议等。

6.4.2 无线传感器安全体系

由于无线传感器的资源有限，无线传感器网络往往运行在十分恶劣的环境中，因此很容易受到恶意攻击。与传统移动网络相似，无线传感器网络主要面临的安全威胁、信息安全需求及网络安全体系如下：

（1）无线传感器网络面临的安全威胁。无线传感器网络面临的安全威胁主要包括干扰、截取、篡改、假冒等类型。

1）干扰。干扰是指使正常的通信信息丢失或不可用。传感器大多采用无线通信方式，只要在通信范围之内，攻击者便有可能使用干扰设备发射无线电干扰信号对正常的通信信号进行干扰。也有可能在传感器节点中注入恶意代码或指令，使整个无线传感器网络瘫痪。

2）截取。截取就是攻击者使用专用的设备获取传感器节点或基站、网关、后台数据库中的重要信息。

3）篡改。篡改就是攻击者并没有获得操作传感器节点的能力，但是却对传感器通信的正常数据进行修改，或者使用非法设备发送大量假的数据包到通信系统中，把正常数据淹没在假数据的海洋中，使本来数据处理能力就不高的传感器节点无法正常工作。

4）假冒。假冒就是使用非法设备冒充正常设备，潜入到传感器网络中，参与正常通信，获取信息。或者使用假冒的数据包参与网络通信，使正常通信延迟，或者诱导正常数据，获取敏感信息。

（2）无线传感器网络的信息安全需求。无线传感器网络的信息安全需求的总目标是要保证网络中传输信息的安全性。无线传感器网络的信息安全需求主要包括以下七个方面。

1）机密性。机密性是指传输的信息对非授方是保密的，机密性是确保无线传感器网络节点间传输的敏感信息（例如传感器身份、密钥等）安全的基本要求。如上所述，无线通信的广播特性使得信息很容易截取，机密性可以使攻击方即使在截获节点间的通信信号的情况下也无法掌握这些信息的真实内容。

2）完整性。无线传感器网络的工作环境给恶意攻击者实施数据篡改或破坏提供了方便。完整性要求网络节点收到的数据包在传输过程中未执行插入、删除、篡改等操作，即保证收到的信息与发送方发出的信息是完全一致的。

3）真实性。无线传感器网络的真实性需求主要体现在点到点的信息认证和广播认证上。点到点的信息认证是指任何一个节点在收到来自另一个节点的信息时，能够核实这一信息来源的真实性，即不能被假冒或伪造。广播认证则能够核实单一节点向一组节点发送信息时的真实性。

4）可用性。可用性要求无线传感器网络能够随时按预先设定的工作方式向系统合法用户提供信息访问服务，但攻击者往往通过复制、伪造和信号干扰等方式使无线传感器网络处于全部瘫痪或部分瘫痪的状态，从而破坏系统的可用性。此外，无线传感器网络为保证安全而增加的计算和通信量将消耗额外的能量，也会削弱无线传感器网络的可用性。

5）新鲜性。无线传感器网络由多个传感器节点组成，其多路径消息传输机制可能使接收方收到延迟的相同的数据包。新鲜性要求接收方收到的数据包始终都是最新的、非重放攻击的，即体现消息的时效性。无线传感器网络中共享密钥的传输对新鲜性比较敏感，易受重放攻击。

6）鲁棒性。无线传感器网络通信具有很强的动态性和不确定性，例如网络拓扑结构的变化、节点的加入或删除、面临攻击的多样性等。无线传感器网络对各种安全威胁应具有较强的适应性和存活性，即使某个攻击行为得逞，网络的鲁棒性将使这种影响被最小化，任何单个节点受到威胁都不会导致整个网络瘫痪。

7）访问控制。访问控制要求能够对访问无线传感器网络的用户身份进行确认，确保其合法性。但是传感器网络不同于传统的互联网，它并没有进、出网络的概念，每一个节点都是可以访问的，不能使用防火墙等技术来进行访问控制；无线传感器网络资源受限的特性也使得传统的基于非对称密码机制的数字签名和公钥证书机制难以应用。因此，必须建立一套适合无线传感器网络特点的，综合考虑安全性、效率和性能的访问控制机制。

（3）无线传感器网络安全体系。无线传感器网络由多个传感器节点、网关节点、基站和后台应用系统等组成。通信链路位于传感器与传感器之间、传感器与网关节点之间和网关节点与后台系统之间。对于攻击者来说，这些设备和通信链路都有可能成为攻击的目标。为了实现无线传感器网络的安全需求，必须综合运用多种不同的安全技术。设计并实现无线传感器网的安全体系，是实现无线传感器网络安全的关键。无线传感器网络安全体系能够从整体上应对无线传感器网络面临的各种安全威胁，达到满意的效果。无线传感器网络安全体系通过整体安全设计和分层安全设计将无线传感器网的各类安全问题统一解决，包括认证、密钥管理、安全路由等无线传感器网络安全体系。

对于无线传感器网络来说，提供安全机制和协议对系统进行安全防护是十分必要的。物理层需要对抗节点被捕获，通信链路层需要满足机密性、完整性和真实性。但是，仅仅保护传感器网络中两个节点间的通信信道的安全是不足够的。网络的核心协议，即提供服务的协议集也应该是安全的。网络协议和服务必须足以对抗任何可能的恶意攻击，以抵御来自无线传感器网络内外的安全威胁。

6.4.3 物联网终端安全

（1）物联网终端概述。物联网终端是物联网中连接传感器网络，实现采集物理世界中的原始数据并向物联网发送数据的终端设备。它担负着数据采集、初步处理、加密和传输等多种功能。

物联网终端由外围感知接口（传感器接口）、中央处理模块和外部通信接口等三个部分组成，通过外围感知接口与传感设备连接，如 RFID 读卡器、红外感应器和环境传感器等。对这些传感设备的数据进行采集并通过中央处理模块处理后，按照网络协议，经过外部通信接口，如GPRS模块、以太网接口和Wi-Fi等方式发送到以太网的指定中心处理平台。

物联网终端属于传感网络层与传输网络层的中间设备，也是物联网的关键设备。通过物联网终端的转换和采集，才能将各种外部感知数据加以汇集和处理，并将数据通过各种网络接口方式传输到互联网中。如果没有互联网终端，传感数据将无法送到指定位置，物联网将不能实现。

（2）物联网终端的嵌入式系统安全。物联网的感知识别型终端系统通常是嵌入式系统。嵌入式系统是以应用为中心，以计算机技术为基础，并且软硬件是可订制的，适用于对功能、可靠性、成本、体积和功耗等有严格要求的专用计算机系统。嵌入式系统的发展过程，经历了无操作系统、简单操作系统、实时操作系统和面向互联网的操作系统等四个阶段。结合嵌入式信息系统的结构，可以从硬件平台、操作系统和应用系统等三个方面对嵌入式系统的安全性进行分析。嵌入式系统的安全机制可以根据嵌入式系统不同层次的安全需求来制订。

1）安全电路层。通过对传统的电路加入安全措施和改进设计，实现对涉及敏感信息电子器件的保护。可以在安全电路层采用的措施包括通过降低电磁辐射、加入随机信息等来降低非入侵攻击所能测量到的敏感数据特征；加入开关、电路等对攻击进行检测，例如用开关检测电路的物理封装是否被打开。在关键应用，如工业控制中还可以使用容错硬件设计和可靠性电路设计。

2）硬件安全架构层。这种方法借鉴了可信平台模块（trusted platform module，TPM）的思路，采取的措施包括加入部分硬件处理机制以支持加密算法甚至安全协议；使用分离的安全协处理器模块以处理所有敏感信息；使用分离的存储子系统作为安全存储空间，这种隔离可以限制存取权限，只有可靠的系统部件才可以对安全存储区间进行存取；如果上述功能不能实现，可以利用存储保护机制，即通过总线监控硬件来区分对安全存储区域的存取是否合法来实现，对经过总线的数据在进入总线前进行加密以防止总线窃听。

3）软件安全架构层。软件安全架构层主要通过增强操作系统和虚拟机的安全性来增强系统安全，例如微软公司的下一代安全计算基础（next - generation secure computer base，NGSCB），通过与相应硬件的协同工作提供如下增强机制：进程分离，用来隔离应用程序，免受外来攻击；封闭存储，让应用程序安全地存储信息；安全路径，提供从用户输入到设备输出的安全通道；认证证书，用来认证软硬件的可信性。其他方法还有通过加强 Java 虚拟机的安全性，对非可靠的代码使其在受限制和监控的环境中运行。另外，该层还对应用层的安全处理提供必要的支持。例如，在操作系统之内或之上充分利用硬件安全架构的硬件处理能力优化和实现加密算法，并向上层提供统一的应用编程接口等。

（3）传统 SIM 卡安全防护。GSM 的 SIM 是基于 ISO/IEC7816 定义的接触式的智能卡。GSM 的 SIM 包含用户身份（Ki 密钥）和运营商特定认证算法 A3 和 A8 的永久记录。而标准定义的 A5 算法存储在移动设备硬件中。A5 算法也存储在 GPRS 服务的移动终端中，此时经过修正的算法称为 GPRS 加密算法。

GSM 系统为每个用户提供存储在用户 SIM 中以及在认证中心（AuC）中的用户专用密钥 Ki，在新的订阅创建的供应阶段发生，用户配置文件在其家庭网络的归属位置寄存器中被激活。AuC 提前计算一个安全参数三元组，或一组安全参数。三元组参数值包含随机数 RAND、鉴权响应 SRES 和临时密钥 TK（temporal key）。该三元组被传送并存储到用户当前订阅的漫游位置寄存器（VLR）中，用户特定的 Ki 密钥不会从 AuC 或 SIM 传送或暴露。认证的发生方式是使 AuC 生成一个新的随机数值，其范围在 $0.2^{128} \sim 1$。该值作为独立专用控制信道的初始信令的一部分发送到 SIM。然后，根据接收到的随机数、Ki 密钥和存储在 SIM 中的 A3 算法，计算出鉴权响应值。根据相同的信息，AuC 还计算了先前的 SRES 值。用户设备通过独立专用控制信道将鉴权响应值发送到对应的归属位置寄存器，然后位置寄存器将其与从 SIM 和 AuC 接收到的 SRES 值进行比较，若不同则终止呼叫尝试。若用户的 A3 或 Ki 值不正确，则 SRES 可能也不正确，呼叫尝试不被授权。

A3 算法是运营商特定的，并且位于 SIM 和 AuC 中。可以采用足够安全且复杂的算法，以确保无法通过 RAND 和 SRES 值计算 Ki 密钥。A3 算法一般是保密的，RAND 值长度为 128 位，SRES 值总是由 32 位组成，密钥的长度则由运营商指定。

（4）智能卡及安全元件。SIM 卡自身没有 I/O 能力这一点有利有弊，有利的方面是它的内容无法被操作，通信通过应用协议数据单元消息确认，是一种受控方式。

智能卡中包含安全元件（SE），可以为 SIM、UICC、ESE（嵌入式安全芯片）及外部微型数字（SD）卡提供安全防护。智能卡可根据物理特性分为接触卡和非接触卡，或根据功能特性分为内存卡、带有嵌入式操作系统的中央处理单元或多处理单元卡、多模通信卡和混合卡。

智能卡的简单形式是一种嵌入式电可擦除制存储器的内存卡，可以与卡的地址和安全逻辑相连，其安全逻辑还具有基于时钟信令和外部输入输出信令。存储器通常存储量不大，写入擦除事件量少。

6.5 安全防护技术在电力物联网中的应用

6.5.1 电力物联网中的安全防护概述

能源互联网下的电力物联网中，智能设备种类繁多，而且增长速度飞快，如果使用 PKI 体系来保障物联网中的信息安全，生成及管理数字证书的成本以及在后期数字证书应用中的通信和计算成本，将是不可估量的。物联网引入对物理世界的感知和控制，使得人与设备、设备与设备间的通信与协作成为可能，而作为用于识别和区分不同设备和逻辑实体以及信息资源的物联网标识则是实现以上通信与应用的基础和前提。因为 IBC 机制可以把实体的物理标识作为公钥，特别便于为物联网提供身份认证、网络通信安全、数据机密性等安全防护。

由于 IBC 体系中的私钥生成中心 PKC 掌握着生成所有用户私钥的系统主密钥，且生成私钥的算法是公开的，因此用户私钥和系统的安全性完全依赖于 PKC，一旦 PKC 的主密钥泄露，或者 PKC 被非法分子攻击并利用，便可冒充用户进行操作，这就是 IBC 固有的密钥托管问题。自 IBC 出现以来，学者们提出了很多针对密钥托管问题的解决方案，主要包括可追踪的基于身份的公钥密码方案、使用分布式 PKC 的方案、结合（短）证书的解决方案和无证书公钥密码方案（certificateless public key cryptography，CL－PKC）。其中无证书的公钥加密概念和方案是由里亚米和佩特森在 2003 年的亚洲密码年会上提出的，在无证书公钥密码体制下进行签名可以达到真正意义上的不可伪造性，同时也克服了 PKI 体系中的证书存在问题，对公钥真实性的认证不再需要证书，大大减轻了系统的复杂性和系统的开销，从根本上解决了上面两种密码体制存在的密钥托管和证书存在的问题。基于无证书的这些良好性质，学者们先后提出了大量的无证书加密方案。另外，由于 IBC 体系中，用户的公钥是从用户的标识信息中获得的，撤销用户的公钥相当于撤销用户的标识，因此不能简单撤销。设计合理的密钥撤销方案，也是 IBC 体系在应用中需要根据具体应用场景进行特别设计的部分。在当今信息爆炸、万物互联的时代，使用 IBC 体系来保障各种系统的信息安全性是一种必然趋势。趋利避害，如何利用好公钥密码体系 PKI 和 IBC 的各自优势，尽量规避每种体系的缺陷是密码技术应用领域需要多加探索的方向。

传统电网中用户和电网之间没有通信，或者只有电网向用户发送信息；传统电力信息网络采用专用通信网络或设备，实现与外部网络的严格物理隔离，安全风险主要来自内部网络和人员。然而，电力物联网下的智能配电网实现了用户和电网的双向通信，实现信息实时交互，暴露在互联网中的用户及用户终端在给电网提供实时信息的同时，也几乎将整个电力系统暴露在了公网之中，成为电力系统中最薄弱的攻击点。如用户最常用、最容易接触的终端设备——智能电能表，一旦被攻破，将对电力网络的其他设备构成威胁。

因而，智能电网对网络通信技术、存储技术、信息安全技术提出了更高的要求。因此，从信息安全角度出发，应对所有入网智能电能表进行认证，确保设备的合法性和独立安全性，确保用户和电网之间传输数据的完整性和机密性。

基于PKI的传统数字证书系统通过为每个智能电能表颁发数字证书，可以实现对用户智能电能表的认证；同时可以保障用户和电网双向通信时的数据安全性。但由于电网中智能电能表数以亿计，而且数量还会不断攀升，使得电力调度数字证书系统中数字证书的维护量巨大，系统的计算和存储负担较重。因而，需要在保留原有电力调度数字证书系统的基础上，适当增加IBC公钥密码体系，在未来的安全防护中逐步引入轻量级密码技术。在电网和用户进行双向通信时，通信双方能够直接根据彼此身份ID和系统公开参数计算出对方的公钥，使用公钥完成对方身份的验证，避免了使用数字证书查询和验证的过程，减少了业务流程，降低了系统计算复杂度。

为了对电力物联网中的所有互联互动实现安全管控，需要对整个网络进行安全防护。可信互联通过终端安全管控和安全身份认证来实现联通双方的合法性，安全互动通过数据分类授权，对不同数据进行不同级别的保护，防止数据在互动中的泄露。对电力物联网中的各种应用进行审计、认证、建立安全通道保证能源互联网和应用的安全。密码技术在电力物联网安全防护中起到至关重要的作用。电力物联网通过终端收集状态和数据，基础密码服务要为各终端提供身份认证的支持，可以采用终端标识码、基于IBC体系的实现身份标识认证。当这些状态和数据上传至网络，可通过使用专用密码认证网关、安全通信协议实现网络中的数据安全。进而将密码技术运用在云存储和云计算中，以保证全业务数据中心数据的安全性。另外，通过对接入电力物联网的应用严格审计，对应用使用密码技术进行强身份认证，确保应用安全和互动安全。

6.5.2　基于区块链技术的安全交易框架

该框架可以采用基于区块环链的服务以及一些相对安全的加密方法。加密和解密的过程是通过一个基于密钥的散列来实现的。同时需要完成风险建模和降低相对的风险，以此来阻止在物联网领域虚拟的个人网络攻击。在攻击之前和攻击之后，使用者都同样希望了解服务的质量。MQTT（message queuing telemetry transport，MQTT）经纪人作为一个谈判代表在云消费者和云提供者之间传送数据。在监视部分，使用者有机会重新思考可用性、可靠性和责任性，同时在基于 CPU 利用率、缓存状态和存储情况攻击系统之前恢复资源和实际资源。

针对中间人攻击的解决方案：区块链这种方法使中间人攻击几乎不可能发生。当用户在区块链平台上公布公钥时，数据将在数千亿个节点或区块上流通，发送方存储到以前区块的链接。对于黑客来说，要避免创建区块链不可变的加密是很困难的。因此，没有一个节点会严格地破坏它们的链。

针对后门攻击的解决方案：后门很难被检测到，检测方法也因计算机操作系统的不同而有很大的差异。应用能够提高系统安全性和信任度的块链。攻击者一端发送一些 shell 脚本编程作为有效负载，可以打开目标机的特定端口，攻击者可以根据需要在将来使用这些端口。在提出的框架中，连接的物联网传感器节点使用流行的 MQTT 协议将数据从发送方节点传输到接收方。MQTT 协议只接受一些细致的消息来响应数据事务。区块链框架仔细检查每个请求，如果发现即将到来的请求是任何类型的脚本或恶意软件负载，那么闪电网络（lightning network）机制会立即忽略挖掘即将到来的块。只有消息和它的哈希块才允许将该块挖掘到网络中进行物联网数据交易。因此，在提出的框架中使用区块链闪电网络可以防止后门攻击。

区块链有很多优点：加密、不变、分散、计算基础设施响应、分散交易处理平台、分散数据库、共享和分布式账本、软件开发平台、云计算、一对一网络等。考虑区块链为物联网开发一个完整的、安全的并行网络，该体系结构可分为，公共网络、云网络、企业和接收端并行网络三个主要部分。

（1）公共网络。在公共网络域中，存在不同类型的用户，如管理员、开发人员、操作员和审计员，最后是业务用户。公用网络的用户数据直接传输到边缘设备或服务器。此边缘服务器包括服务功能，需要通过网络向用户交付功能和内容，并负责域名系统（DNS）、内容交付网络（CDN）、防火墙和负载平衡。

（2）云网络。提出的云网络丰富了区块链及其应用。在这里，应用区块链应用程序，它能够通过从API管理器获取所需信息以及Web应用程序处理所有其他连续的应用程序，并运行到最终用户设备中。然后它直接连接到API管理器，再连接到边缘服务器。API经理负责区块链平台的管理。区块链平台由共识、账本、会员功能、牵引力、事件分布、通信协议、加密货币、安全运行环境等高级组件构成。这些服务的设计考虑到了开发安全可靠的通信系统。因此，这些基本服务适用于治理程序。每个策略包括安全指导和系统监控智能的不同方面，用于威胁检测和规避的日志分析提供了一个基于智能物联网的安全服务。所有这些应用程序都由系统管理器管理，系统管理器也连接到网络级别，能够设计维护良好的服务平台。收集的数据通过网桥（即转换和连接级别）传输到最后一个级别。转换和连接组件支持到企业或其他并行系统的安全连接。

（3）企业或接收端并行网络。企业应用程序可以是区块链应用程序与之交互的遗留应用程序。企业数据包括事务数据、应用程序数据或日志数据。企业目录存在于无线网络中，以支持企业的安全访问。在所有其他区块链的局限性中，由于网管决策过程缓慢，数据传输速度慢是最大的问题。为了解决这一难题，本书介绍了一种基于企业或数据排序组织的并行网络。该网络将选择具有名义网络让步的最小路径，以加快整个过程。

加密完成后，这个加密的应用程序被传输到区块链。它遵循分布式和分散式数据结构，创建数字交易分类账（DLT），并在分布式网络之间共享。

这些加密数据块之间相互连接，形成一个非常安全的分布式数据库，管理员和用户都能注意到，黑客除外。由无数人共同创建的数据库，但不能由任何不同的用户更改或更新。这将消除所有欺诈或第三方参与的可能性，如中间人攻击、后门攻击等。

更准确地说，当发送方要求数字事务时，它被保存在一个加密的安全块中，并发送到分布式网络，也就是所谓的对等（P2P）网络。这个P2P系统运行各种算法来估计和验证建议的交易。

如果大量节点同意特定事务，然后将事务定义为有效，即标识信息与块链的融合，则允许新操作，并将新块添加到链中，否则块将被拒绝。在块中记录事务后，它对每个查看者都可见，但不能修改。属于链的每个单独块都连接到上一个块和下一个块，这使得跟踪单独的记录很困难。为了入侵安全系统，黑客需要对每个单独的块进行黑客攻击，每个块包含相互连接的记录，这种情况不易出现，但不影响事务成功发生。详细的区块链安全交易框架描述及优势分析如图 6－5 所示。

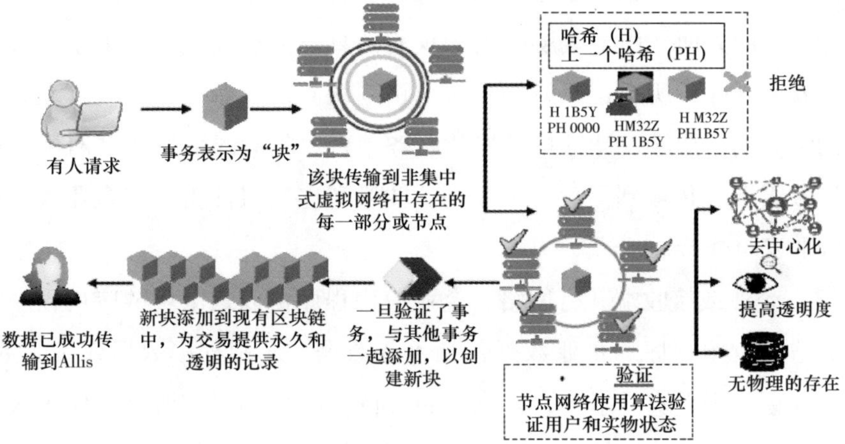

图 6－5　区块链安全交易框架描述及优势分析

6.5.3　基于轻量级算法的身份认证技术

射频系统中的传统身份验证通过数字签名和基于哈希的消息身份验证码（HMAC）等技术在网络中实现安全的数据通信，但这些技术会受到密钥恢复的攻击。物联网也使用开放认证（OAuth 2.0）协议，这些协议容易受到跨站恢复伪造（CSRF）的攻击，这表明这些技术可能无法防止对手使用入侵、侧通道、学习或软件攻击来复制或建模秘密 id 或加密密钥。此外，物理防克隆功能（physical unclonable function，PUF）可以利用人工制造过程的变化来唯一地识别硅芯片，这使得基于 PUF 的系统以极低的成本变得非常坚强和安全，因为实际上不可能在模具中复制相同的特性。在人类交流中，通常利用固有的声音信号的变化来确定一个特定的个体，而在 RF—PUF 深度神经网络框架中允许实时验证的无线节点，利用固有的过程变化影响射频无线发射器（Tx）的属性，通过现场机器学习判断接收机（Rx）的结束。该方法利用现有的非对称射频通信框架，不需要任何额外的电路来生成 PUF 或特征提取。

PUF 实现比基于内存的解决方案更简单，因为比起昂贵的加密硬件（如安全哈希算法或使用 NVM/SRAM 的公钥/私钥加密）消耗的能量和芯片面积要小得多，而后者也可能需要反篡改机制来检测入侵攻击。PUF 通常根据它们能够处理的质询—响应对（crp）的数量分为强 PUF 和弱 PUF。弱 PUF 支持少量 crp，这些 crp 与用于构建 PUF 的组件数量线性相关。另一方面，强 PUF 支持大量 crp，使得多项式时间攻击变得不可行。这些类型的 PUF 通常用于设备身份验证应用程序。

物联网系统可以从基于 PUF 的身份验证协议中获得显著的好处，其中可以将无线传感器网络中每个 Tx 的物理特性作为一种通用技术分析并存储在安全服务器中，从而扩展或替代传统的基于密钥的身份验证方案。在现代数字通信中，理想的数字调制数据通过发射机链中依赖于设备的独特模拟/射频（RF）损伤（例如频率误差/偏移和 I—Q 不平衡），在 Rx 处得到补偿。这些与过程相关的非理想性已经存在于无线通信信号路径中，并且通常作为不需要的非理想性而被丢弃或最小化。在 RF—PUF 中，通过 Rx 侧的一个原位轻量级机器学习（ML）引擎来接受这些现有的非理想性，该引擎提取“熵”并创建一个“强 PUF”来安全地标识 Tx（s）。这类似于人类语音通信中的固有身份验证。Rx 可以根据唯一的语音签名识别 Tx，而不是根据 Tx 所说的内容。模仿者也可以被识别为他独特的声音签名，但与 Tx 有显著区别。熵的来源在于说话者的声音特征（没有额外的硬件来提取熵），而熵的解码则在听者的大脑中（在 Rx 上进行烦琐的工作）。类似系统（RF—PUF），其中每个 Tx 中的唯一签名用于 Rx 脑内的设备识别，以 ML 硬件表示。整个系统在存在通道损坏的情况下，每个 Tx（s）本质上作为 PUF 典型实例工作。这种实现不仅有助于在资源受限的物联网环境中对物理节点进行身份验证，而且还支持入侵检测、取证数据收集、缺陷检测/监控和身体连接生物传感器等应用。

6.5.4 基于 MQTT 的安全技术

在电力物联网中，设备资源受限（计算能力、耗电量等）和网络受限（带宽、稳定性等），这些因素使得高安全性和高可用性更加难以权衡。

MQTT 是一个轻量级的基于代理的发布/订阅式消息传输协议，它的主要优势如下：

（1）可靠传输。MQTT 可以保证消息可靠安全的传输，并可以与企业应用简易集成。

（2）消息推送。支持消息实时通知、丰富的推送内容、灵活的 Pub－Sub 以及消息存储和过滤。

（3）低带宽、低耗能、低成本。占用移动应用程序带宽小，并且带宽利用率高，耗电量较少。MQTT 的优势还表现在安全性。相对于其他标准协议，MQTT 属于轻量级双向消息传输协议，主要优势是开源、可靠、轻巧、简单。MQTT 的传输格式非常精小，最小的数据包只有 2bit，且无应用消息头。MQTT 可以保证消息的可靠性，它包括三种不同的服务质量（最多只传一次、最少被传一次、一次且只传一次），如果客户端意外掉线，可以发布一条消息，同时支持持久订阅。

身份认证方式：① 通过用户名/密码。客户端按一定规则生成签名作为密码，然后 Broker 进行验签。②TLS/SSL。客户端使用 Broker 证书校验 Broker 身份；Broker 使用客户端证书校验客户端证书。

权限校验：为了限制客户端发布和订阅 Topic 的权限，Broker 必须具备 Topic 权限管理的功能，而且这些权限可以在运行时动态配置和调整。对于每个客户端，Topic 的权限管理主要包括允许的 Topic、允许的操作、允许的 Qos 等级。

该方案提供端到端安全性、链路层机制和逐条保护，使用 6lbr 6LoWPAN 边界路由器和 Mosquitto MQTT 代理，以创建完整的支持 IoT MQTT 的测试平台。包括不同的标准化的 IoT 通信协议的特征比较，并且可以根据应用的需要选择正确协议的指针。为了在电力物联网中准确评估轻量级 MQTT 安全方案，在实际应用中，可以安装多个传感设备，定期向后端本地 SCADA 服务器报告传感信息，该信息用于监视或对环境、其他操作环境做出反应。传感功能的作用是从特定的模拟或数字传感器读取数据并将其传输到网关设备，进而转发到后端。这些连接目前是有线连接的，随着电力物联网环境和其他关键应用的不断深入，将逐渐被无线链路取代。

6.5.5　云/雾计算安全关键技术

雾计算和云计算都提供计算、存储、应用、基础设施和数据资源。关键不同之处在于雾更接近底层访问节点。可以认为雾是局部化的，而云是广义的。雾将远处的云延伸到网络边缘，更靠近接入设备、物联网和无线传感器网络。换句话说，雾是一团下降的云。雾给敏感数据添加额外的安全防护层，包括医疗保健、位置、大城市安全和其他相关服务。这个云服务，特别是多媒体服务的质量取决于核心网络的质量。此外，雾因为由本地提供，所以更易获得，更高效、更容易访问。所以，当资源受限时，雾是比云（或仅有云）更可行的解决方案。云层结构及智能网关与雾计算示意如图 6 - 6 和图 6 - 7 所示。云/雾计算安全关键技术主要包括虚拟机安全技术、海量用户的身份认证、隐私保护与数据安全等三个方面。

（1）虚拟机安全技术。虚拟机中的安全问题主要指针对虚拟机控制器的各类攻击（对虚拟机控制器的恶意修改和嵌套等），以及基于虚拟机的 Rootkit。目前针对这些问题，主要采用的防护方法有基于虚拟机的入侵检测，基于虚拟机的内核保护和基于虚拟机的可信计算等。

在一个虚拟机系统中，可以部署多个虚拟机，并且每个虚拟机部署不同的服务，因此会产生不同的安全级别，在面向虚拟机网络入侵检测系统的设计中，需要针对这些不同的安全级别采取不同的安全配置。同时，也能针对各个虚拟机进行单独配置，用户可以按照各个虚拟机所配置的服务类型选择所需要的服务。在虚拟机中，由虚拟网桥负责转发虚拟机中所有的数据流，各个虚拟机的虚拟网络接口直接挂接在虚拟网桥的输出端，数据探测器部署在各个虚拟网络接口上，直接捕获到进出虚拟机的网络数据包。

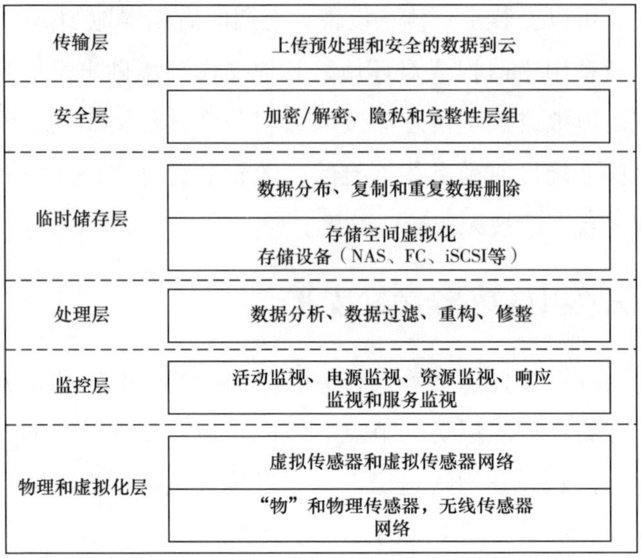

图6－6　云层结构

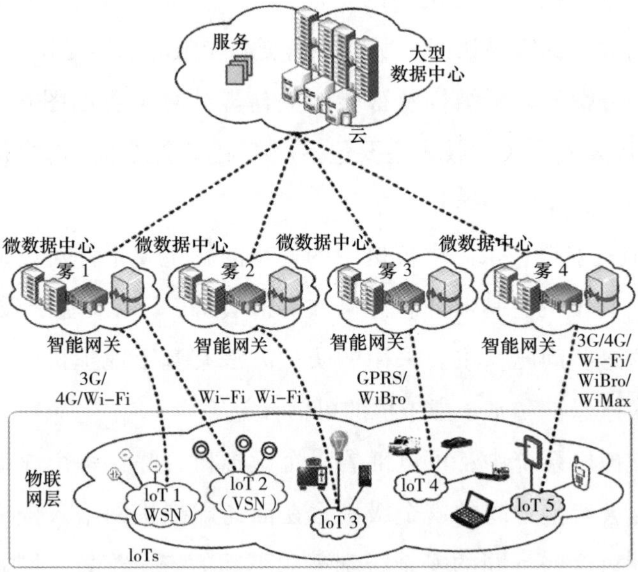

图6－7　智能网关与雾计算

（2）海量用户的身份认证。在互联网时代的大型数据业务系统中，大量用户的身份认证和接入管理往往采用强制认证方式，例如指纹认证、USB Key认证、动态密码认证等。但这种身份认证和管理主要是基于系统自身对用户身份的不信任思想而设计的。在云计算时代，因为用户更加关心的是云计算提供商是否按照 SLA 实施双方约定好的访问控制策略，所以在云计算模式下，研究者开始关注如何通过身份认证来保证用户自身资源或者信息数据等不会被提供商或者他人滥用。当前比较可行的解决方案就是引入第三方 CA 中心，由后者提供为双方所接受的私钥。

云计算系统应建立统一、集中的认证和授权系统，以满足云计算多租户环境下复杂的用户权限策略管理和海量访问认证要求，提高云计算系统身份管理和认证的安全性。

（3）隐私保护与数据安全技术。虽然云计算从服务提供方式上可以划分为 IaaS（基础设施即服务）、PaaS（平台即服务）和 SaaS（软件即服务）3 个层次，但本质上都是将数据中心外包给云计算服务提供商的模式。因此，如何保证用户数据的私密性及如何让用户相信他们的数据能够获得必要的隐私保护是云计算服务提供商需要特别关注的问题。用户隐私保护和数据安全主要包括各类信息的物理隔离或者虚拟化环境下的隔离、基于身份的物理或者虚拟安全边界访问控制、数据的异地容灾与备份以及数据恢复、数据的加密传输和加密存贮、剩余信息保护等。

在云计算应用中，数据量规模之大已经远远超出传统大型 IDC（internet data center）数据规模，同时不同用户对于隐私和数据安全的敏感度也各不相同。对数据隐私的保护是云计算服务能够被大众广泛认可并获得深入推广的必要前提，它要求为用户交付的服务的每一个环节都能得到安全性保证。

（4）安全量子隐写协议。量子无克隆定理和量子不确定性原理保证了量子通信的安全性，防止受到无条件攻击。量子通信中的攻击技术仅仅基于量子力学的原理。身份验证被认为是抵御主动攻击的必要手段。没有身份验证步骤，合法用户就可以很容易地被窃听和泄露秘密消息。有学者提出了一种具有散列函数的量子认证协议，该协议利用四个单位变换将经典比特（消息 + 散列值）直接编码成贝尔状态。假设 A 需要给 B 发个信息。当 B 收到信息时，他不知道是 A 还是 M 发来的。因此，B 需要一种技术来验证传输消息的安全性。量子认证用于验证传输消息的安全性。目前，大多数量子认证协议都是密码术、量子隐形传输和量子网络协议，而且还没有量子隐藏协议来认证嵌入的秘密数据。因此，有必要研究基于认证技术的量子隐写协议，以实现嵌入式秘密消息的高安全性。

（5）因此，有学者提出了一种新的量子保密框架——安全信息包。该方法基于量子纠缠态、异或运算（XOR）、格雷码和散列函数。表 6－1 简单地比较了一些最新的协议和当前的协议。在建议的协议中，A 计算秘密消息的散列值，然后获得格雷码，用于对初始状态的标签和作为最终状态标签的位序列执行 XOR 操作。然后，A 通过对初始状态的两个第一个粒子进行两个单一操作，将初始状态转换为最终状态。B 可以通过对最终状态和初始状态的格雷码的解码操作执行 XOR 操作来获得位序列。B 可以从位序列中提取编码的散列码和秘密消息，然后获取恢复消息的散列值。通过检查编码后的散列码和恢复后的消息的散列值，B 可以保证嵌入的秘密信息的安全性。因此，B 将恢复对发送的量子比特的任何测量。雾云物联网安全量子隐写的框架如图 6－8 所示。

表 6－1　当前的协议和最新的协议的比较

项目	本方案	方案 1	方案 2
身份验证	哈希函数		哈希函数
隐写技术	基于隐藏规则	基于隐规则的量子秘密信道	—
混乱	使用 XOR 操作和格雷码	—	
纠缠粒子	两对纠缠粒子的序列	使用任何量子安全直接通信（QSDC）	一对纠缠粒子的序列
隐藏规则	基于两种贝尔状态	基于贝尔状态	—
一元变换	初始贝尔状态到终态的转换	初始状态到最终状态的转换	直接用于对经典位进行编码（消息＋其散列值）
不考虑量子性质的安全性	认证和初始贝尔状态	初始贝尔状态	身份验证

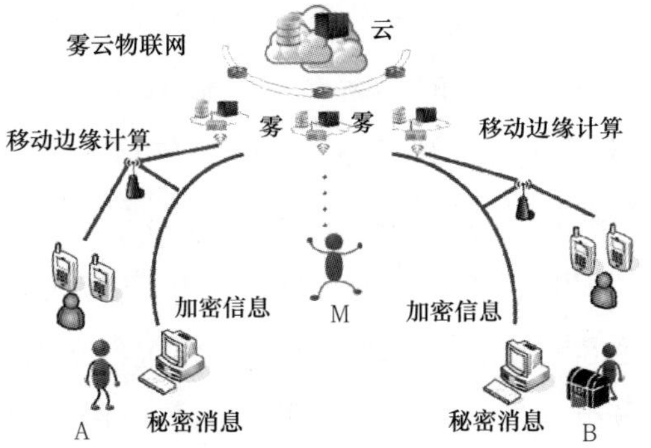

图6－8　雾云物联网安全量子隐写的框架

6.5.6　隐私保护技术

对于隐私保护技术，国内外学者已经有了很多研究。目前的隐私保护技术主要集中在数据发布、数据挖掘以及无线传感网等领域。

没有任何一种隐私保护技术能够适用于所有的应用。数据隐私保护技术大体可分为3类：

（1）基于数据失真（distorting）的技术。使敏感数据失真但同时保持某些数据或数据属性不变的方法。例如，采用添加噪声（adding noise）、交换（swapping）等技术对原始数据进行扰动处理，但要保证处理后的数据仍然可以保持某些统计方面的性质，以便进行数据挖掘等操作。

（2）基于数据加密的技术。采用加密技术在数据挖掘过程中隐藏敏感数据的方法。多用于分布式应用环境中，如安全多方计算（secure multiparty computation，SMC）。

（3）基于限制发布的技术。根据具体情况有条件地发布数据。如不发布数据的某些域值、数据泛化等。

数据隐私保护示意图如图6－9所示。大多数匿名化算法致力于解决根据通用匿名原则，怎样更好地发布匿名数据。另一部分工作致力于解决在具体应用背景下，如何使发布的匿名数据更有利于应用。因此，又出现采用聚类思想进行匿名化的算法，它能够在发布数据精度和计算开销间达到较好的平衡。

近年来，随着移动通信设备和无线通信技术的快速发展，定位技术的不断成熟以及服务与内容提供商的不断增加，基于位置的服务（location based service，LBS）呈现出迅猛增长的态势。然而，在 LBS 服务中，由于用户的位置频繁变换，LBS 必须不间断地跟踪用户当前所在位置，导致用户的位置信息越来越多地暴露给 LBS 服务提供商，使得将用户位置信息作为用户个人的隐私信息得到保护变得更加重要。研究表明，位置信息能否得到妥善的保护，将成为影响 LBS 服务得到进一步推广和普及的关键因素之一。LBS 服务中对用户隐私信息的保护成为亟待解决的问题。

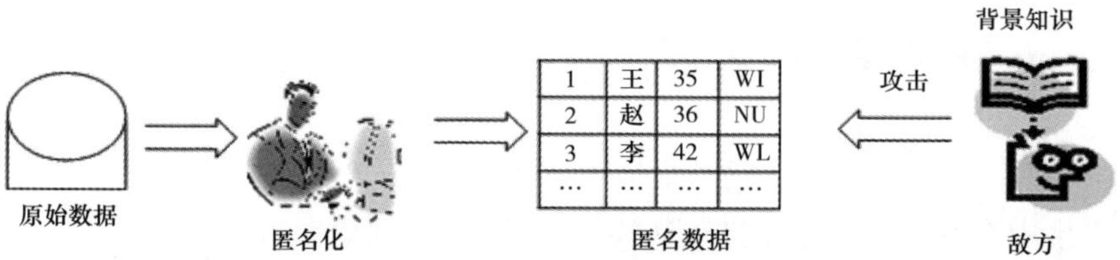

图 6－9　数据隐私保护示意图

轨迹隐私是一种特殊的个人隐私，它是指个人运行轨迹本身含有的敏感信息（如访问过的敏感位置），或者由运行轨迹推导出的其他个人信息（如家庭住址、工作地点、生活习惯、健康状况等）。因此，轨迹隐私保护既要保证轨迹本身的敏感信息不泄露，又要防止攻击者通过轨迹推导出其他的个人信息。轨迹隐私保护技术大致可以分为以下 3 类：

1）基于假数据的轨迹隐私保护技术。它是指通过添加假轨迹对原始数据进行干扰，同时又要保证被干扰的轨迹数据的某些统计属性不发生严重失真。

2）基于泛化法的轨迹隐私保护技术。它是指将轨迹上所有的采样点都泛化为对应的匿名区域，以达到隐私保护的目的。

3）基于抑制法的轨迹隐私保护技术。它是指根据具体情况有条件地发布轨迹数据，不发布轨迹上的某些敏感位置或频繁访问的位置以实现隐私保护。典型隐私保护方法的对比如表 6－2 所示。

表6－2　典隐私保护方法的对比

方法	主要优点	主要缺点
假数据法	计算量小，易实现	数据失真严重，算法移植性差
泛化法	算法移植性好，数据较真实，易实现	最优化轨迹匿名开销大，有隐私泄露风险
抑制法	隐私保护度高，易实现	数据失真严重

第7章

电力物联网技术标准体系初探

电力物联网是实现全面共享与协同可持续的电力产业升级变革的有效途径，是推动智能电网向透明电网和零边际成本电网有序演化的可行方案。PIoT作为能源供给和电力服务发展的重要方向，将有力带动相关技术的进步和产业的发展。标准化工作是促进 PIoT 健康有序发展的重要支撑，标准体系是指导 PIoT 标准制定的一项战略性、纲领性工作，是 PIoT 技术标准的顶层设计。因此，构建 PIoT 标准体系，通过标准化手段提高 PIoT 建设和服务质量，已成为促进行业规范管理、推进电网高效发展的重要保障。本章从 PIoT 标准体系建设的需求和原则入手，设计了基于三维空间标准对象分析的 PIoT 标准体系构建方法，并结合对现有相关标准的适用性简要分析，初步提出了包括通用共性标准、感知控制域、物联集总域、网络通信域和用户域共 5 个专业领域、17 个子域、43 个标准系列的 4 层级 PIoT 标准体系构架，为今后开展 PIoT 的标准化工作提供重要参考。

7.1 相关标准现状

世界各主要国家、国际和地区合作机构，以及各国际标准组织等，已在物联网、智能电网、可再生能源、电网互联以及电力信息通信等领域开展了大量研究工作，形成了相应的标准体系或标准系列，这为 PIoT 标准体系的研究和制定奠定了良好基础。

7.1.1 物联网标准

国际电信联盟（international telecommunication union，ITU）于 2005 年 11

月27日在突尼斯召开信息社会峰会，发布了《ITU互联网报告2005：物联网》，正式提出IoT的概念。随后，这一新兴的技术革命在工业发展和民生改善等领域的优势迅速凸显，直接引导了产学研各界为创造一个充满活力的IoT发展环境，在理论储备、科研立项、技术创新和标准制定等方面展开了集中探索。

在2018年1月召开的ITU远程通信标准化组织（ITU-T）SG20（物联网和智慧城市研究组）WP1全会上，中国信通院与中国联通共同主导的《物联网边缘计算》国际标准成功立项，这是ITU-T在IoT领域的首个边缘计算项目。另外，我国全国信息技术标准化技术委员会承担了“物联网标准体系建设及关键技术标准研制”国家物联网应用示范工程建设，提出了我国IoT标准体系架构，开展了47项IoT标准、16项传感网标准的研制工作；建立了RFID标准体系，制定国家标准40余项、行业标准16项；发起成立ISO/IEC JTC 1（Joint Technical Committee 1）WG7传感器网络工作组，提出并立项国际标准1项。这些工作都为IoT应用示范工程顺利实施和IoT产业健康发展提供了有力保障。特别是我国主导的《ISO/IEC 30141物联网参考架构标准》于2018年7月被国际标准化组织（international organization for standardization，ISO）采纳，成为全球IoT发展的重要指针。

2019年5月21日，美国电气和电子工程师协会标准协会（institute of electrical and electronics engineers standards association，IEEE-SA）获批出台了最新的IEEE P2413-2019《物联网结构体系标准草案》，该草案定义了符合ISO/IEC/IEEE 42010：2011国际标准的IoT体系结构框架，将全社会共同关注的输变电设备物联、智能电网物联等领域的焦点问题进行了全面描述，不仅定义了IoT组成要素的概念基础和不同网域间的纵向关系，还对关于IoT主体结构的共性观点集进行了详细阐述，促进了技术的跨域交互，提升了系统的互操作性和功能兼容性，进一步推动了IoT市场的发展。

2019年10月15日，IEEE P2144《基于区块链的物联网可信数据管理标准》制定工作在粤港澳大湾区正式启动，会议结合区块链技术提出了3项IoT管理相关标准，均归口于IEEE消费技术协会区块链标准委员会（CES-

BSC)。IEEE P2144 标准如表 7 – 1 所示。

表 7 – 1 IEEE P2144 标准

序号	标准号	标准名称
1	IEEE P2144. 1	基于区块链的物联网（IoT）数据管理标准体系
2	IEEE P2144. 2	基于区块链的物联网（IoT）数据管理功能需求标准
3	IEEE P2144. 3	基于区块链的物联网（IoT）数据管理评价标准

7. 1. 2 智能电网标准

智能电网是一个高度自动化和广泛分布的能量交换网络，通过电力和信息的双向流动实现信息实时交换和设备层次上近乎瞬时的供需平衡。而智能电网标准体系是智能电网规划和建设的重要制度保障，国际大电网会议（CIGRE）、国际电工委员会（international electro technical commission，IEC）、IEEE 等国际组织均对此高度关注。

IEC 标准化管理局于 2009 年 4 月底在法国巴黎正式启动智能电网战略工作组（Strategy Group：Smart Grid，SG3），并于次年发布包含 38 个标准系列，共 295 项标准的《IEC 智能电网标准化路线图（1. 0 版）》，并将 IEC 62351、IEC 62357 等 5 个标准系列，共 54 条标准推荐为 IEC 智能电网的核心标准，随着不断地整合和发展，重新修编后的 IEC TR 63097 版本路线图于 2017 年发布，集中关注领域为智能电网信息自动化模式、环境标准以及市场和管理需求等。2009 年 5 月，IEEE 也成立专门工作组开展智能电网标准和互通原则的研究工作，旨在推动电力、信息通信技术的高效互动，并于 2011 年 9 月发布 IEEE P2030 – 2011《支持电力系统（EPS）、最终应用和负载的能源技术和信息技术操作的智能电网互操作性指南》，为理解和定义电力系统与终端应用和负荷的智能电网互操作性提供了重要方向。目前，部分 IEEE 智能电网相关技术标准已转化为 IEC 标准，例如 IEEE C37.111《暂态数据交换 COMTRADE 格式标准》已转化为 IEC 60255－24、IEEE 1588《精确时间协议标准》已转化为 IEC 61850－9－3 等。由欧洲电工标准化委员会于 2018 年 6 月批准的 BS/EN 50491－12－1 欧盟标准则着重从用户角度定义了用户能源管理器（customer energy manager，CEM）与智能楼宇内的智能设备之间应用接口的一般要求和体系结构。

国家电网公司也派员参与了 SG3 和 IEEE P2030 工作组的标准研究工作，组织或参与制定的标准分别归口 IEC－SMB 和 IEEE－SA。同时，国家电网公司成立了智能电网技术体系研究专家工作组，在梳理 8 大类，共 779 项国际标准和 772 项国内标准的基础上，于 2010 年 6 月底发布《国家电网公司智能电网技术标准体系规划》（简称《规划》），用于指导国家电网公司坚强智能电网企业标准的编制，并取得积极反响。《规划》涵盖综合与规划、智能发电、输电、变电、配电、用电、智能调度和信息通信共 8 个专业分支、26 个技术领域、92 个标准系列的若干具体标准，包含坚强智能电网技术标准 274 项，其中电网智能化标准 168 项。全部的标准制定工作已于 2014 年基本完成。

另外，美国国家标准技术研究所、日本经济产业省、欧洲（电工）标准化委员会等国际组织或机构，以及德国、意大利、圣地亚哥、澳大利亚和韩国等世界主要国家也对输配电系统广域感知、需求侧响应及管理、智能及自动化楼宇、电气化交通、高级量测以及电动汽车等智能电网领域的技术标准制定工作给予了重点关注，并使其不断推进和发展。

7.1.3 可再生能源标准

无论是智能电网还是能源互联网，均以高效大规模可再生能源消纳或输送为重要导向。2016 年 7 月，美国纽约州公共服务委员会正式批准 CES 清洁能源标准，明确承认核电厂的“零”碳排放，这意味着纽约州到 2030 年将实现 50% 的可再生能源电力来源。而国内外现行可再生能源标准主要集中在发电、储能及其相关设备方面，例如 IEC/TS 62257《农村电气化用小型可再生能源和混合系统的建议》、IEEE 1561《远程混合动力系统中铅酸电池性能和寿命优化指南》、GB/T 50801—2013《可再生能源建筑应用工程评价标准》等，鲜见大规模可再生能源及储能并网、运行控制及与系统互动等方面的要求和规范。

2016年，由国家电网公司牵头编制的IEC标准《分布式电源与电网互联》正式获批，填补了IEC分布式电源并网标准的空白，将为引导世界范围内可再生电源与电网优化互动技术的应用发挥重要作用。目前，IEC和IEEE正在不断推进可再生能源并网类标准的制定工作，如IEC/TS 62738系列、IEC 61400系列，以及IEEE 1547系列和IEEE P2030系列标准等，分别对光伏、风电并网设计、仿真和测试、储能接入和互操作进行了规范。事实上，在可再生能源大规模开发环境驱动下，英国、美国、德国、加拿大、巴西、丹麦和西班牙等国家均已制定了自己的可再生能源并网规程或发展计划。

2018年10月30日，国家发展改革委、国家能源局联合印发《清洁能源消纳行动计划（2018～2020年）》，其中明确要求到2020年，基本解决清洁能源消纳问题，确保全国平均风电、光伏和水能利用率均达到95%以上；全国核电实现安全保障性消纳。这就需要多措并举，科学调整可再生能源发展规划，建立健全除发电和设备标准外的中长期电力交易中非水可再生能源的电价标准和核算标准，完善电力现货市场准入、多种能源联合运行调度以及煤改清洁能源等的相关国家标准。

7.1.4 电网互联标准

电网互联能够有效实现源荷供需结构优化，增强资源配置的精度和灵活性，同时能够协调不同区域自身的容量约束，平衡必要的紧急功率支援，提升整个电网的安全运行水平。电网互联的相关标准主要涉及互联电网的安全稳定性分析、监测与评价、控制与保护、调度与交易等几个方面。

IEEE针对电网互联相关标准的制定做了大量工作。在电力系统稳定性方面，IEEE P1110系列标准对同步发电机的直轴、交轴模型和暂态电抗模型进行了详细分类，给出了发电机/系统接口的基本概念和数学方程，概括了系统稳定性的属性判定、辨识方法和模型应用场景。IEEE P421 系列标准描述了包含激励限值和辅助控制在内的、适用于大电网稳定性分析的励磁系统控制器模型，使现场试验数据成为控制器参数获取的重要手段；在电能质量方面，提出了 IEEE P1159《电能质量监测推荐实施规程草案》系列标准、IEEE P1250《用于识别和改善电力系统电能质量的指南草案》系列标准以及 IEEE P519《电力系统谐波控制的建议实施规程和要求草案》系列标准等相关标准近三十项；在控制与保护方面，提出了 IEEE 94 – 1991《电力系统自动发电控制定义推荐标准》、IEEE 1676 – 2010《用于输配电系统的大功率（1MW 以上）电子器件控制架构指南》、IEEE 1826 – 2012《100kW 以上额定功率分区配电系统的电力电子开放系统接口标准》，以及 IEEE C37《电力系统保护试验》系列标准，其中部分标准在原有标准基础上修订，如 IEEE C37. 17 – 2012 标准在美国国家标准局（American National Standards Institute，ANSI）C37. 17 – 1997 标准的基础上修订，部分标准已转化为 IEC 标准，如 IEEE C37. 111 – 2013 标准已转化为 IEC 60255 – 24 标准（2. 0 版）等。部分现行 IEEE C37 系列标准如表 7 – 2 所示。

表 7 – 2　部分现行 IEEE C37 系列标准

标准号	标准名称	适用范围说明
IEEE C37. 111 – 2013	测量继电器和保护设备：电力系统暂态数据交换通用格式	定义了包含采集于电力系统或电力系统模型和瞬态波形的数据文件格式，旨在提供一种易于解释的数据交换形式
IEEE C37. 118. 2 – 2011	电力系统数据同步传输标准	定义了电力系统设备间同步相量测量数据的交换方法，以保证相量测量单元（PMU）、相量数据集中器（PDC）和其他应用设备之间的实时通信
IEEE C37. 244 – 2013	用于电力系统保护、控制和监控的相量数据集中器要求指南	描述用于电力系统保护、控制和监视设备的 PDC 的性能、功能和通信需求，涵盖了同步数据处理和实时访问的功能

续表

标准号	标准名称	适用范围说明
IEEE C37. 246 - 2017	输电发电互联的保护系统指南	接受了输电发电互联的保护方案，旨在描述输电系统和10MVA以上发电设施之间的互联设备的保护系统应用
IEEE C37. 232 - 2011	用于命名时间序列数据文件的通用格式标准	指定了用于命名时间序列数据（TSD）文件的标准过程，描述了TSD文件的来源及命名依据，说明了技术限制和应用，并且讨论了操作系统和各种VINTAGE之间的兼容性问题
IEEE C37. 247 - 2019	电力系统相量数据集中器标准	定义了PDC应该执行的最小功能，给出了这些功能的六项基本要求，描述了它们的测试方法，并讨论了PDC特有的网络安全问题

在电网互联方面，IEC 主要制定了电磁兼容方面的 IEC 61000 系列标准以及包含欧洲和北美两个分支的电力市场方面的 IEC 62325 系列标准。欧盟各国现行电力系统安全标准和电能质量标准分别为 NGC SQSS 和 EN 50160 - 2007，电力系统运行的联络线控制性能评价类 CPS 系列标准在北美洲影响广泛。我国在电网运行控制方面主要参考北美 CPS 系列标准，形成了以 GB/T 31464—2015《电网运行准则》、GB/T 35682—2017《电网运行控制数据规范》、DL 755—2001《电力系统安全稳定导则》、DL/T 1092—2008《电力系统安全稳定控制系统通用技术条件》等为代表的电力系统安全运行标准体系；在电能质量方面，制定了包括 GB 12325—2008《电能质量 供电电压偏差》、GB/T 35726—2017《并联型有源电能质量治理设备性能检测规程 》、NB/T 31005—2011《风电场电能质量测试方法》等在内的国家标准 17 个系列，制定了包括 DL/T 1053—2007《电能质量技术监督规程》、DL/T 1194—2012《电能质量术语》、DL/T 1208—2013《电能质量评估技术导则 供电电压偏差》等在内的电力行业标准 7 个系列；在电力市场方面，制定了 GB/T 2900. 87—2011《电工术语 电力市场》、DL/Z 885—2004《电力系统控制及其通信》、DL/T 1008—2006《电力市场运营系统功能规范和技术要求》和 DL/T 1033. 12—2006《电力行业词汇 第 12 部分：电力市场》共三个系列的电力行业标准。

7.1.5 电力信息通信技术标准

电力信息通信技术是电网安全可靠稳定运行的重要支撑，电力信息通信网建设水平关系“万物互联”和“全面协同”的成败，因此以标准化手段提高电力通信网建设和服务质量，已成为促进行业规范管理、推进网络高效发展的重要保障。

在公网通信技术标准体系的研究方面，国际互联网工程任务组（the internet engineering task force，IETF）、ITU－T 和中国通信标准化协会（china communications standards association，CCSA）等机构或组织走在了前面，而随着智能电网概念的兴起，电力信息通信技术专业标准的研究受到了越来越多的关注和重视。

目前，IEC 共成立了 13 个与信息通信技术直接相关的标准化工作组，尤其是于 1987 年与 ISO 共同建立的 JTC1 联合技术委员会代替了 TC97 工作组，专门从事信息技术领域的国际标准化工作，制定了 ISO/IEC 26907《信息技术　系统间通信和信息交换》系列、ISO/IEC 8208《信息技术　系统间的电信和信息交换》系列、ISO/IEC 15423《信息技术　自动识别和数据采集技术》系列等逾百类相关国际标准，其秘书处设在 ANSI。依托 ISO/IEC 8802－3 和 ISO 9506－1、ISO 9506－2 标准，IEC 建立了以 IEC 61850《变电站智能电子设备通信协议》为厂站（子站）端基础、IEC 61968《配电力信息通信国际标准》和 IEC 61970《能量管理系统应用程序接口（EMS－API）》为主站端（控制中心）基础、IEC 62351《标准变电站原型系统关键技术》为信息安全基础的智能电网通信标准体系架构。2017 年初，IEC《IoT 2020：智能安全的物联网平台》白皮书发布，阐述了智能安全 IoT 发展的“平台的平台”化概念，其中第 5 代蜂窝接入系统（5G）标准、下一代卫星/装置间通信传输层协议的标准以及 IoT 设备能够升级至新连接标准能力的标准被确立为信息通信领域重要的未来标准。

1991 年 7 月，我国电力行业信息标准化技术委员会（简称信息标委会）成立，标委会该始终致力于为电力行业制定基础性公用的电力信息标准。目前，标委会下设信息规划设计、信息应用系统、物联网等十个工作组，其标准体系收录标准 7 个系列，共计 1382 项，其中国际标准 279 项、国家标准 344 项、行业标准 759 项，另有在研标准 27 项。信息标委会收录标准分类统计结果如图 7－1 所示。

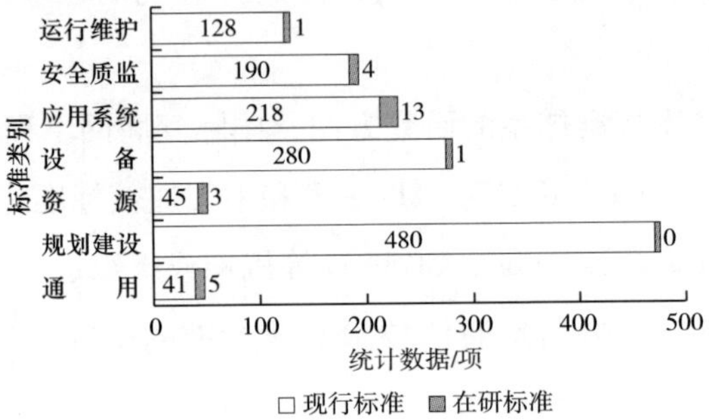

图 7－1　信息标委会收录标准分类统计结果

2018 年 12 月 10 日，《信息标委会》印发国家标准《电力物联网信息通信总体架构（征求意见稿）》，从概述、实体描述和接口三个方面分别对电力物联网的通信和信息架构进行了全面阐述，对指导 PIoT 信息通信标准体系建设具有重要意义。

7.2 PIoT 标准体系架构设计

7.2.1　需求分析及设计原则

（1）PIoT 标准体系需求分析。全面推进新基建重点项目，加快具有中国特色国际领先的能源互联网企业建设的重要物质基础之一就是建设能够实现广域数据关联、信息检索和通信，实现设备集成和互操作，并具有安全、隐私和可信等特征的 PIoT，这是 IoT 技术在电力行业的具体应用落地，二者的关键都是实现实时高效的信息采集、传递和处理，其最本质的区别则在于应用场景的不同。PIoT 的发展目标就是让 IoT 成为基础设施，实现无处不在的电、无处不在的连接。

PIoT 是充分应用“大—云—物—移—智—链”等现代信息通信技术的全业态智慧服务系统，PIoT 建设应以广域感知为基础，以高效信息通信为媒介，通过物联管理实现数据的统一规模化接入，并以中台聚合复用数据提供全面共性的电力服务，将在统一感知、实物 ID 应用、营配贯通、链式物资供应、精准主动抢修、虚拟电厂、一站式智慧能源服务、大数据应用以及新能源云、车联网等领域，为电网企业和新兴业务主体赋能服务。

建立 PIoT 标准体系，首先要了解电力企业当前的战略发展规划，深入分析不同专业领域的技术标准化需求，明确标准短板和现行标准差异，顺应 PIoT 发展趋势，全方位、多角度地契合和指导生产发展实际。根据《IoT 2020：智能安全的物联网平台》中的 ITU－T Y. 2060 概述，PIoT 的主体架构也应包括设备层、网络层、服务和应用支持层、应用层四个层级，梳理分析 PIoT 所包含的四个层级的标准化需求，具体如下：

1）不同应用场景下，设备层业务终端有各自的技术、功能、检测等标准和规范，但标准差异较大。业务终端边缘计算能力已被逐渐重视并应用，业务终端的标准化工作尚未开展。

2）从技术功能角度，网络层可分为传输网、数据网、接入网和卫星网四层。为支撑 PIoT 海量数据的实时接入和传输需求，在卫星和终端装置间实现“高宽带、低时延、广覆盖、大连接”的一体化全业态通信网络标准体系建设势在必行。

3）服务和应用支持层也可称为平台层，其主要涉及物联管理平台、资源和数据中台、人工智能平台以及云平台等，除云平台已有系列标准（例如于 2020 年 3 月 1 日刚刚实施的国家标准 GB/T 37740—2019《信息技术 云计算 云平台间应用和数据迁移指南》）外，另外三者目前均未见任何国家标准、行业标准、团体标准和企业标准发布。随着 PIoT 建设的规划与开展，相应标准应尽快开展制定或修订。

4）对电力企业而言，PIoT 的应用层主要分为内部业务和外部业务两方面。其中内部业务标准相对比较完善，例如电网运行、企业经营、客户服务等；外部业务中的电动汽车充换电、分布式能源及其并网方面也已完成标准制定工作，而智慧能源综合服务、新能源大数据平台、光伏云网、客户用能服务平台等新兴业务标准亟待制定。

（2）PIoT 标准体系设计原则。GB/T 13016—1991《标准体系表编制原则和要求》要求标准体系的研究与编制要做到全面性、系统性、先进性、预见性、可扩充性五个方面。标准体系建设重点在于要能够达到横向标准分类全面、纵向上层指导标准和下层支撑标准齐全，体系完善；要保证体系内、外标准逻辑清晰、相互协调，避免同一体系或不同体系同领域标准的标准对象、标准内容交叉、重复或矛盾；要能够适应专业领域内的需求变化和技术创新，做到动态更新，持续改进，保持必要的先进性。除以上通用原则外，PIoT 标准体系制定还应突出电力行业特色，满足 PIoT 相关政策和技术的发展需要，因此需另外考虑以下要求：

1）政策先导，创新驱动。PIoT 标准体系建设要全面贯彻新发展理念，坚持落实“四个革命、一个合作”国家能源安全新战略，坚决履行电力体制改革和供给侧结构性改革义务，持续推动我国能源转型，推动智能电网、能源互联网和 PIoT 长远发展。

2）依托主业，全面高效。PIoT 标准体系建设要紧密围绕主业主责，充分引入互联网思维和市场化理念，兼顾电力生产各环节，以扩大终端覆盖，提升传输支撑、强化数据资产管理和综合应用、改善服务质量、确保电网安全高效运行为重要目标，使 PIoT 标准体系真正实现“横向互联、纵向贯通”，引领和指导上下游企业和用户实现价值共创、互利共赢。

3）经济实用，聚焦价值。PIoT 标准的制定关键是坚持需求导向，明确标准体系建设需求的实际内容或修订理由，聚焦价值作用发挥，充分考虑实用性、经济性和基层应用的便捷性，在实用、实效上下功夫；加强 PIoT 标准体系实体建设，推动实体标准的广泛应用。

7.2.2　PIoT 标准体系构建方法

（1）标准体系构建方法。PIoT 的相关研究起步不久，其标准体系尚属空白。与能源互联网情况类似，PIoT 同样以智能电网为核心技术基础，且目前国内各科研机构在研究 PIoT 的过程中，仍在沿用智能电网的标准体系。随着 PIoT 的不断发展和推进，现有标准框架会难以满足快速增长和变化的新兴业务需求，因此适时在已有相关标准体系的基础上，启动 PIoT 标准体系的制定工作势在必行。

PIoT 标准体系构建方法论的实质是电力企业、电力用户和未来可能参与到电力生产、电力交易中的各个实体在逐步探索 PIoT 的发展过程，提升自身认知水平的根本方法的综合，是所需标准的合理组成方案和建立的标准资源的集合。统一的标准体系也是保障 PIoT 产能高效发挥的关键，是保障 PIoT 技术先进性的重要基础。以标准体系构建方法论确立的标准体系全寿命周期逻辑应具有标准体系全寿命周期过程的全面覆盖性和多种类型标准体系的普遍适用性，同时还应兼具严格的流程化和结构化特征。

在 PIoT 标准体系构建过程中，应首先考虑体系的目标对象，以及影响体系结构框架的横向和纵向因素。横向因素决定了标准体系对象需要实施标准化的“面”，即范围维度，以及在标准化同一对象上可选择的范围，即类别维度；而纵向因素则定位了标准体系整体水平的高低程度，即水平维度，涵盖技术水平和管理水平两个层面。根据标准体系目标对象分析的三维关系（横向因素 2 个、纵向因素 1 个），参考现有相关标准体系，确定 PIoT 的核心标准或核心领域，进而建立细化的 PIoT 全要素概念模型，并通过对标准体系的需求和对现有物联网、智能电网、可再生能源、电网互联以及电力信息通信等相关标准的适用性分析最终确定 PIoT 的标准框架。PIoT 标准体系的构建方法如图 7－2 所示。

（2）全要素概念模型。根据业务层次和隶属关系，结合标准体系构建的需求和原则，可以对 PIoT 标准体系进行细致的划分和归纳。本章参考现有相关标准体系、标准规划方案和技术发展路线图，将它们所包含的庞大、复杂

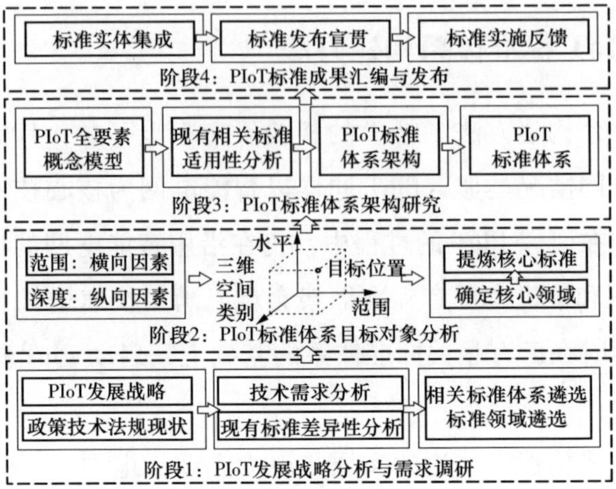

图 7－2　PIoT 标准体系的构建方法

且相互关联的各专业领域及其相关子域打破重组，“先破后立”，建立以 PIoT 主体架构的四个层级为基础的 PIoT 全要素概念模型。

PIoT 全要素概念模型如图 7－3 所示，该模型分为感知控制域、物联集总域、网络通信域和用户域 4 个领域。感知控制域是各类获取感知对象信息与操控控制对象的系统集合，可实现对物理对象的本地化感知、协同和操控，并为其他领域提供远程管理和服务接口，包括边缘物联代理和感知控制系统两个子域；物联集总域是实现 PIoT 运行维护监控、信息和数据资源交换共享、信息和服务集中交易的系统集合，能够对感知数据、控制数据以及服务关联数据进行加工、处理和协同，并为 PIoT 的信息流、服务流、资金流交换提供保障，包括物联管理系统、业务中台和数据中台 3 个子域；网络通信域是 PIoT的重要基础，用以实现海量数据的实时接入和传输需求，并接驳其他3 个领域实现 PIoT 的多领域协作，具有强大的纽带作用，其包括传输网、数据网、接入网和卫星网 4 个子域；用户域是不同类型 PIoT 用户和用户系统的集合，是 PIoT 的用户接口，通过分析处理后的数据为用户提供丰富的特定服务。需要说明的是，只要涉及“人机交互”的应用都可以归入用户域的范畴，从电力企业角度可将其分为内部用户业务和外部用户业务两类。由于用户域涵盖的具体业务非常广泛，且包括许多新兴（包括正在出现的）业务形式，其标准制定很难面面俱到，因此本章从技术角度将用户域概括为数据驱动的业务建模、多源信息融合和全业态物联应用3个子域。

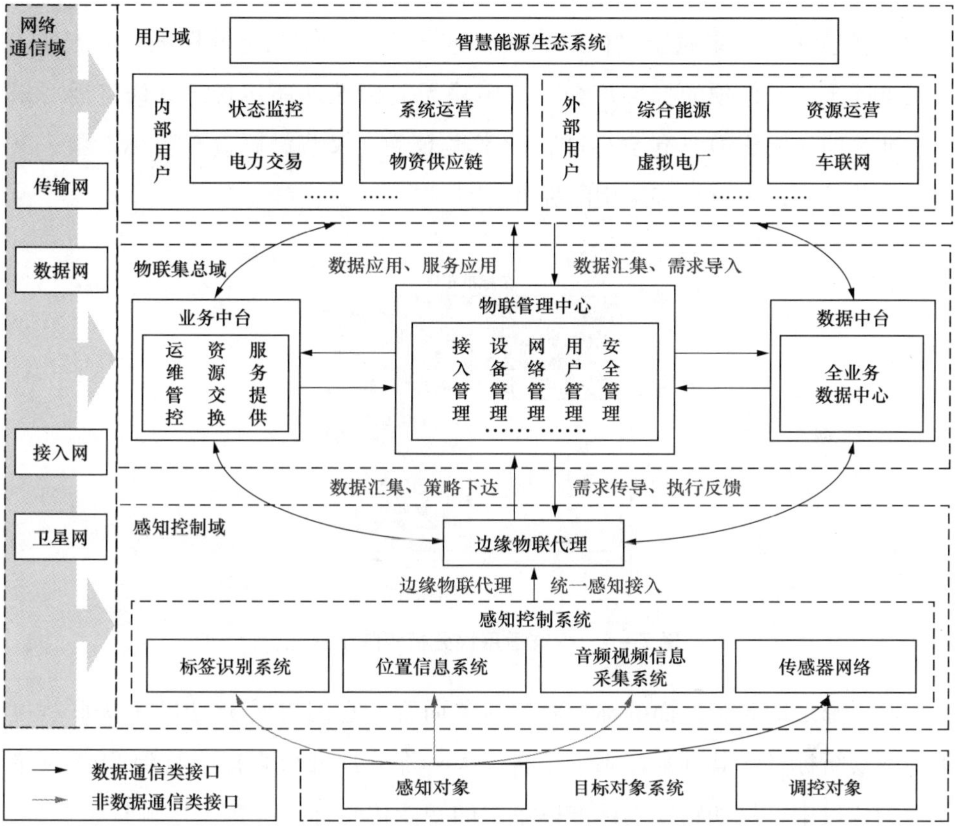

图7－3　PIoT全要素概念模型

7.2.3　现有相关标准适用性分析

标准的适用性分析是为了充分利用已有标准资源而进行的一项重要的甄别性工作，由于PIoT属于创建型标准体系，因此其适用性分析范围仅限于PIoT体系外的国内和国际/国外相关标准。标准的适用性分析包括两方面：一是分析标准对实施对象的适用性，二是分析标准内容的适用性。

第一方面就是根据标准名称进行的“初筛”，筛选结果已在本章的第7.1节列出，确定以物联网、智能电网、可再生能源、电网互联以及电力信息通信技术 5 个方面的标准作为 PIoT 标准的对比对象；对于标准内容的适用性分析，本章采用如图 7-4 所示的全标准矩阵判别方法，设定纵坐标为标准目标对象，横坐标为现有标准的待分析项，矩阵中的元素代表具体标准。图 7-4 中的元素集 A 为仅隶属于目标对象的标准集合，为需制定的标准；元素集 B 为仅隶属于待分析项的标准集合，其中除无关标准外还包含部分修订后可采用标准，即元素集 D 所包含标准；元素集 C 为交叉集，既属于目标对象，又属于待分析项，为可直接采用的标准。

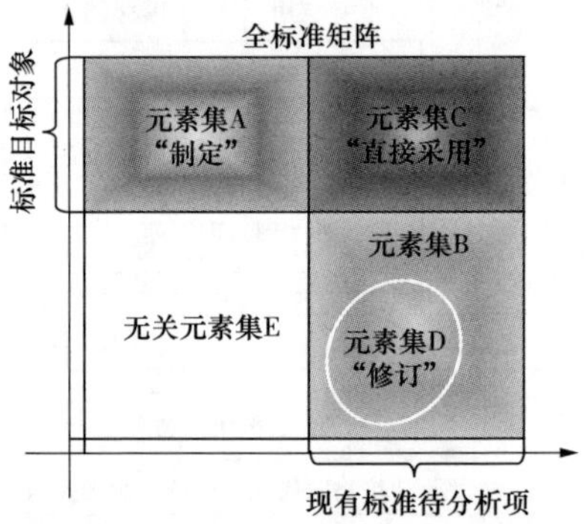

图 7-4 标准适用性分析矩阵示意图

对于筛定的 5 个方面的标准对比对象而言，它们均属于与 PIoT 关联程度很高的现行标准，其标准体系中都有很大一部分标准可直接吸收到 PIoT 标准体系的建设中，例如物联网标准体系中的智能传感标准、数据挖掘技术标准，智能电网标准体系中的高级量测体系标准、电能替代标准等。这些现有标准的直接引入避免了部分标准制定流程的重复执行，在一定程度上节省了人力物力投入；同时为适应 PIoT 的特定需要，上述现有标准体系中也存在需要修订的相关标准，例如电网互联标准体系中的 IEC 61850、IEEE C37.233 标准，智能电网标准体系中的 IEC 62052-53、IEC 62055 标准等。当然还有部分领域 PIoT 标准尚属空白，需开展制定。

本节仅针对现有 PIoT 相关标准的适用性进行了定性的概括说明，并未给出详细的理论或量化分析，也并未说明标准能否纳入到 PIoT 标准体系的具体技术原则。事实上也很难实现对标准适用性的精确分析，其困难主要体现在以下两个方面：

（1）现行标准数据样本过于庞大，很难完全统计，因此在现行标准对实施对象的适用性研究过程中，现有标准待分析项的选取类似于“抽样”过程，无法实现目标对象相关标准的全部筛出，缩减了现有标准待分析项的样本空间，导致样本缺失。例如，图 7－4 中的元素集 E 并不包含于待分析项范围内，但其中可能含有与元素集 D 等价的修订后可采用标准。

（2）若要量化现有标准待分析项对目标对象的适应程度，就要制定正确的、精确的标准适应性指标判别依据，包括标准化对象指标、标准化对象期望指标等。而指标判别依据的制定目前多以主观因素为主导，尚无科学全面的统一标准。

7.2.4　PIoT 标准体系构架

根据 PIoT 标准体系构建需求和原则，以及全要素概念模型的划分方法，并参考对现行相关标准体系的“筛选结果”，设计了包括另外增设的通用共性标准在内的共 5 个专业领域、17 个子域、43 个标准系列、若干条具体标准的 4 层级 PIoT 标准体系构架（见图 7－5），用于指导和规范 PIoT 相关的科学研究、实践创新和技术开发。

通用共性标准领域包括术语及定义、通用符号、总体要求、全要素概念模型以及规范用例 5 个子域，描述了 PIoT 相关的电力设备、信息通信网络、应用场景等要素的通用属性，是整个标准体系的概括。感知控制域、物联集总域、网络通信域和用户域 4 个领域的基本特点和地位，以及相应的子域分布已在本章 7.2.2 节说明，不再赘述。

PIoT 的技术定位就是贯穿发、输、变、配、用、调控、保护等各个专业领域或电力生产全寿命周期的智慧能源生态系统，重点突出广域设备应用和全业态电力服务，因此各子域下属的标准系列很大一部分（近 50%）为吸收或修订于作为 PIoT 标准体系核心的物联网和智能电网的相关标准，如物联代理、边缘计算、传感器网络以及中台技术、云技术等；发展 PIoT 的本质应该是应用于电力行业的信息通信技术的一次重大革命，将北斗卫星通信、低轨卫星组网技术、网络虚拟化等目前最先进的理念和技术应用于电力生产全过程，能够有效促进和推动整个电力工业生产、消费、服务形态的巨大转变；PIoT 也是解决可再生能源并网消纳，改善传统电力供需交易结构，提高电力用户主动参与程度，实现电力需求侧响应的有效手段，因此可再生能源和电网互联的部分现有相关标准也被直接或修订后采纳并应用于相应标准系列，例如可再生能源方面的 IEC 61400《风力发电机标准》、IEC 62116《公用互联光伏逆变器—孤岛预防措施试验程序》、IEEE 1547《分布式电源接入标准》等，电网互联方面的 IEC 60255《测量继电器和保护设备》、IEEE C37. 90《保护继电器的静电放电试验》等。另外，为适应 PIoT 的自身特点和需求，除直接吸收或修订后采用的标准外，还有一部分标准需重新制定，这部分标准主要分布在网络通信域和用户域两域，多为隶属于各标准系列的具体标准，例如可归属于电力无线专网的信息互联标准、可归属于面向个人的应用的分布式能源即插即用标准等。

鉴于整个 PIoT 标准体系涉及的各级、各类具体标准数量众多，尚无法逐一列出，本章仅给出了如图 7－5 所示的考虑到标准系列层级的 PIoT 标准体系构架。

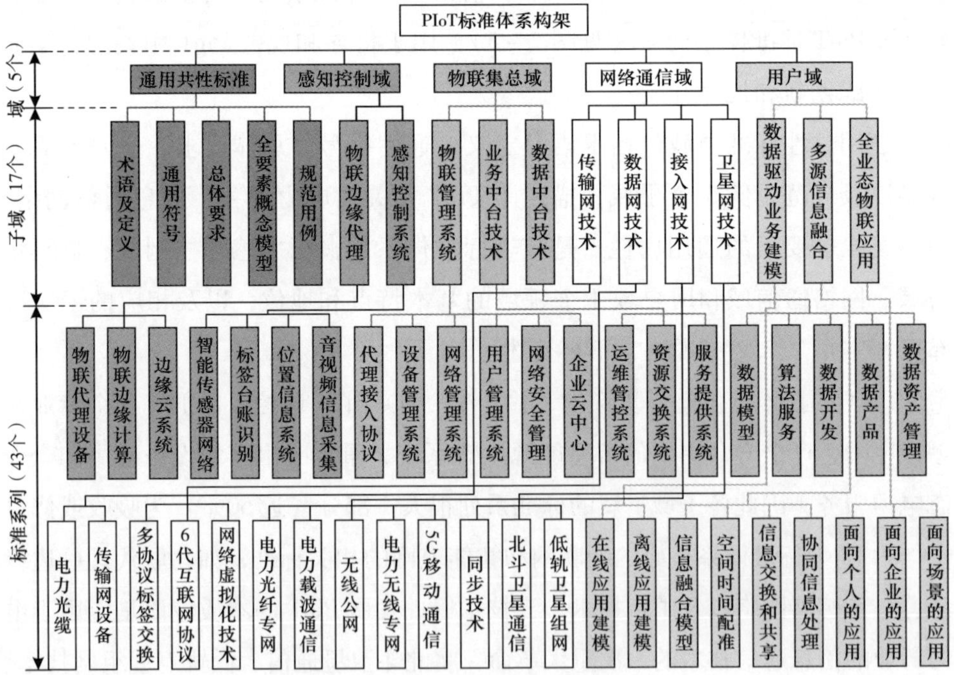

图 7－5　PIoT 标准体系构架

7.3

PIoT 标准化工作建议

全面推进 PIoT 和 PIoT 标准体系建设，能够有效加强信息通信技术创新与电力生产深度融合，适应电力新业态发展需求，有效促进电力服务提质增效。目前，PIoT 标准体系建设刚刚起步，正处于探索阶段。因此应紧密围绕行业发展方向，加强顶层设计，通过以下三方面途径，促进 PIoT 标准化工作强化提升：

（1）关注重点，力求全面。深入开展 PIoT 标准建设需求分析，梳理现有相关标准，重点开展关键领域的标准研究，建立覆盖全面的 PIoT 标准体系；紧密跟踪 PIoT 技术相关的最新前沿成果，持续开展顶层设计，加强动态更新，坚持持续改进。

（2）高效协同，科学公开。着力突破传统体制机制束缚，加快和完善 PIoT 标准管理平台建设，实现归口 PIoT 标准的调研、立项、申报、质监、发布、宣贯以及管理等工作高度兼容，保证 PIoT 标准信息实时公开，共通共享。

（3）成果转化，加强培育。加快 PIoT 研究成果转化，持续推进新方法、新技术的标准化应用落地；就 PIoT 标准规划的中、长期关键问题和核心方向深入开展理论和实践研究，给出具体建议，有重点、有计划开展标准培育。

参考文献

[1] 曾鸣, 王雨晴, 李明珠, 等. 泛在电力物联网体系架构及实施方案初探 [J]. 智慧电力, 2019, 47 (4): 1-7, 58.

[2] 单葆国, 史海疆. 泛在电力物联网的发展前景 [J]. 电气时代, 2019 (6): 35-37.

[3] 舒印彪, 薛禹胜, 蔡斌, 等. 关于能源转型分析的评述 (一) 转型要素及研究范式 [J]. 电力系统自动化, 2018, 42 (9): 1-15.

[4] 曹莉萍, 周冯琦. 能源革命背景下中国能源系统转型的挑战与对策研究 [J]. 中国环境管理, 2017, 9 (5): 84-89.

[5] 张宁, 邢璐, 鲁刚. 我国中长期能源电力转型发展展望与挑战 [J]. 中国电力企业管理, 2018 (13): 58-63.

[6] 余贻鑫, 刘艳丽. 智能电网的挑战性问题 [J]. 电力系统自动化, 2015, 39 (2): 1-5.

[7] 陈树勇, 宋书芳, 李兰欣, 等. 智能电网技术综述 [J]. 电网技术, 2009, 33 (8): 1-7.

[8] 孙宏斌, 郭庆来, 潘昭光, 等. 能源互联网: 驱动力、评述与展望 [J]. 电网技术, 2015, 39 (11): 3005-3013.

[9] 李勋, 龚庆武, 乔卉. 物联网在电力系统的应用展望 [J]. 电力系统保护与控制, 2010, 38 (22): 232-236.

[10] 龚钢军, 孙毅, 蔡明明, 等. 面向智能电网的物联网架构与应用方案研究 [J]. 电力系统保护与控制, 2011, 39 (20): 52-58.

[11] RATHORE M M U, PAUL A, AHMAD A, et al. Real – time big data analytical architecture for remote sensing application. IEEE Journal of Selected Topics in Applied Earth Observations and Remote Sensing [J]. vol. 8, no. 10, pp. 4610 – 4621, Oct, 2015. doi: 10.1109/JSTARS.2015.2424683.

[12] GANCHEV I, JI Z, MÁIRTÍN O. Designing an Ultra – Low – Power RTU for use in NB – IoT water applications [J]. MATEC Web of Conferences, 2019, 292: 02004.

[13] KUMAR S, MAHAPATRA B, KUMAR R, et al. Security and privacy solution for I – RFID based smart infrastructure health monitoring [C]. 2018 Technologies for Smart – City Energy Security and Power (ICSESP), Bhubaneswar, 2018, pp. 1 – 5. doi: 10.1109/ICSESP.2018.8376733.

[14] 周程，李辉. RFID 技术简介与发展综述 [J]. 中国西部科技，2015，14 (3): 4 – 5, 25.

[15] LI Z, GUI X, HU C, et al. Optical gas sensor based on gas conjugated interference light source. IEEE Photonics Technology Letters [J]. vol. 27, no. 14, pp. 1550 – 1552, July 15, 2015. doi: 10.1109/LPT.2015.2429791.

[16] CHO J J, DING Y, CHEN Y, et al. Robust calibration for localization in clustered wireless sensor networks. IEEE Transactions on Automation Science and Engineering [J]. vol. 7, no. 1, pp. 81 – 95, Jan. 2010. doi: 10.1109/TASE.2009.2013475.

[17] TODE H, HIROTA Y. Routing, spectrum, and core and/or mode assignment on space – division multiplexing optical networks [invited] [J]. IEEE/OSA Journal of Optical Communications and Networking, vol. 9, no. 1, pp. A99 – A113, Jan, 2017. doi: 10.1364/JOCN.9.000A99.

[18] CASELLAS R, MARTINEZ R, MUNOZ R, et al. Control and orchestration of multidomain optical networks with GMPLS as inter – SDN controller communication [Invited] [J]. IEEE/OSA Journal of Optical Communications and Networking, vol. 7, no. 11, pp. B46 – B54, November, 2015. doi:

10. 1364/JOCN. 7. 000B46.

[19] POMPILI D, AKYILDIZ I F. A multimedia cross - layer protocol for underwater acoustic sensor networks [J]. IEEE Transactions on Wireless Communications, vol. 9, no. 9, pp. 2924 - 2933, September, 2010. doi: 10. 1109/TWC. 2010. 062910. 100137.

[20] HASSAN M M, CHEN M, GOSCINSKI A M. Special section on edge - of - things computing for smart healthcare systems: opportunities and challenges [J]. Computers & Electrical Engineering, 2019, 73: 369 - 371.

[21] LUIGI A, ANTONIO I, GIACOMO M. The internet of things: a survey [J]. Computer networks, 2010, 54 (15): 2787 - 2805.

[22] 吴振田．物联网技术在电力系统中的应用探讨 [J]. 数码世界, 2020 (7): 3.

[23] SAKAMOTO K, FUCHIGAMI N, TAKAGAWA K, et al. A three - terminal intelligent power MOSFET with built - in reverse battery protection for automotive applications [J]. IEEE Transactions on Electron Devices, vol. 46, no. 11, pp. 2228 - 2234, Nov, 1999. doi: 10. 1109/16. 796300.

[24] REN Y, WANG Y M, TANG X, et al. Testing system for substation automation system based on IEC61850 [C]. 2011 International Conference on Advanced Power System Automation and Protection. Beijing, 2011, pp. 2396 - 2399. doi: 10. 1109/APAP. 2011. 6180829.

[25] HOSNY M, TAWFEEK E, CROSSLEY P. Goose performance assessment on an IEC 61850 redundant network [J]. The Journal of Engineering, vol. 2018, no. 15, pp. 841 - 845, Oct, 2018. doi: 10. 1049/joe. 2018. 0208.

[26] RAMACHANDRAN M, USHA R N, GONSALVES T A. Path computation algorithms for dynamic service provisioning with protection and inverse multiplexing in sdh/sonet networks [J]. IEEE/ACM Transactions on Networking, vol. 18, no. 5, pp. 1492 - 1504, Oct, 2010. doi: 10. 1109/TNET. 2010. 2043538.

[27] 董寒冰．多业务通信传送平台 MSTP 综述 [J]. 中国科技信息, 2012

(1): 69.

[28] 徐贵宝. 第三代 MSTP 关键技术综述 [J]. 现代电信科技, 2004, 34 (2): 18 -20.

[29] LAKATOS Z. Design of automatically switched optical networks [C]. 5th International Conference on Transparent Optical Networks, Warsaw, Poland, 2003, 125 -128.

[30] MAJIDHA F K M. A survey on multiprotocol label switching in virtual private networks [C]. 2nd International Conference on IoT in Social, Mobile, Analytics and Cloud, Palladam, India, 2018, 737 -740.

[31] 郑少仁, 罗国明, 沈庆国, 等. 现代交换原理与技术 [M]. 北京: 电子工业出版社, 2009.

[32] JONNE S, JOUNI K. Survey of IPv6 support in 3GPP specifications and implementations [J]. IEEE Communication Surveys &Tutorials, 2015, 17 (3): 1634 -1648.

[33] PENG W, YONG C, JIANPING W, et al. Transition from IPv4 to IPv6: A state - of - the - art survey [J]. IEEE Communication Surveys &Tutorials, 2013, 15 (3): 1407 -1424.

[34] DEKA G C, MARGARET K, DAS P K. A comparative study on IPv4 and IPv6 [C]. 2013 International Conference on Communication Systems and Network Technologies, Gwalior, India, 2013: 286 -289.

[35] AMJED S A, ROSILAH H, NOR EFFENDY OTHMAN. IPv6 neighbor discovery protocol specifications, threats and countermeasures: a survey [J]. IEEE Access, 2017, 5: 18187 -18210.

[36] VAN G N, ANNA B, KARL J G, et al. SDN/NFV - based mobile packet core network architectures: a survey [J]. IEEE Communications Surveys & Tutorials, 2017, 19 (3): 1567 -1602.

[37] BEGO B, JOSE O F, IOANNIS G, et al. Technology pillars in the architecture of future 5G mobile networks: NFV, MEC and SDN [J]. Computer

Standards & Interfaces, 2017, 54: 216 – 228.

[38] ZHANG S L. An overview of network slicing for 5G [J]. IEEE Wireless Communications, 2019, 26 (3): 111 – 117.

[39] IBRAHIM A, TARIK T, KONSTANTINOS S, et al. Network slicing and softwarization: Asurvey on principles, enabling technologies, and solutions [J]. IEEE Communications Surveys & Tutorials, 2018, 20 (3): 2429 – 2453.

[40] HUDA S A, MARK A GREGORY. The next generation of passive optical networks: a review [J]. Journal of Network and Computer Applications, 2016, 67: 53 – 74.

[41] BHOYAR N I, SUNIL B, MAYUR P. Review on implementation of power line carrier communication technique in smart grid [C]. 2018 International Conference on Smart Electric Drives & Power System, Nagpur, India, 2018, 256 – 260.

[42] SALIH H M, ABDULKREEM M S, MUHAMMED I K. Broadband services on power line communication systems: A review [C]. 22nd International Conference on Control Systems and Computer Science, Bucharest, Romania, 2019, 465 – 470.

[43] MUKESH K V, ZAINUL A J, IBRAHEEM. Advances of broadband power line communication and its application [C]. 2015 Annual IEEE India Conference, New Delh, India, 2015, 1 – 6.

[44] LTE 230MHz 技术频谱效率分析 [J]. 信息通信, 2019, 193: 40 – 41.

[45] ZHAO Y, CAO J, LI Y C. An improved timing synchronization method for eliminating large Doppler shift in LEO satellite system [C]. 18th International Conference on Communication Technology, Chongqing, China, 2018, 762 – 766.

[46] ZHURAVLEV A P. Synchronization algorithm for a satellite communication signals demodulator in high carrier shift conditions [C]. 2019 Systems of Signals Generating and Processing in the Field of on Board Communications,

Moscow, Russia, 2019, 1 -4.

[47] 崔诵祺. 低轨卫星高动态通信链路同步技术研究 [D]. 北京：北京理工大学，2015.

[48] 江华. 北斗在移动通信中的应用技术研究 [J]. 研究与探讨，2016，4：64 -67.

[49] HASSAN Q. Demystifying cloud computing [J]. The Journal of Defense Software Engineering. 2011 - Jan/Feb:) 16 -21.

[50] PETER M, TIMOTHY G. The nist definition of cloud computing [C]. National Institute of Standards and Technology, U. S. A : U. S. Department of Commerce. doi: 10. 6028/NIST. SP. 800 - 145. Special publication 800 - 145, September 2011.

[51] VOORSLUYS W, BROBERG J, BUYYA R. Introduction to cloud computing [C]. Cloud Computing: Principles and Paradigms. New York, USA: Wiley Press, pp. 1 -4. ISBN978 -0 -470 -88799 -8. 2011.

[52] TAN N L, NENG W. Future internet: the internet of things [C]. Advanced Computer Theory and Engineering (ICACTE), 3rd International Conference, 2010, 376 -380.

[53] KHAN R, KHAN S U, ZAHEER R, et al. Future internet: The internet of things architecture, possible applications and key challenges [C]. Proceedings - 10th International Conference on Frontiers of Information Technology, 2012, 257 -260.

[54] ANON F, NAVARATHINARASAH V, HOANG M, et al. Building a framework for internet of things and cloud computing [C]. 2014 IEEE Int. Conf. Internet Things (iThings), IEEE Green Comput. Commun. IEEE Cyber, Phys. Soc. Comput. no. iThings, pp. 132 -139, 2014.

[55] AAZAM M, HUH E N. Fog computing and smart gateway based communication for cloud of things [C]. International Conference on Future Internet of Things and Cloud, 2014, 464 -470.

[56] GAZIS V, GÖRTZ M, HUBER M, et al. A survey of technologies for the internet of things [C]. International Wireless Communications and Mobile Computing Conference (IWCMC), Machine – to – Machine Communications (M2M) & Internet of Things (IoT) Workshop, 2015, 1090 – 1095.

[57] 王东. 面向数据中心网络的新型交换机制研究 [D]. 长沙: 国防科学技术大学, 2010.

[58] 刘晓茜, 杨寿保, 郭良敏, 等. 雪花结构: 一种新型数据中心网络结构 [J]. 计算机学报, 2011, 34 (1): 76 – 86.

[59] 胡海洋, 刘润华, 胡华. 移动云计算环境下任务调度的多目标优化方法 [J]. 计算机研究与发展, 2017, 54 (9): 1909 – 1919.

[60] 宋丽华, 郭锐, 任强, 等. 东营云计算系统架构关键技术的研究 [J]. 计算机应用与软件, 2011, 28 (10): 211 – 212, 249.

[61] 余江, 万劲波, 张越. 推动中国云计算技术与产业创新发展的战略思考 [J]. 中国科学院院刊, 2015, 30 (2): 181 – 186.

[62] 吴菊华, 曹强, 李品怡, 等. 云计算进展研究: 基于技术和商业双重视角 [J]. 科技管理研究, 2013, 33 (15): 23 – 28.

[63] 陆平, 赵培, 王志坤, 等. 云计算基础架构及关键应用 [M]. 北京: 机械工业出版社, 2016.

[64] 钟华. 企业 IT 架构转型之道 阿里巴巴中台战略思想与架构实战 [M]. 北京: 机械工业出版社, 2017.

[65] SRIKANTHA P, KUNDUR D. Intelligent signal processing and coordination for the adaptive smart grid: an overview of data – driven grid management [J]. IEEE Signal Processing Magazine, 2019, 36 (3): 82 – 102.

[66] 马吉. 电动汽车参与自动需求响应业务及潜力研究 [D]. 北京: 华北电力大学, 2018.

[67] 黄海潮. 基于 UML 的电力企业业务建模 [D]. 杭州: 浙江大学, 2004.

[68] AKHAVAN H H, MOHSENIAN R H. Power systems big data analytics An assessment of paradigm shift barriers and prospects [J]. Energy Reports,

2018，4：91 –100.

[69] BAGHERI P，XU W，Model – Free volt – var control based on measurement data analytics [J]. IEEE Transactions on Power Systems. 2018，34 (2)：1471 –1482.

[70] SHUANGQI L，JIANWEI L，HONGWEN H，et al. Lithium – ion battery modeling based on Big Data [J]. Energy Procedia，2018，159：168 – 173.

[71] 周津. 物联网环境下信息融合基础理论与关键技术研究 [D]. 长春：吉林大学，2014.

[72] 王洪波. 物联网信息融合技术及存在的问题研究 [J]. 计算机应用研究，2013，30 (8)：2252 –2255，2261.

[73] KAMILARIS A，PITSILLIDES A. Mobile phone computing and the internet of things：a survey [J]. IEEE Internet of Things Journal，2016，3 (6)：885 – 898.

[74] XIUQUAN Q，PEI REN，DUSDAR S. Web AR：A promising future for mobile augmented reality—state of the art，challenges，and insights [J]. Proceedings of the IEEE，2019，107 (4)：651 –666.

[75] OURAHOU M，AYRIR W，HASSOUNI E B，et al. Review on smart grid control and reliability in presence of renewable energies：Challenges and prospects [J]. Mathematics and Computers in Simulation，2018，https：//doi. org/10. 1016/j. matcom. 2018. 11. 009.

[76] BAYINDIR R，COLAK I，FULLI G，et al. Smart grid technologies and applications [J]. Renewable and Sustainable Energy Reviews，2016，66：499 –516.

[77] 余贻鑫. 智能电网的技术组成和实现顺序 [J]. 南方电网技术，2009，3 (2)：1 –5.

[78] 刘吉臻，王庆华，房方，等. 数据驱动下的智能发电系统应用架构及关键技术 [J]. 中国电机工程学报，2019，39 (12)：3578 –3587.

[79] MCDONALD J. Adaptive intelligent power systems: Active distribution networks [J]. Energy Policy, 2008, 36 (12): 4346 -4351.

[80] MARINAKIS V, DOUKAS H, TSAPELAS J, et al. From big data to smart energy services: an application for intelligent energy management [J]. Future Generation Computer Systems, 2018, https://doi.org/10.1016/j.future.2018.04.062.

[81] 刘俊勇，沈晓东，田立峰，等．智能电网下可视化技术的展望 [J]．电力自动化设备，2010，30 (1)：7 -13.

[82] SANCHEZ H M A, CANO M D. A survey on visual data representation for smart grids control and monitoring [J]. Sustainable Energy, Grids and Networks, 2018, 16 (2018): 351 -369.

[83] MUNSHI AA, MOHAMED Y A I. Cloud - based visual analytics for smart grids big data [C]. IEEE Power & Energy Society Innovative Smart Grid Technologies Conference, Minneapolis, 2016.

[84] 杨璐．基于电力大数据的用户行为分析及可视化技术应用 [D]．北京：华北电力大学，2017.

[85] XIQUAN Q, PEI R, DUSTDAR S, et al. Web AR: a promising future for mobile augmented reality - state of the art, challenges, and insights [J]. Proceedings of the IEEE, 2019, 107 (4): 651 -666.

[86] OURAHOU M, AYRIR W, HASSOUNI BE, et al. Review on smart grid control and reliability in presence of renewable energies: challenges and prospects [J]. Mathematics and Computers in Simulation, 2018.

[87] 余晓丹，徐宪东，陈硕翼，等．综合能源系统与能源互联网简述 [J]．电工技术学报，2016，31 (1)：1 -13.

[88] FRAUKE W, INGMAR S, WOLFDIETER B, et al. Open power system data - frictionless data for electricity system modelling [J]. Applied Energy, 2019, 236.

[89] KARNOUSKOS, STAMATIS, TERZIDIS, et al. Towards an information in-

frastructure for the future Internet of energy [P]. Communication in Distributed Systems (KiVS), 2007 ITG – GI Conference, 2007.

[90] VANGELIS M, DOUKAS H, TSAPELAS J, et al. From big data to smart energy services: An application for intelligent energy management [J]. Future Generation Computer Systems, 2018.

[91] 艾芊，郝然. 多能互补、集成优化能源系统关键技术及挑战 [J]. 电力系统自动化，2018，42 (4): 2 –10, 46.

[92] THEIS B R, GUANGYA Y, ARNE H N, et al. Effects of centralized and local PV plant control for voltage regulation in LV feeder based on cyber – physical simulations [J]. Journal of Modern Power Systems and Clean Energy, 2018, 6 (5): 979 –991.

[93] YANGDONG Z, FENGJI L, GAOQI L. Blockchain: a secure, decentralized, trusted cyber infrastructure solution for future energy systems [J]. Journal of Modern Power Systems and Clean Energy, 2018, 6 (5): 958 –967.

[94] BAIBHAB C, DEBAYAN D, SHOVAN M, et al. RF – PUF: Enhancing IoT security through authentication of wireless nodes using in – situ machine learning [J]. IEEE Internet of Things Journal, 2018: 388 –398.

[95] 余智豪，马莉，胡春萍. 物联网安全技术 [M]. 北京：清华大学出版社，2016.

[96] AAZAM M, HUH E N. Fog computing: the cloud – IoT/IoE Middleware Paradigm [J]. IEEE Potentials, 2016, 35 (3): 40 –44.

[97] PENTTINEN J T J. Wireless communications security: solutions for the internet of things [M]. 美国新泽西州霍博肯：Wiley, 2016.

[98] 李爱萍，冯秀芳，陈健. 物联网通信安全及解决方案 [M]. 北京：机械工业出版社，2018.

[99] MUKHERJEE B, NEUPANE R L, CALYAM P. End – to – end IoT security middleware for cloud – fog communication [C] //2017 IEEE 4th International Conference on Cyber Security and Cloud Computing (CSCloud).

IEEE, 2017.

[100] RAMÃO T T, AMARAL L A, MATOS E D, et al. The importance of a standard security architecture for soa - based iot middleware [J]. IEEE Communications Magazine, 2015, 53 (12): 20 -26.

[101] KATSIKEAS S, FYSARAKIS K, MIAOUDAKIS A, et al. Lightweight & Secure industrial IoT communications via the MQ telemetry transport protocol [C] //22nd IEEE Symposium on Computers and Communications (ISCC 2017). IEEE, 2017.

[102] KUMAR M, VERMA H K, SIKKA G. A secure lightweight signature based authentication for Cloud - IoT crowdsensing environments [J]. Transactions on Emerging Telecomm - unications Technologies, 2018: e3292.

[103] NOLAN K E, GUIBENE W, KELLY M Y. An evaluation of low power wide area network technologies for the internet of things [C] //2016 International Wireless Communications and Mobile Computing Conference (IWCMC). IEEE, 2016.

[104] Ad A, SSK B, RJ C, et al. LSB: a lightweight scalable blockchain for loT security and anonymity [J]. Journal of Parallel and Distributed Computing, 2019, 134: 180 -197.

[105] CHAHID Y, BENABDELLAH M, AZIZI A. Internet of things security [C] //2017 International Conference on Wireless Technologies, Embedded and Intelligent Systems (WITS). IEEE, 2017.

[106] CONTI M, DEHGHANTANHA A, FRANKE K, et al. Internet of things security and forensics: challenges and opportunities [J]. Future Generation Computer Systems, 2017: S0167739X17316667.

[107] NING H, LIU H, YANG L T. Cyberentity security in the internet of things [J]. Computer, 2013, 46 (4): 46 -53.

[108] WEBER R H. Internet of things - new security and privacy challenges [J]. Computer Law and Security Report, 2010, 26 (1): 23 -30.

[109] 国家电网召开“新基建”工作领导小组第一次会议 [N/OL]. 北极星输配电网, [2020-04-03]. http://shupeidian.bjx.com.cn/html/20200403/1060690.shtml.

[110] 汪洋，苏斌，赵宏波. 电力物联网的理念和发展趋势 [J]. 电信科学, 2010, 26 (S3): 9-14.

[111] BEDIG, VENAYAGAMOORTHY G K, SINGH R, et al. Review of internet of things (iot) in electric power and energy systems [J]. IEEE Internet of Things Journal, 2018, 5 (2): 847-870.

[112] 吴云，吕伟东，李春哲，等. 基于身份认证和聚合加密的智能电表数据隐私保护方案 [J]. 东北电力大学学报, 2018, 38 (5): 91-96.

[113] 吕军，盛万兴，刘日亮，等. 配电物联网设计与应用 [J]. 高电压技术, 2019, 45 (6): 1681-1688.

[114] 马薇. 世界物联网标准“中国造”—访国家物联网基础标准工作组总体组组长沈杰博士 [N]. 新华日报, 2018-08-13 (5).

[115] IEEE Std. P2413. IEEE approved draft standard for an architectural framework for the Internet of Things (IoT) [S]. IEEE, 2019, 5.

[116] 余贻鑫. 智能电网实施的紧迫性和长期性 [J]. 电力系统保护与控制, 2019, 47 (17): 1-5.

[117] SMB Smart Grid Strategic Group (SG3). IEC smart grid standardization roadmap v1.0 [R]. Geneva: International Electrotechnical Commission, 2010.

[118] 刘文，杨慧霞，祝斌. 智能电网技术标准体系研究综述 [J]. 电力系统保护与控制, 2012, 40 (10): 120-126.

[119] 张晶，李彬，戴朝波. 全球能源互联网标准体系研究 [J]. 电网技术, 2017, 41 (7): 2055-2063.

[120] IEC smart grid standardization roadmap, Ed1.0 [EB/OL]. [2019-03-08]. https://www.iec.ch/smartgrid/downloads/sg3_roadmap.pdf.

[121] SMB Smart Grid Strategic Group. Smart grid standardization roadmap: IEC TR 63097 [S]. 2017.

[122] IEEE Std. 2030. IEEE guide for smart grid interoperability of energy technology and information technology operation with the electric power system (EPS), end - use applications, and loads [S]. IEEE, 2011.

[123] 陈德辉，须雷，赵希才. 智能变电站自动化与保护核心 IEC 标准的进展与分析 [J]. 电力系统自动化，2019，43（21）：229 - 239.

[124] BS/EN 50491 - 12 - 1. General requirements for home and building electronic systems (HBES) and building automation and control systems (BACS) - smart grid - application specification - Interface and framework for customer - Part 12 - 1: interface between the CEM and Home/Building [S]. EN, 2018 - 6 - 18.

[125] 董谷媛. 先行的力量—国家电网公司智能电网技术标准体系国际版发布 [J]. 国家电网，2010（8）：23.

[126] 王益民. 坚强智能电网技术标准体系研究框架 [J]. 电力系统自动化，2010，33（22）：1 - 6.

[127] 刘建明. 信息通信技术支撑智能电网建设 [N/OL]. ICT 项目组交流资料，[2009 - 09 - 03]. https://www.docin.com/p-972848323-f2.html.

[128] IEC SMB global energy interconnection project team. Global energy interconnection white paper [R]. Geneva: International Electrotechnical Commission, 2016.

[129] IEC/TS 62257. Recommendations for small renewable energy and hybrid systems for rural electrification [S]. IEC, 2013 - 04.

[130] IEEE 1561. IEEE guide for optimizing the performance and life of lead - acid batteries in remote hybrid power systems [S]. IEEE, 2019.

[131] 中华人民共和国住房和城乡建设部. 可再生能源建筑应用工程评价标准：GB/T 50801—2013 [S]. 北京：中国建筑工业出版社，2013.

[132] 高志远，曹阳，张晶，等. 全球能源互联网标准国际化研究 [J]. 中国电力，2017，50（11）：42 - 47，77.

[133] 国家发展和改革委员会，国家能源局. 关于印发《清洁能源消纳行动

计划（2018～2020年）》的通知［EB/OL］.［2018－10－30］. http：//www. ndrc. gov. cn/gzdt/201812/t20181204_922173. html.

［134］IEEE P1110. IEEE draft guide for synchronous generator modeling practices and parameter verification with applications in power system stability analyses［S］. IEEE, 2018.

［135］IEEE P421. IEEE approved draft recommended practice for excitation system models for power system stability studies［S］. IEEE, 2016.

［136］吴正茂，叶吉超，杨俊飞. 电力系统通信技术标准体系研究［J］. 智能电网，2016，4（9）：862－867.

［137］丁慧霞，陈希，张庚. 电力通信标准体系研究［J］. 电力信息与通信技术，2016，14（5）：1－7.

［138］EN. Communication networks and systems in substations Part 8－1：Specific communication service mapping（SCSM）－Mappings to MMS［S］. EN, 2005.

［139］IEC. IoT2020：智能安全的物联网平台［M］. 北京：中国电力出版社，2018.

［140］IEC. IoT2020：Smart and secure IoT platform［M］. Beijing：China Electric Power Press, 2018.

［141］电力行业信息标准化技术委员会秘书处，中国电力科学研究院有限公司. 电力信息通信技术标准体系［EB/OL］.［2019－06－30］. http：//www. sohu. com/a/323880468_99896959.

［142］中电联标准化管理中心. 电力物联网信息通信总体架构［EB/OL］.［2018－12－12］. http：//dls. cec. org. cn/yijianzhengqiu/2018－12－12/187256. html.

［143］刘鹏程. 物联网标准体系构建研究［D］. 北京：北京交通大学，2011.

［144］麦绿波. 标准学——标准的科学理论［M］. 北京：科学出版社，2019.

［145］李彬，吴倩，张晶，等. 全球能源互联网标准体系构建的方法论［J］. 电力信息与通信技术，2017，15（3）：1－6.